프리패스

핵심만 쏙쏙 예제는 빵빵
DIAT
인터넷정보검색

핵심만 쏙쏙 예제는 빵빵
DIAT 인터넷정보검색

초판 발행일 | 2019년 01월 25일
저자 | 해람북스 기획팀
펴낸이 | 박재영
총편집인 | 이준우
기획진행 | 유효섭

㈜해람북스   주소 | 서울시 마포구 양화로 125, 8층 (서교동, 경남관광빌딩)
문의전화 | 02-6337-5419   팩스 02-6227-1334
홈페이지 | http://www.hrbooks.co.kr

발행처 | (주)에듀파트너   **출판등록번호** | 제2016-000047호

ISBN 979-11-88450-27-5

이 책은 저작권법에 따라 보호받는 저작물이므로 무단전제와 무단복제를 금지하며,
이 책 내용의 전부 또는 일부를 이용하려면 반드시 저작권자와 (주)에듀파트너의 서면동의를 받아야 합니다.

※ 잘못된 책은 바꾸어 드립니다.
※ 책 가격은 뒷면에 있습니다.

DIAT 시험안내

● DIAT란?
- Digital Information Ability Test의 정보통신 관련 프로그램의 활용능력을 검정하는 자격시험입니다.
- **자격 종류** : 국가공인자격
- **공인 번호** : 제2016-2호
- **자격발급기관** : 한국정보통신진흥협회
- **검정내용 변경** : DIAT(디지털정보활용능력) 검정내용 변경공인 승인(제2013-006호, 2013.02.13)

● 도입 목적 및 필요성
- 디지털 경제시대에 범용의 방송통신 관련 기능의 활용 능력을 객관적이고 종합적으로 평가하여 문제해결 능력을 점수로 등급화하여 방송통신 실무 관리 능력을 인증하고자 도입되었습니다.
- 고급 수준의 정보 활용 능력을 갖출 수 있는 교육훈련 참여를 유도하고자 하는 필요성에 의해 만들어졌습니다.

● DIAT 특징
- 실무프로젝트 중심형 시험
- 공정성, 객관성, 신뢰성 확보
- 체계적이고 과학적인 관리 시스템
- 다양한 계층이 접근 가능한 평가시스템
- 다양한 시험과목 제공

● 시험과목별 문항수

구분	검정과목	검정내용	검정방법	문항수	제한시간	배점
1과목	정보통신상식	컴퓨터 이해 정보통신 이해 정보사회 이해	CBT (객관식 사지선다)	40	40분	100점
2과목	워드프로세서	한글, MS워드	실기 (작업형)	2	40분	200점
3과목	스프레드시트	MS엑셀		5	40분	200점
4과목	프리젠테이션	MS파워포인트		4	40분	200점
5과목	인터넷정보검색	정보검색		8	40분	100점
6과목	멀티미디어제작	이미지 제작 디지털 영상 편집		3	40분	200점

※ 총 6개 과목 중 한 회차에 최대 3개 과목까지 선택 응시가 가능합니다.
※ **입실완료시간** : 1교시(08:50), 2교시(10:00), 3교시(11:10), 4교시(12:20)
  ▶ 응시인원에 따라 운영교시 조정가능
  ▶ 입실완료시간 지각자 응시불가, 신분증 미지참시 응시 불가
※ 워드프로세서, 프리젠테이션, 스프레드시트 프로그램 버전은 2010 입니다.
※ 멀티미디어제작 프로그램 버전은 포토샵(CS5), 윈도우무비메이커 2012 입니다.
  (단, 시험장에 설치된 프로그램을 고려하여 포토샵 CS2~CS6 공통 출제)
※ **장애인 응시 편의** : 시험일 기준 10일전 사전연락하신 경우에 한하여 시험시간 추가, 시험지 확대가 제공 됩니다.

검정기준

검정분야	검정기준
초급	컴퓨터와 방송통신 기반기술의 기초적인 지식 및 초급수준의 정보 처리 능력을 갖고 있으며, OA프로그램을 제한적으로 활용할 수 있는 능력의 유무
중급	상기지식과 기술 및 정보처리에 대한 일반적인 처리 능력과 웹페이지에 대한 기본적인 지식 보유, OA프로그램을 일상생활, 학습 활동 등에 무리 없이 사용할 수 있는 능력의 유무
고급	상기지식과 기술 및 정보처리에 대한 고급 수준의 능력과 OA프로그램을 이용한 정보처리/가공능력을 보유하고 전산업무를 원활하게 처리할 수 있는 능력의 유무

합격기준

- **고급** : 해당과제의 80% ~ 100% 해결능력
- **중급** : 해당과제의 60% ~ 79% 해결능력
- **초급** : 해당과제의 40% ~ 59% 해결능력

응시지역/응시자격

- **응시지역** : 전국(원서접수시 응시지역 선택 가능)
- **응시자격** : 제한 없음(학력, 연령, 경력)

검정일정

홈페이지(www.ihd.or.kr)에 접속 후 [검정안내]-[연간일정]을 참고하세요.

검정수수료

1과목	2과목	3과목
16,500원	30,000원	40,000원

※ 자격증 발급수수료 : 5,800원

※ 결재서비스 이용료 : 신용카드(650원), 계좌이체(650원), 가상계좌(300원)

※ 환불규정 : 시험일 10일전(사유없이 100% 환불), 이후 시험일까지(증빙서류 제출 시 100% 환불, 개인사유 불가), 이후 불가

기타안내

- **접수 방법** : 해당 자격시험 접수기간 중 협회 자격검정 홈페이지(http://www.ihd.or.kr)로 접속 후 On-Line으로 단체 및 개인별 접수
- **입금 방법** : 홈페이지에 고지된 입금기간 내에 신용카드/계좌이체/가상계좌 입금 방법 중 하나를 선택 후 검정 수수료 입금
- **조회 방법** : 수검번호, 입금 여부, 시험장, 합격 여부 등 각종 조회는 협회 자격검정 홈페이지 (http://www.ihd.or.kr) 접속 후 [자격시험]에서 [검정원서접수] - [접수/입금확인]

Digital Information Ability Test

DIAT 스킬인증제도

한국정보통신진흥협회에서는 국가공인 DIAT 자격검정의 활용범위를 확대하고 글로벌 시대의 리더를 양성하고자 다음과 같이 DIAT 스킬인증제도 및 KAIT-CPI(공인강사) 제도를 실시합니다.

구분	대상	검정기준
DIAT-MASTER	DIAT 3과목 고급 취득자	- 증서 및 카드제공(15,000원)
DIAT-GOLD MASTER	DIAT 4과목 고급 취득자	- 증서 및 카드제공(15,000원) - 협회 자격검정 1차(온라인) 시험 무료
DIAT-EXPERT (예비강사)	DIAT 5과목 고급 취득자	- 증서 및 카드제공(15,000원) - 협회 자격검정 1차(온라인) 시험 무료 - 만 20세 이상 공인강사 신청시 자동 전환
KAIT-CPI 공인강사 (만 20세 이상)	DIAT 3과목 고급 + 강사재직증명서	- 증서 및 카드제공(20,000원) - 지역본부별 강사취업 알선 - 협회 자격검정 감독위원 활용

DIAT 취득 시 혜택

- 각 과목별 생활기록부(교육행정정보시스템; NEIS) 등재
- 대학의 교양필수, 선택과목으로 채택되어 학점인정 및 졸업인증
- 국가기술과 동등한 위치 확보에 따라 기업체, 기관, 행정기관 등의 채용, 승진 및 인사고과시 우대
- 대학입학 전형자료로 활용되는 학생정보소양인증 자격(한국교육학술정보원)

이 책의 구성

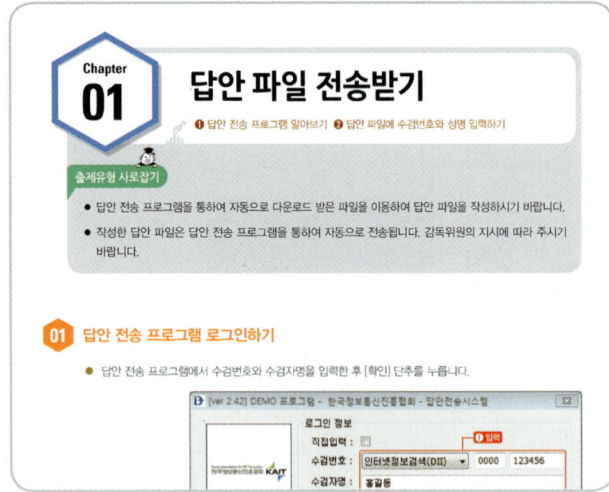

출제유형 사로잡기

최근기출유형을 분석한 결과를 토대로 군더더기 없이 주요 핵심만을 정리하였어요. 유형이 머리에 쏙쏙 들어와요!

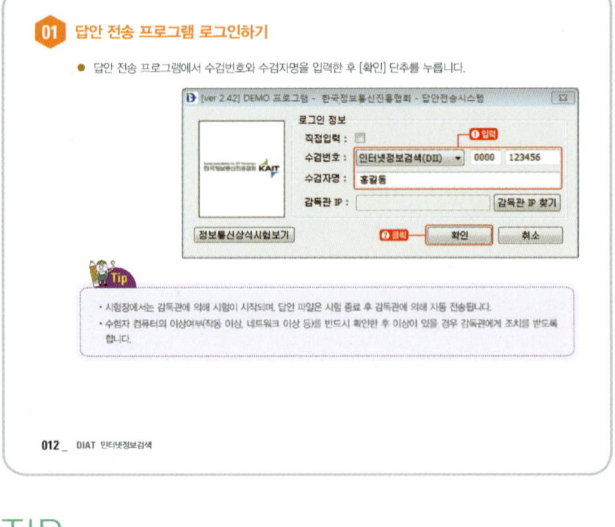

TIP

학습에 필요한 보충 설명으로 시험에 충실히 대비할 수 있도록 하였어요. 반드시 'TIP'을 읽어보도록 하세요!

기초 다지기

[기초 다지기]를 통해 기초를 탄탄하게 다질 수 있도록 구성하였어요.

실전 다지기

[기초 다지기] 보다 한 단계 높은 난이도의 문제를 수록하였어요. 모의고사를 풀기 전에 본인의 기초 실력을 키워보세요!

카테고리 다지기

[카테고리 다지기]를 통해 핵심 검색 키워드를 정리할 수 있도록 구성하였어요. 본인의 기초 실력을 키워보세요!

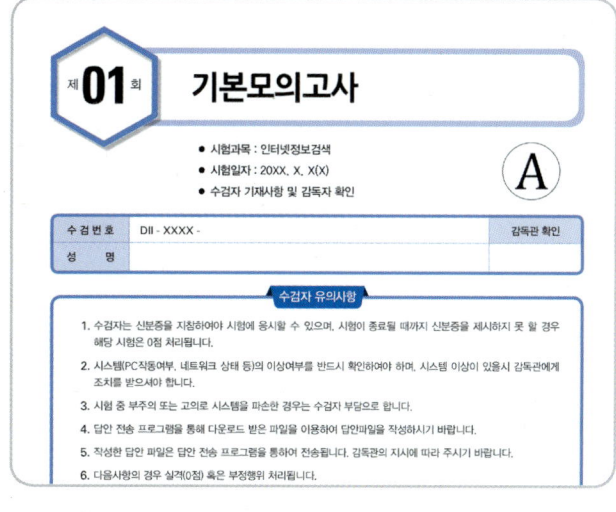

기본모의고사

시험의 개념과 원리를 이해할 수 있는 난이도별 모의고사 구성으로 체계적인 학습을 할 수 있어요. 기본이 탄탄한지 체크해 보세요!

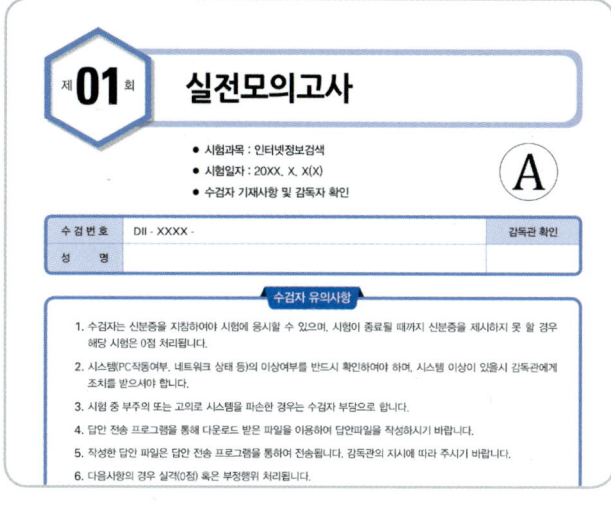

실전모의고사

실전과 100% 동일한 유형의 문제를 수록하여 실전에서의 문제 적응력과 응용력을 길러줘요. 본인의 실력을 가늠해 보세요!

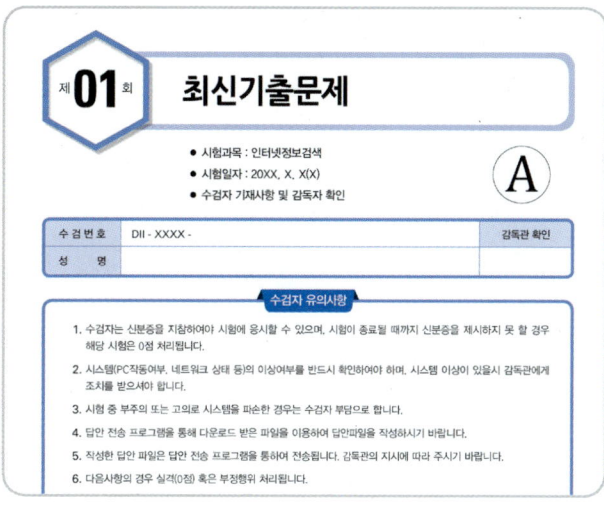

최신기출문제

최신기출문제를 수록하여 시험에 충실히 대비할 수 있도록 구성하였어요. 시험 전에 꼭 풀어봄으로써 만전을 기하도록 하세요!

이 책의 목차

Part 01 유형사로잡기

Chapter 01	답안 파일 전송하기	012
Chapter 02	답안 파일 작성하기	014
	기초 다지기	022
	실전 다지기	026
	카테고리 다지기	030

Part 02 기본모의고사

제 01 회	기본모의고사	050
제 02 회	기본모의고사	054
	퀴즈(Quiz) ❶	058
제 03 회	기본모의고사	059
제 04 회	기본모의고사	063
	퀴즈(Quiz) ❷	067
제 05 회	기본모의고사	068
제 06 회	기본모의고사	072
	퀴즈(Quiz) ❸	076
제 07 회	기본모의고사	077
제 08 회	기본모의고사	081
	퀴즈(Quiz) ❹	085
제 09 회	기본모의고사	086
제 10 회	기본모의고사	090
	퀴즈(Quiz) ❺	094
	역사알아보기 ❶	095

CONTENTS

Part 03 실전모의고사

제 01 회	실전모의고사	098
제 02 회	실전모의고사	102
	퀴즈(Quiz) ❻	106
제 03 회	실전모의고사	107
제 04 회	실전모의고사	111
	퀴즈(Quiz) ❼	115
제 05 회	실전모의고사	116
제 06 회	실전모의고사	120
	퀴즈(Quiz) ❽	124
제 07 회	실전모의고사	125
제 08 회	실전모의고사	129
	퀴즈(Quiz) ❾	133
제 09 회	실전모의고사	134
제 10 회	실전모의고사	138
	퀴즈(Quiz) ❿	142
제 11 회	실전모의고사	143
제 12 회	실전모의고사	147
	퀴즈(Quiz) ⓫	151
제 13 회	실전모의고사	152
제 14 회	실전모의고사	156
	퀴즈(Quiz) ⓬	160
제 15 회	실전모의고사	161
	역사알아보기 ❷	165

Part 04 최신기출문제

제 01 회	최신기출문제	168
제 02 회	최신기출문제	172
	퀴즈(Quiz) ⓭	176
제 03 회	최신기출문제	177
제 04 회	최신기출문제	181
	퀴즈(Quiz) ⓮	185
제 05 회	최신기출문제	186
제 06 회	최신기출문제	190
	퀴즈(Quiz) ⓯	194
제 07 회	최신기출문제	195
제 08 회	최신기출문제	199
	퀴즈(Quiz) ⓰	203
제 09 회	최신기출문제	204
제 10 회	최신기출문제	208
	퀴즈(Quiz) ⓱	212

알아두면 좋아요

네티켓(Netiquette)

네트워크(network)와 에티켓(etiquette)의 합성어로, 네티즌이 네트워크 상에서 지켜야 할 상식적인 예절을 말한다.

네티켓의 10가지 원칙

01. 가상공간에서 만나는 상대방도 나와 같은 인간임을 기억한다.

02. 실제 생활과 같은 기준으로 행동을 한다.

03. 현재 자신이 어떤 곳에 접속해 있는지 알고, 그곳 문화에 어울리게 행동한다.

04. 다른 사람의 시간을 존중한다.

05. 온라인에서도 교양 있는 사람으로 보이도록 한다.

06. 전문적인 지식을 공유한다.

07. 논쟁은 감정을 절제하면서 행한다.

08. 다른 사람의 사생활을 존중한다.

09. 자신의 권력을 남용하지 않는다.

10. 다른 사람의 실수를 용서한다.

출저 : [네이버 지식백과]

유형 사로잡기

Chapter 01 답안 파일 전송받기

Chapter 02 답안 파일 작성하기

Chapter 01 답안 파일 전송받기

❶ 답안 전송 프로그램 알아보기　❷ 답안 파일에 수검번호와 성명 입력하기

출제유형 사로잡기

- 답안 전송 프로그램을 통하여 자동으로 다운로드 받은 파일을 이용하여 답안 파일을 작성하시기 바랍니다.
- 작성한 답안 파일은 답안 전송 프로그램을 통하여 자동으로 전송됩니다. 감독위원의 지시에 따라 주시기 바랍니다.

01 답안 전송 프로그램 로그인하기

- 답안 전송 프로그램에서 수검번호와 수검자명을 입력한 후 [확인] 단추를 누릅니다.

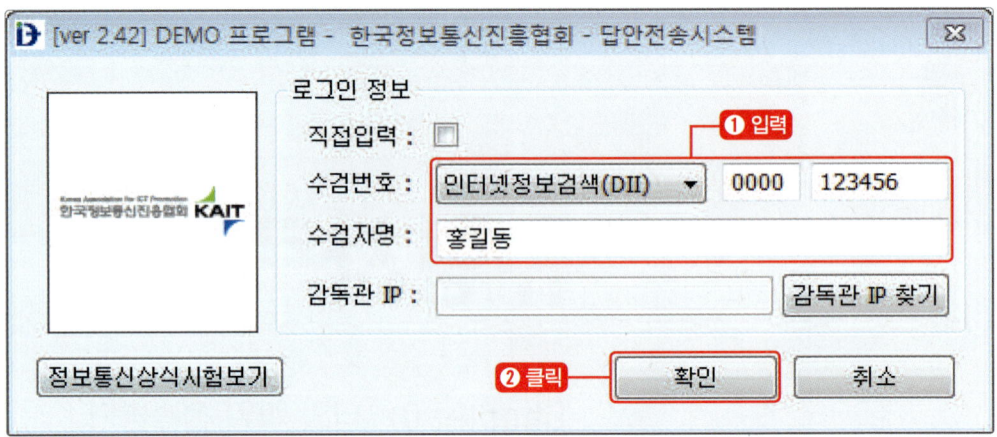

Tip
- 시험장에서는 감독관에 의해 시험이 시작되며, 답안 파일은 시험 종료 후 감독관에 의해 자동 전송됩니다.
- 수험자 컴퓨터의 이상여부(작동 이상, 네트워크 이상 등)를 반드시 확인한 후 이상이 있을 경우 감독관에게 조치를 받도록 합니다.

02 수검자 유의사항 확인하기

● 수검자 유의사항을 확인한 후 Enter 를 눌러 시험을 시작합니다.

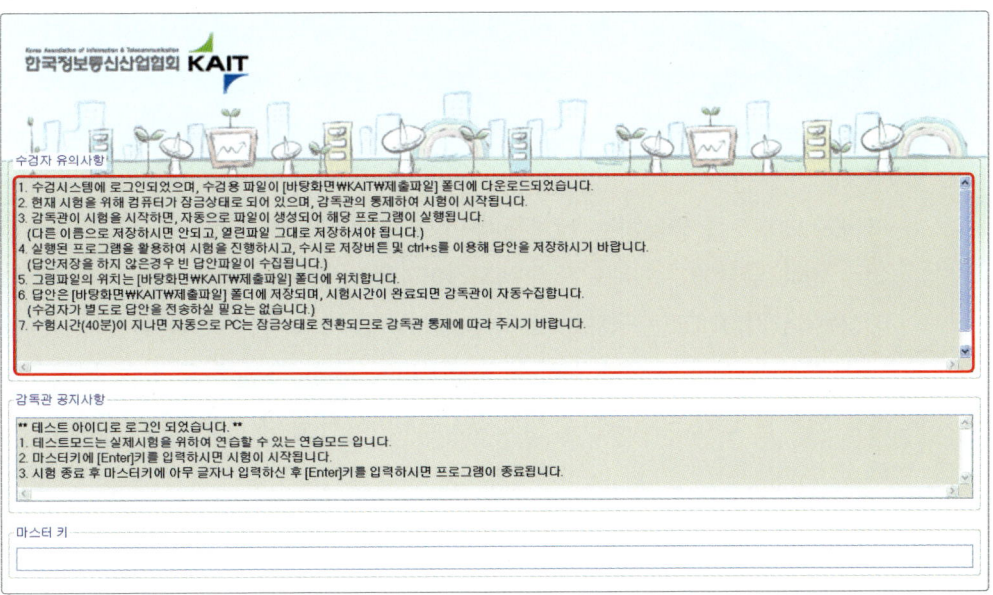

03 답안 파일에 수검번호와 성명 입력하기

● 답안 파일이 실행되면 수검번호와 성명을 정확히 입력하고 Alt + S 를 눌러 저장합니다.

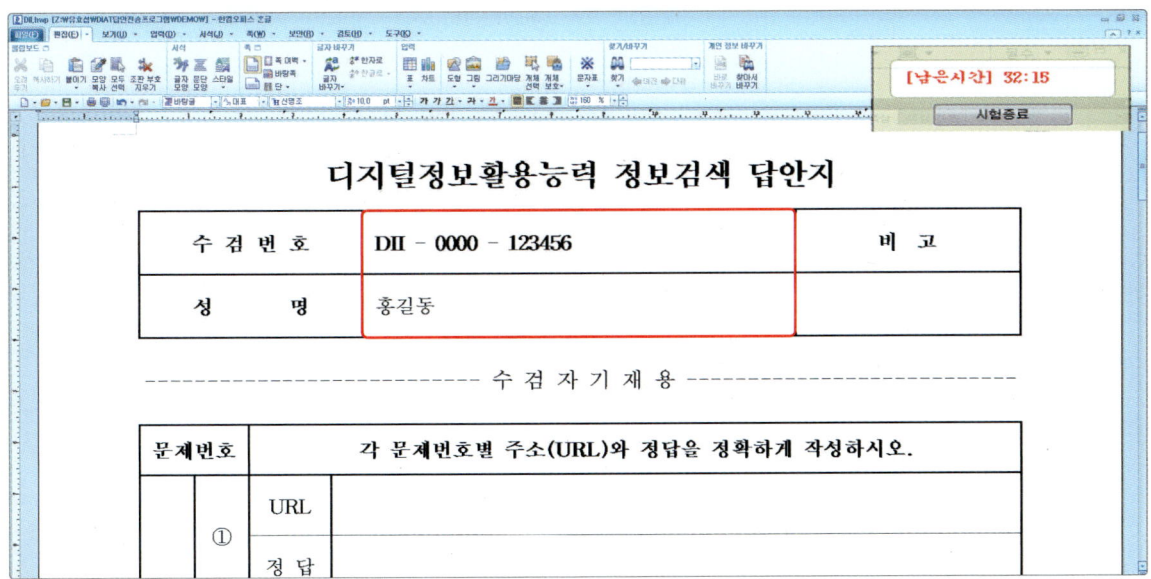

Tip
- 다른 이름으로 저장은 절대로 하지 않으며, 열린 파일을 그대로 이용합니다.
- 저장은 수시로 하도록 합니다. Alt + S 를 이용하면 편리합니다.

Chapter 02 답안 파일 작성하기

❶ 검색 사이트에서 정보 검색하기 ❷ 답안 파일에 URL과 정답 작성하기

출제유형 사로잡기

부산과 거제도를 연결하는 세계 최대의 해저터널인 거가대교가 6년의 공사 끝에 2010년 12월 완공되었다. 이로 인해 부산에서 거제도간 통행시간이 1시간 20분 단축되어 연간 4천억원의 사업효과가 발생할 것으로 예상된다. 거가대교는 국내 최초의 침매터널로 가장 깊은 곳의 수심이 (①)m이며 세계 최초 2중 조인트 함체 연결, 세계 최장 함체 길이 등 5개의 세계 기록을 보유하고 있다. 통행료는 2011년 1월부터 2050년 12월 31일 까지 40년간 수납되며 현재 (②) 주식회사가 관리/운영하고 있다.

01 검색 사이트에서 정보 검색하기_①번 문항

❶ 문제를 잘 읽은 후 정보를 검색할 핵심 단어를 찾도록 합니다.

❷ 검색 사이트(www.naver.com)를 실행한 후 핵심 단어를 입력하고 [검색] 단추를 누릅니다.

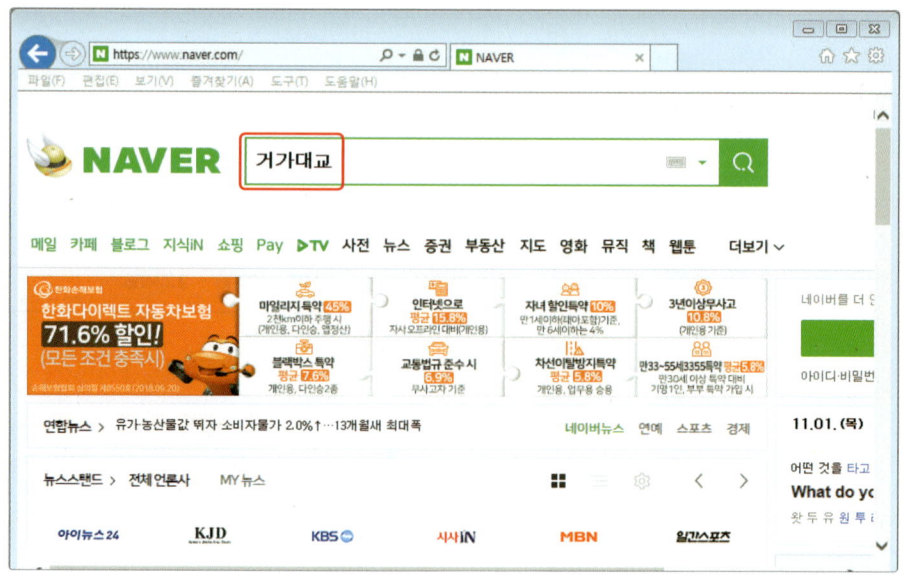

Tip

검색 사이트
- 다음(www.daum.net)
- 구글(www.google.co.kr)
- 네이트(www.nate.com)
- 빙(www.bing.com)

❸ 검색된 내용 중에서 신뢰성 있는 사이트(공식 웹 페이지, 뉴스, 백과사전, 용어사전 등)를 찾아 클릭합니다.

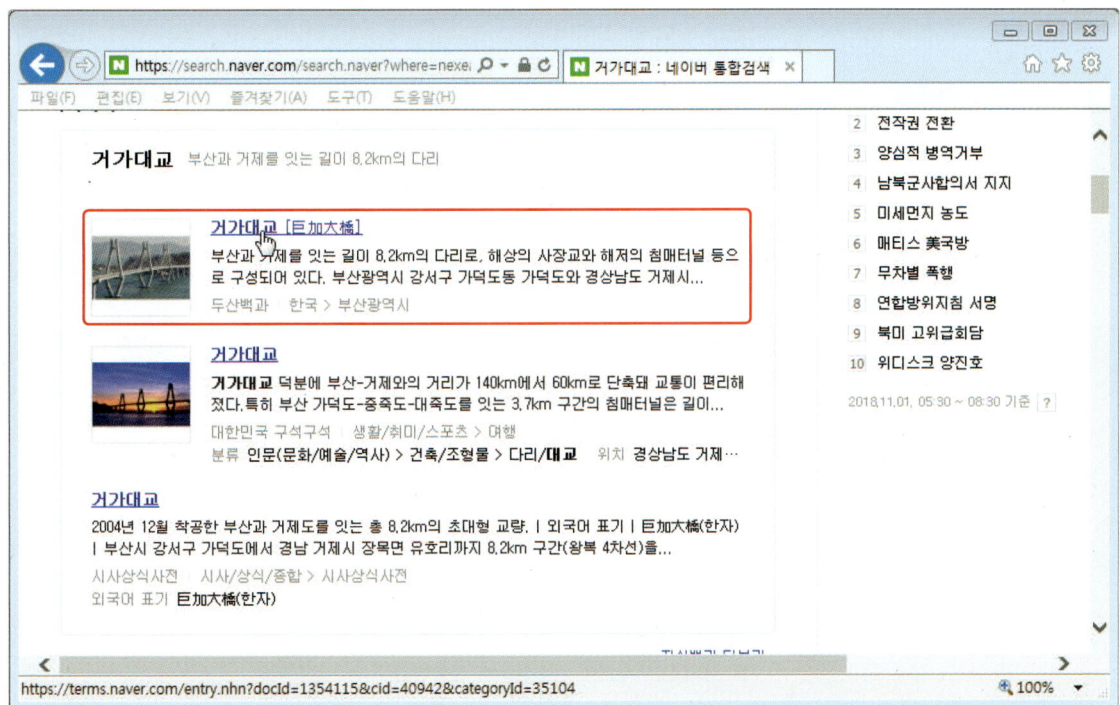

❹ 웹 페이지에서 문제의 정답이 있는지 확인합니다. 정답이 '48'이라는 것을 알 수 있습니다.

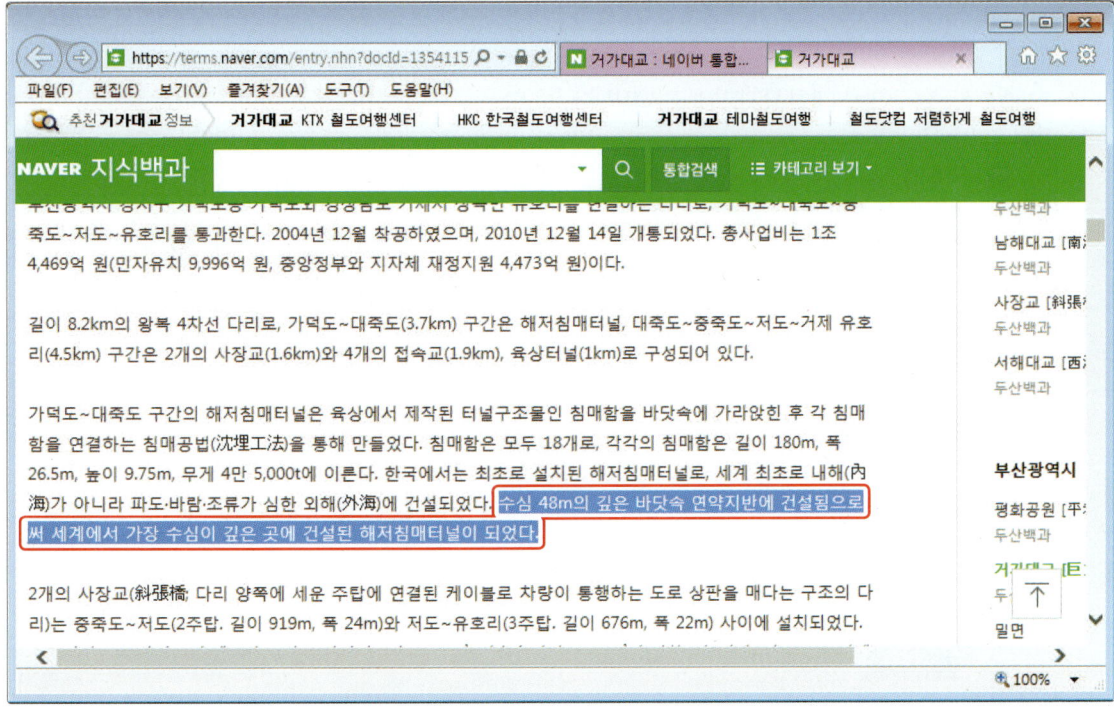

Tip

- 정보 검색은 신뢰성 있는 사이트(공식 웹 페이지, 뉴스, 백과사전, 용어사전 등)만을 이용해야 합니다.
- 포털의 카페, 블로그, 지식검색, 댓글 혹은 소셜네트워크 등에서 검색한 정보는 인정되지 않습니다.

02 답안 파일에 URL과 정답 작성하기_①번 문항

❶ 문제의 정답을 찾았다면 절대경로를 확인하기 위해 마우스 오른쪽 버튼을 눌러 [속성] 메뉴를 선택합니다.

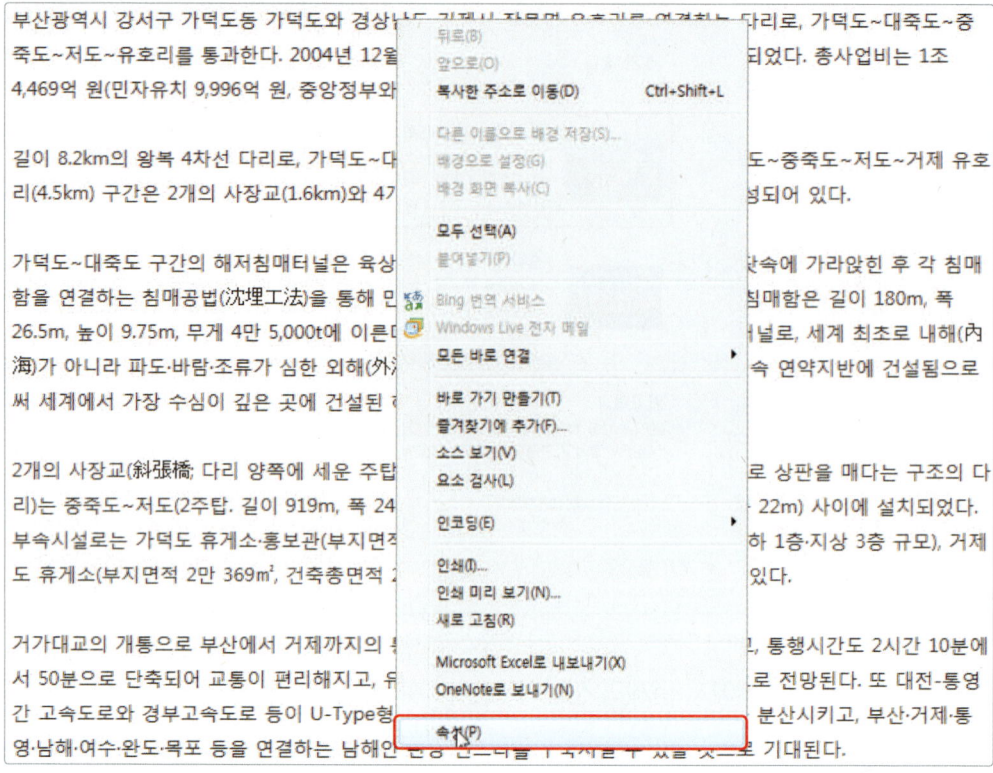

❷ [등록 정보] 대화상자가 나타나면 주소(URL) 부분을 마우스로 드래그하여 블록을 지정합니다.

❸ 블록이 지정된 상태에서 마우스 오른쪽 버튼을 눌러 [복사] 메뉴를 선택합니다.

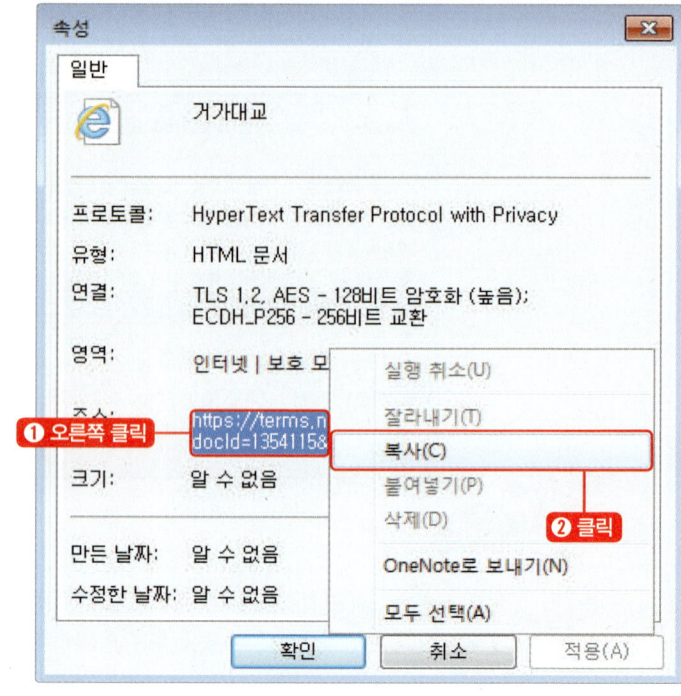

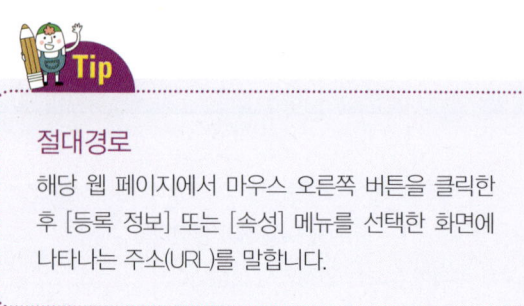

절대경로
해당 웹 페이지에서 마우스 오른쪽 버튼을 클릭한 후 [등록 정보] 또는 [속성] 메뉴를 선택한 화면에 나타나는 주소(URL)를 말합니다.

❹ 답안 파일의 URL 란에서 마우스 오른쪽 버튼을 클릭한 후 [붙이기] 메뉴를 선택합니다. 정답 란에 "48"을 적어 넣습니다.

문제번호			각 문제번호별 주소(URL)와 정답을 정확하게 작성하시오.
1	①	URL	https://terms.naver.com/entry.nhn?docId=1354115&cid=40942&categoryId=35104
		정 답	48
	②	URL	
		정 답	
2	①	URL	
		정 답	
	②	URL	
		정 답	

정답이 포함된 웹 페이지가 제대로 열리는지 확인해 보세요!
❶ [등록 정보] 대화상자에서 주소(URL) 부분을 복사합니다.
❷ 주소 표시줄에서 마우스 오른쪽 버튼을 클릭한 후 [붙여넣기] 메뉴를 선택하고 Enter 를 누릅니다.
❸ 해당 웹 페이지가 제대로 열리는지 확인합니다.

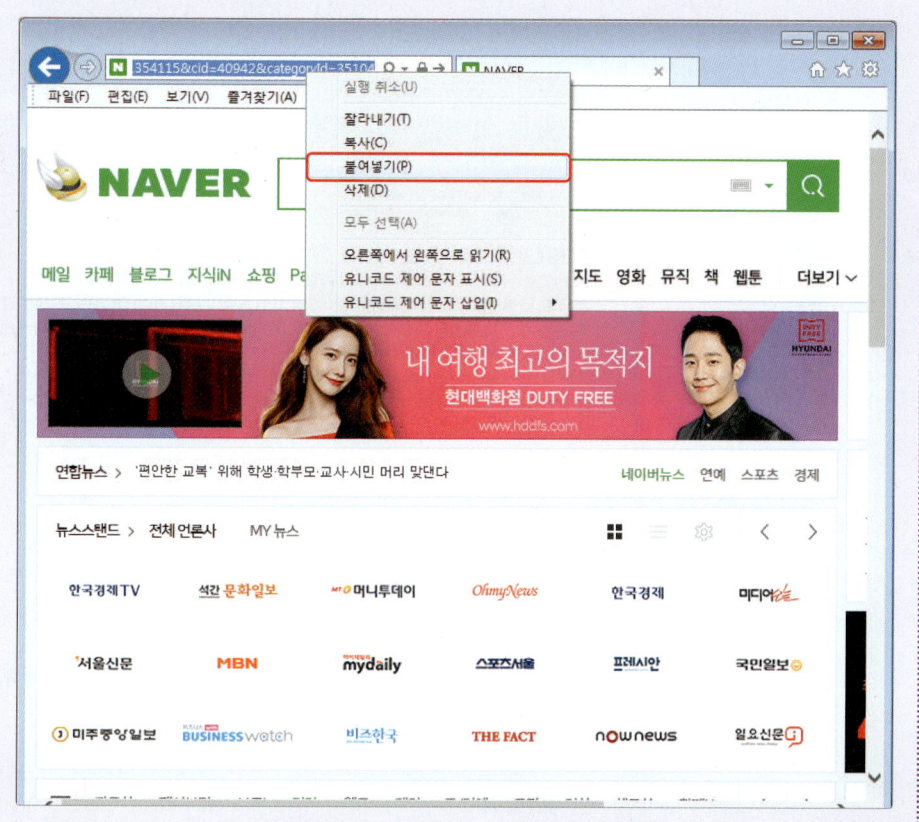

검색 사이트에서 정보 검색하기_②번 문항

❶ 문제를 잘 읽은 후 정보를 검색할 핵심 단어를 찾도록 합니다.

❷ 검색 사이트(www.naver.com)를 실행한 후 핵심 단어를 입력하고 [검색] 단추를 누릅니다.

❸ 검색된 내용 중에서 신뢰성 있는 사이트(공식 웹 페이지, 뉴스, 백과사전, 용어사전 등)를 찾아 클릭합니다.

❹ 웹 페이지에서 문제의 정답이 있는지 확인합니다. 정답이 'GK해상도로'라는 것을 알 수 있습니다.

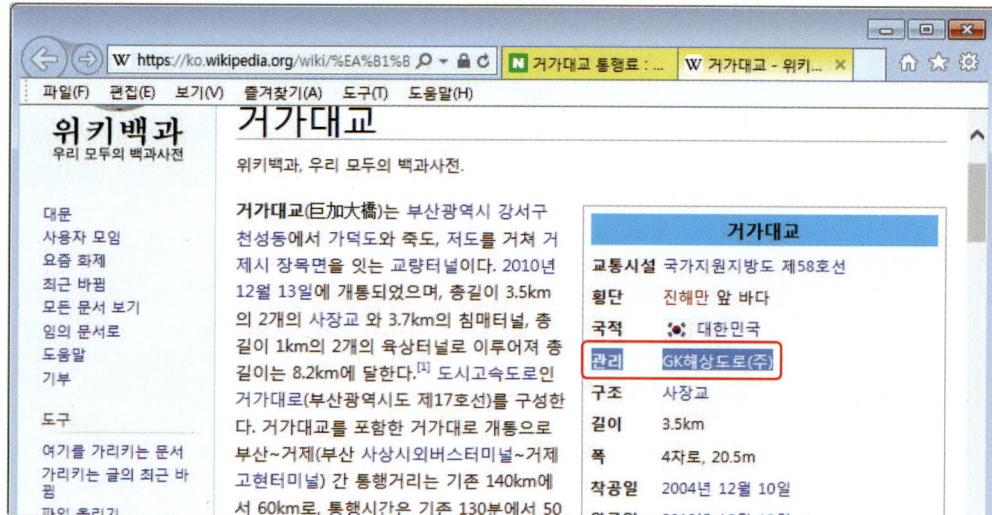

정답을 알아낸 후 역으로 신뢰성 있는 사이트를 찾을 수도 있어요!

❶ 검색한 정보를 잘 살펴보면 정답을 쉽게 발견하는 경우도 있습니다.

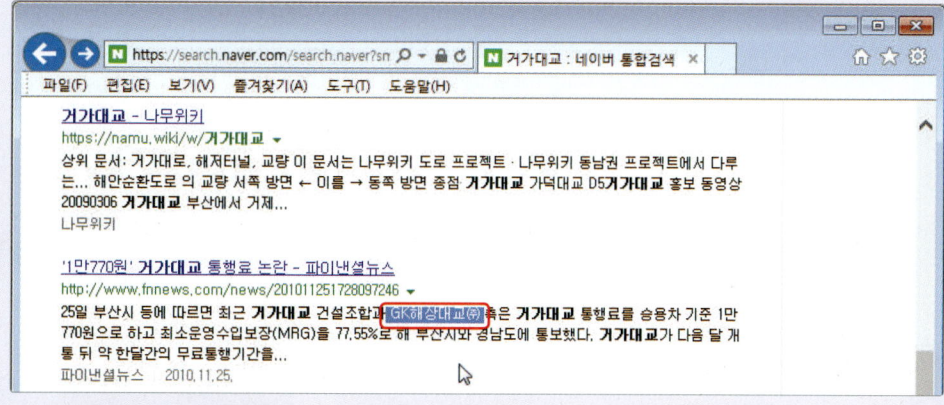

❷ 찾은 정답 'GK해상도로'로 검색하여 신뢰성 있는 사이트를 찾을 수 있습니다.

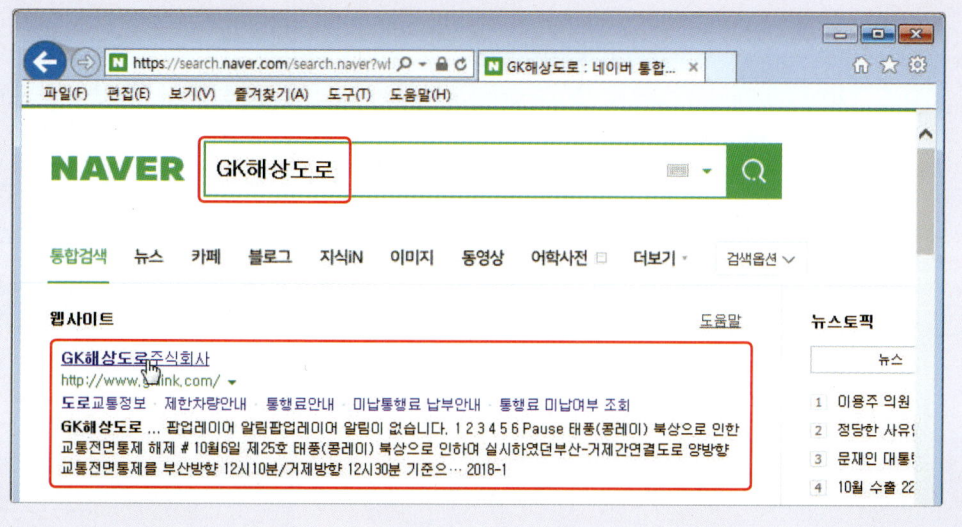

답안 파일에 URL과 정답 작성하기_②번 문항

❶ 문제의 정답을 찾았다면 절대경로를 확인하기 위해 마우스 오른쪽 버튼을 눌러 [속성] 메뉴를 선택합니다.

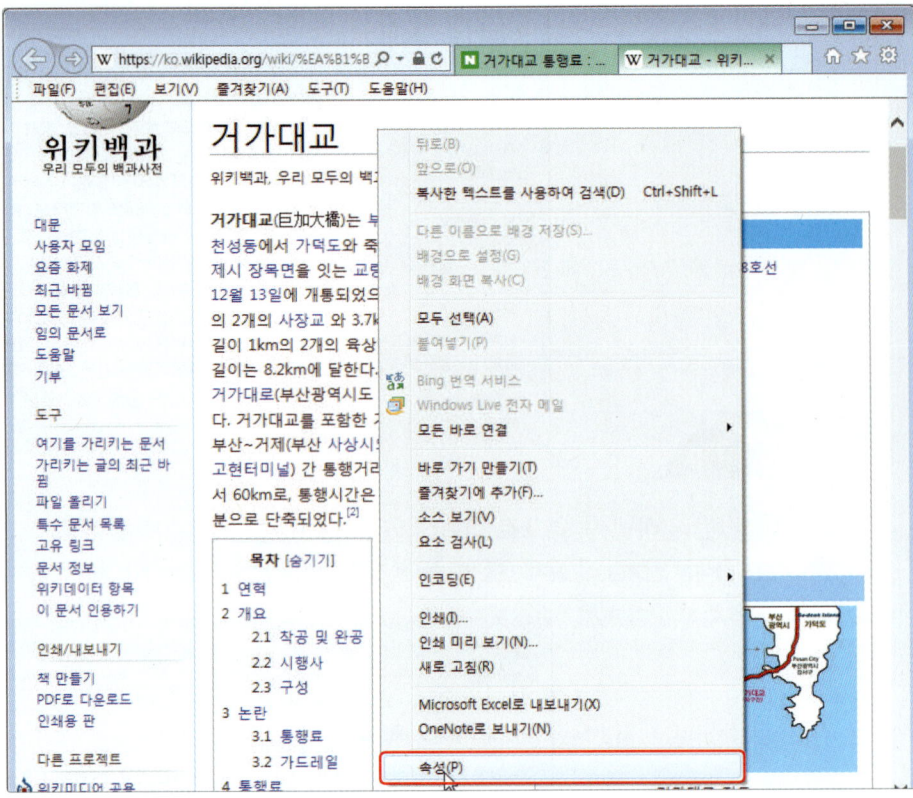

❷ [등록 정보] 대화상자가 나타나면 주소(URL) 부분을 마우스로 드래그하여 블록을 지정합니다.

❸ 블록이 지정된 상태에서 마우스 오른쪽 버튼을 눌러 [복사] 메뉴를 선택합니다.

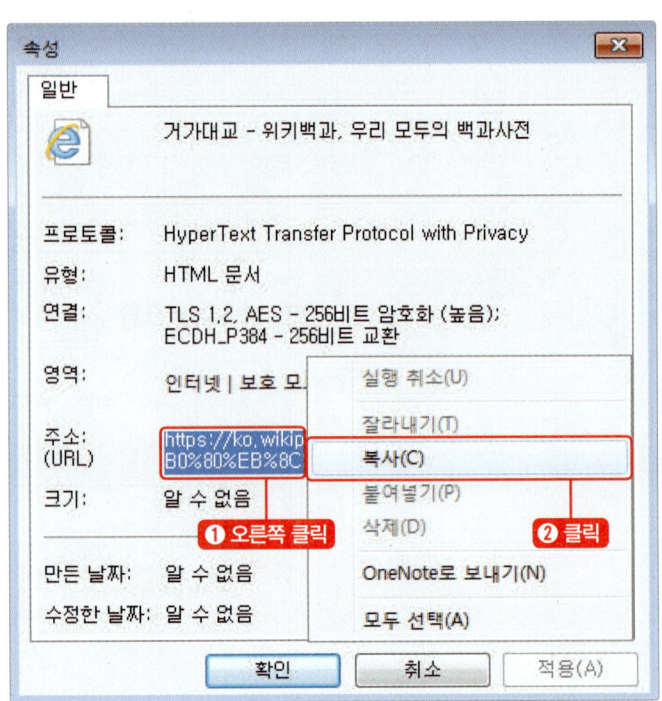

❹ 답안 파일의 URL 란에서 마우스 오른쪽 버튼을 클릭한 후 [붙이기] 메뉴를 선택합니다. 정답 란에 "GK해상도로"를 적어 넣습니다.

문제번호			각 문제번호별 주소(URL)와 정답을 정확하게 작성하시오.
1	①	URL	https://terms.naver.com/entry.nhn?docId=1354115&cid=40942&categoryId=35104
		정 답	48
	②	URL	https://ko.wikipedia.org/wiki/%EA%B1%B0%EA%B0%80%EB%8C%80%EA%B5%90
		정 답	GK해상도로
2	①	URL	
		정 답	
	②	URL	
		정 답	

Tip

- 인터넷 익스플로러의 주소 표지줄에 복사한 주소(URL)를 붙여넣기하여 정답이 있는 웹 페이지가 제대로 열리는지 확인합니다.
- ①문항과 ②문항이 있는 문제 중 ①문항에서 검색한 사이트에 ②문항의 정답도 같이 있을 경우에는 ②문항에도 같은 주소(URL)를 입력해야 합니다.

기초 다지기 — 기초를 다져요!

※ 문제에 해당하는 URL과 정답을 검색해 보세요.

기초 01

검색시간 :

도보여행 코스로 각광을 받고 있는 제주 이곳은 '집으로 통하는 아주 좁은 골목길'이란 뜻으로, 우리나라에서 가장 걷기 좋은 길로 손꼽히고 있다. 또한 코스 구성이 현무암으로 이뤄져 있어 색다른 풍미와 정취가 있다는 입소문이 퍼지면서 관광객 유치에 한몫하고 있으며, 제주 이곳의 성공 이후 전국에서 도보여행 코스들이 생겨나고 있다. 이곳의 명칭은?

▶▶ **Hint 검색 키워드** | 걷기 좋은 길들을 선정하여 개발한 도보여행 코스

기초 02

검색시간 :

재판은 민주적인 절차로, 한 번의 잘못된 심판으로 다시는 돌이킬 수 없는 위험을 최소화하여야 한다. 이를 위해 우리나라와 프랑스, 독일에서 시행하고 있는 이것은 한 사건에 대하여 세 번 심판을 받을 수 있는 심급제도로, 항소와 상고, 항고를 인정하고 있다. 이것의 명칭은?

▶▶ **Hint 검색 키워드** | 한 사건에 세 번의 심판을 받을 수 있는 심급제도

기초 03

검색시간 :

열대 저기압인 태풍은 강한 비바람을 동반하고 움직이는 것을 말한다. 지역에 따라 다른 이름으로 불리는데 북서태평양에서는 태풍, 북중미에서는 허리케인, 인도양에서는 이것이라고 한다. 이것의 명칭은?

▶▶ **Hint 검색 키워드** | 태풍, 허리케인처럼 열대 저기압의 지방에 따른 이름

기초 다지기 — 기초를 다져요!

※ 문제에 해당하는 URL과 정답을 검색해 보세요.

기초 04

검색시간 :

2009년 8월 7일 한국과 이 국가는 양국의 포괄적 경제동반자 협정(CEPA)을 체결하였다. 본질적인 측면에서는 자유 무역 협정(FTA)과 동일한 성격을 지니고 있지만 주로 상품과 서비스의 자유로운 교역을 핵심으로 하는 자유무역협정(FTA)에 비해서 포괄적 경제동반자 협정(CEPA)은 보다 더 광의적인 개념이라 할 수 있다. 이 국가의 이름은?

▶▶ **Hint 검색 키워드** | 포괄적 경제동반자 협정

기초 05

검색시간 :

2009년 7월 7일 국내외 유명 사이트들이 이것에 의해 접속에 큰 어려움을 겪었다. 이것은 여러 대의 공격자를 분산 배치하여 동시에 동작하게 함으로써 특정 사이트를 공격하는 해킹 방식의 하나이다. 서비스 공격을 위한 도구들을 여러 대의 컴퓨터에 심어놓고 공격 목표인 사이트의 컴퓨터 시스템이 처리할 수 없을 정도로 엄청난 분량의 패킷을 동시에 범람시킴으로써 네트워크의 성능을 저하시키거나 시스템을 마비시키는 방식이다. 이것의 명칭은?

▶▶ **Hint 검색 키워드** | 여러 대의 공격자를 분산 배치하여 동시에 동작

기초 06

검색시간 :

인도의 시인이며 사상가인 타고르는 1861년 인도 캘커타에서 출생하였다. '신에게 바치는 송가'라는 의미의 서정시집인 이것을 출간하였으며, 1913년에는 동양인 최초로 노벨문학상을 수상하였다. 1915년 영국으로부터 기사 작위를 수여받았으나, 1919년 암리차르의 대학살에 대한 항거의 표시로 기사 작위를 반납하기도 하였다. 이것의 명칭은?

▶▶ **Hint 검색 키워드** | 타고르의 서정시집

기초 다지기 — 기초를 다져요!

※ 문제에 해당하는 URL과 정답을 검색해 보세요.

기초 07

검색시간 :

(①)란 휴정협정 이후 직접적인 충돌을 방지하기 위해 일정 간격을 두도록 한 완충지대를 말한다. 우리나라 (①)의 총면적은 907㎢이며, 이는 한반도 전체의 1/250에 이르는 방대한 면적이다. 정전 협정서에 명시되어 있는 (①)은/는 임진강 하구에서 강원도 고성까지 총길이 248㎞의 휴전선을 기준으로, 남북으로 각각 2㎞를 지정하여 무기의 배치나 군대 주둔을 금지하고 있다.

▶▶ **Hint 검색 키워드** | 협약에 의해서 무장이 금지된 지역

기초 08

검색시간 :

조선 시대에 가장 유명한 풍속화가로 손꼽히는 김홍도와 신윤복은 과거에도 그 신묘한 능력을 인정받았으나 현대 시대에 그 가치를 더욱 인정받고 있다. 최근에는 두 화가를 주제로 한 영화와 드라마가 제작되어 큰 흥행을 거두는 등 그들의 삶과 사랑을 재조명하는 행사가 곳곳에서 진행되고 있다. 특히 신윤복의 그림 이것은 초상 기법으로 그려내어 조선 여인의 아름다움을 분명하게 잘 드러낸 역작으로 평가받고 있다. 이것의 명칭은?

▶▶ **Hint 검색 키워드** | 신윤복

기초 09

검색시간 :

소설가이며 화학자인 아이작 아시모프(Isaac Asimov)는 1920년 러시아에서 태어났다. 1951년 소설 이것으로 데뷔하였으며 컬럼비아대학교 화학 박사 과정을 수료하였고, 로버트 하인라인, 아서 클라크와 함께 '과학 소설계 3대 거장'으로 불리고 있다. '로봇 시리즈'와 이것이 유명하며, 특히 이것은 시리즈로 발간되어 많은 독자들의 사랑을 받았다.

▶▶ **Hint 검색 키워드** | 아이작 아시모프 데뷔

기초 다지기 — 기초를 다져요!

※ 문제에 해당하는 URL과 정답을 검색해 보세요.

기초 10

검색시간 :

보름달은 달과 태양이 지구의 서로 반대쪽에 위치하여 전체가 밝게 보이는 것을 말하며 망월 또는 만월이라고도 한다. 중국에서는 상원이라고 불리며, 일본에서는 이것이라고 하여 공휴일로 지정되어 있다. 우리나라에서는 예로부터 음력 1월 15일의 보름달을 정월대보름이라고 하며 대표 풍속으로는 달맞이와 더위팔기, 지신밟기 등이 있다. 음식으로는 오곡밥과 땅콩, 호두 등의 견과류인 부럼을 먹는다. 이것의 명칭은?

▶▶ **Hint 검색 키워드** | 정월대보름

기초 11

검색시간 :

일본의 대표적인 음식인 스시는 식초로 간을 한 밥에 생선이나 김, 달걀 등을 말거나 얹어서 먹는 음식이다. 이것은 일본에서 인기가 높은 스시의 일종으로 이 음식의 기원은 정확하지 않으나, 1853년에 간행된 '수정만고'란 책을 살펴보면 에도 지방에서 버섯과 밥을 섞어서 채워 만들었다는 기록이 남아있다. 이것의 명칭은?

▶▶ **Hint 검색 키워드** | 에도 지방에서 버섯과 밥을 섞어서 채워 만들었다는 기록

기초 12

검색시간 :

국문으로 전해지는 가장 오래된 가요이며, 백제 유일의 현존 가요로 전해지고 있는 이것은 구백제 지방의 노래로 짐작되고 있다. '어긔야'와 같은 여음을 사용하고 있으며 구전된 것으로 알려져 있어 원형 그대로 전해지고 있는지는 확실치 않다. 내용은 행상인의 아내가 남편이 돌아오지 않자 남편을 걱정하는 마음을 나타낸 노래로 망부석에 올라가 불렀다고 하며, 고려시대와 조선시대의 궁중음악으로 널리 쓰여진 것으로 전해진다. 이것의 명칭은?

▶▶ **Hint 검색 키워드** | 백제 유일의 현존 가요

실전 다지기 — 실력을 키워요!

※ 문제에 해당하는 URL과 정답을 검색해 보세요.

실전 01
검색시간 :

세계 최초의 증기 자동차는 1769년 프랑스의 니콜라스 퀴뇨가 개발한 것으로 전해진다. 포차를 견인할 목적으로 만들어졌으나 조향장치 및 브레이크가 없는 등의 많은 문제점이 있었으며, 최초의 교통사고를 발생시킨 자동차로 추정되고 있다. 현재는 프랑스 파리 3구에 위치한 이곳에 보관되어 있다. 이곳의 명칭은?

실전 02
검색시간 :

프레온 가스와 이산화탄소는 지구온난화의 주범인 온실가스를 대표하며, 오존층을 파괴하여 지구의 온도를 상승시킨다. 지구온난화 방지를 위한 지속적이며 국제적인 노력이 없을 경우 2100년에는 해수면이 상승하여 섬이나 해안 저지대에 거주하는 주민들의 생활에 영향을 미치고, 지형 변화 또한 나타날 것으로 예상된다. 이에 우리나라는 1993년 세계에서 몇 번째로 기후변화협약(UNFCCC)에 가입하여 기후변화에 적극적이고 능동적으로 대처하고 있다. 몇 번째인가?

실전 03
검색시간 :

아폴로 11호(Apollo 11)는 처음으로 달에 착륙한 유인 우주선이다. 선장 닐 암스트롱, 사령선 조종사 마이클 콜린스, 달 착륙선 조종사 버즈 올드린이 탑승하였으며, 1969년 7월 20일 암스트롱과 올드린은 달에 발을 디딘 최초의 인류가 되었다. 냉전 종식 후 달 탐사는 뜸해졌으나, 최근 중국과 인도 등 아시아 국가들이 달 탐사에 관심을 보이면서 경쟁에 불이 붙기 시작하였다. 그중에서도 중국은 2007년 첫 달 탐사선인 이것을 발사하는 등 가장 적극적인 행보를 보이고 있다. 이것의 명칭은?

실전 다지기 — 실력을 키워요!

※ 문제에 해당하는 URL과 정답을 검색해 보세요.

실전 04

검색시간 :

청와대는 대통령의 집무 및 생활공간을 일컫는 공식 명칭이다. 청와대의 부속건물인 이곳은 1990년에 완공되었다. 맞배지붕에 토기와를 올려 전통적인 우아한 멋을 살린 현대식 한옥이다. 현재 이곳은 대통령의 기자회견 장소와 출입기자들의 기사송고실인 프레스센터로 사용되고 있다. 이곳의 이름은 중국 사서오경의 하나에서 따온 말로 엄정하고 비판적인 태도로 역사의 기록을 담는 곳이란 뜻을 가지고 있다. 이곳의 명칭은?

실전 05

검색시간 :

1812년 영국 포츠머스에서 태어난 찰스 디킨스는 올리버 트위스트, 위대한 유산 등으로 유명한 소설가이다. 디킨스는 상류 사회에 대한 신랄한 비판과 빈곤층과 보통사람들에 대한 공감을 통해 여러 좋은 작품을 쓴 작가로 알려져 있다. 1925년에 디킨스 협회에서 디킨스가 살았던 집을 사들여 박물관으로 개방했다. 디킨스가 1837년부터 1839년까지 살던 이 집에는 디킨스가 사용했던 가구들과 원고, 편지, 초상화 등이 그대로 보존되어 있다. 이 박물관의 명칭은?

실전 06

검색시간 :

이것은 웹사이트에서 주민등록번호 대신 본인 확인에 이용할 수 있는 사이버 신원확인번호이다. 이것은 인터넷상에 주민등록번호가 무단 유출되어 도용되는 부작용을 막기 위해 만들어진 서비스이다. 이것을 이용하면 일반 웹사이트에서 이것 아이디와 비밀번호로 본인 확인이 가능하다. 이것은 서비스가 도입된 웹사이트나 본인 확인기관에서 무료로 발급받아 사용이 가능하고 주민등록번호와는 달리 생년월일, 성별 등의 정보를 갖지 않으며 언제든 변경 가능한 장점을 갖는다. 이것의 명칭은?

실전 다지기 — 실력을 키워요!

※ 문제에 해당하는 URL과 정답을 검색해 보세요.

실전 07

검색시간 :

(①)은/는 한국 우주인이 우주에서 수행할 우주실험기술과 우주실험장비 개발에 대한 기술 습득을 목적으로 하고 있으며 한국항공우주연구원이 총괄기관의 역할을 수행하고 있다. 2006년 한국 최초의 우주인 후보로 고산씨와 이소연씨를 선발하였으며 최종적으로 이소연씨가 한국인 최초의 우주인으로 선발되어 2008년 4월 러시아의 (②) 우주선을 타고 출발하였고, 예정시간보다 약 3분 빠른 한국시간 기준 4월 10일 오후 9시 57분에 국제 우주 정거장과의 도킹에 성공하였다.

실전 08

검색시간 :

이것은 판소리/단가를 직접 부르면서 동시에 가야금을 타는 형식으로 경상북도 무형문화재 19호로 지정되어 있다. 19세기 조선시대 말기에 나온 연주 형식으로 김창조, 심정순 등의 명인들이 유명하다. 2002년 사단법인 가야금병창보존회가 발족하였으며 매년 전국 규모의 '가야금경연대회'를 개최하고 있으며 '향음재'라는 정기공연을 연1회 개최함으로써, 가야금 전승자 발굴과 육성에 노력하고 있다. 이것의 명칭은?

실전 09

검색시간 :

미국의 투자은행 (①)은/는 2008년 9월 뉴욕 남부 지방법원에 파산보호인 '챕터 11'을 신청하였다. (①)의 파산신청은 세계 여러 국가의 금융위기가 확산되는 기폭제가 되었다. 이와 같은 세계 금융위기에 맞서 우리나라 정부에서는 국내 기업의 감세 정책과 예산 조기 집행, 일자리 창출 등의 다양한 조치를 강구하였다. 또한 한국은행에서는 경기부양책의 일환으로 기준금리를 인하하였으며, 2009년 1월 9일에 발표된 기준금리(%)는 (②)이다.

실전 다지기 — 실력을 키워요!

※ 문제에 해당하는 URL과 정답을 검색해 보세요.

실전 10

검색시간 :

서울대학교는 1946년 10월 국립서울대학교로 개교하였으며, 서울대학교의 정장은 월계관에 펜과 (①)을/를 놓고, 그 위에 책과 교문 심볼을 배치한 짙은 파란색의 문장이다. 서울대학교는 세계적인 대학으로 발돋움하기 위해 교수 지원 프로그램과 단대별로 구성되어 있는 연구소 등이 있으며, 2008년 세계 대학 평가순위에서 50위를 기록하였다. 제24대 (②) 총장이 2006년 7월부터 2010년 7월까지 총장직을 수행하였다.

실전 11

검색시간 :

프랑스의 수학자이자 철학자인 블레즈 파스칼(Blaise Pascal)은 1623년 6월 19일 프랑스의 오베르뉴 클레르몽페랑에서 태어났으며, '파스칼의 정리'가 포함된 '(①) 시론', '파스칼의 원리'가 들어있는 '유체의 평형' 등 많은 수학·물리학에 대한 글들을 발표하고 연구를 하였다. 파스칼이 사망한 후 주변의 지인들은 인간의 공통과 신앙에 대한 파스칼의 글들을 정리하여 1670년 책으로 출간했으며, 그것이 바로 초기 프랑스 문학의 모델로 인정받고 있는 (②)이다.

실전 12

검색시간 :

부석사는 한국 화엄종의 근본도량으로 경상북도 영주시 부석면 북지리에 위치하며, 676년 신라 문무왕 때 의상대사가 창건한 것으로 전해진다. 부석사에는 많은 역사적 유물을 보관하고 있는데, 특히 고려시대에 제작되어 부석사 (①)에 봉안되어 있는 국보 제45호 부석사소조여래좌상(浮石寺塑造如來坐像)은 흙을 빚어 만들어 세밀한 조각이 가능하였으며, 그 유래가 없을 정도의 대규모로 제작되었다. 1962년 12월 20일 국보로 지정되었고, 높이는 (②)m이다.

카테고리 다지기 — 카테고리별 실력을 키워요!

※ 문제에 해당하는 URL과 정답을 검색해 보세요.

건축 01

검색 키워드 :

이것은 1979년에 제정된 세계 최고의 건축상으로, 인류와 건축 환경에 기여한 건축가를 대상으로 매년 수여되고 있다. 이 상은 특정한 건축물의 평가보다는 건축가의 건축세계를 평가하는 상으로서 국제적으로 권위를 인정받고 있다. 이 상은 국적과 인종, 이데올로기, 종교 등에 제한 없이 후보자를 추천받으며, 심사위원은 건축, 교육, 문화 등 각 분야의 전문가로 구성되어 비밀투표로 수상자를 선정하고 시상한다. 이 상의 수상자에게는 일정 금액의 상금과 청동 메달이 수여된다. 이 상의 명칭은?

▶ 생각하는 검색 키워드 기입하기
❶　　　　　　　　　　❷　　　　　　　　　　❸

건축 02

검색 키워드 :

조선 세조가 세운 사찰터이자 현재는 탑골공원 안에 자리한 조선시대 초기의 대표적인 대리석 석탑인 이것의 높이는 약 12m로 총 10층의 탑신으로 구성되어 있다. 불교유적으로 나한과 선인, 용 등 다양한 조각을 찾아볼 수 있으며 전체적인 균형과 수려함이 뛰어난 걸작품으로 평가받고 있다. 전체적인 구성 형태가 고려시대 건립된 경천사 10층 석탑과 유사하다는 특징이 있다. 1962년 12월 국보로 지정되었으며 현재 유리 보호관에 보관되어 고유의 미를 해치고 있다는 지적이 있어 국립중앙박물관으로의 이전이 추진되고 있다. 이 건물의 명칭은?

▶ 생각하는 검색 키워드 기입하기
❶　　　　　　　　　　❷　　　　　　　　　　❸

건축 03

검색 키워드 :

(①)은/는 정삼각형, 정사각형 등과 같이 동일한 모양의 도형을 이용해 빈틈이나 포개짐 없이 평면 혹은 공간을 완전히 가득 채우는 것을 말한다. 이집트, 로마, 페르시아, 그리스, 아라비아, 중국 등에서도 (①)을/를 이용한 문양을 쉽게 발견할 수 있으며, (①)을/를 이용한 가장 대표적인 건축물로는 스페인의 그라나다에 위치한 이슬람식 (②)이/가 있다. (②)은/는 13세기 후반에 창건되어 14세기 말에 완성되었으며 건축이나 장식 모두 이슬람 미술의 정점을 나타나는 대표적인 건축물이다.

▶ 생각하는 검색 키워드 기입하기
❶　　　　　　　　　　❷　　　　　　　　　　❸

카테고리 다지기   카테고리별 실력을 키워요!

※ 문제에 해당하는 URL과 정답을 검색해 보세요.

경제 01

검색 키워드 :

세계경제가 점차 글로벌 해지고 금융시장이 개방되면서 주가가 같은 방향으로 움직이는 경우가 점차 많아지고 있다. 우리나라 경제는 특히 미국의 경제와 밀접한 관련이 있어 미국의 증시가 하락하면 우리나라의 주가도 하락하는 경우가 많은데, 이것을 이런 현상이라 한다. 또한 이런 현상 등으로 선물 가격이 전일 종가 대비 5% 이상 상승하거나 또는 하락해 1분간 지속될 때 발동되는 사이드카는 발동부터 주식시장 프로그램 매매호가의 효력이 5분간 정지된다. 이 현상의 명칭은?

▶ 생각하는 검색 키워드 기입하기

❶　　　　　　　　　❷　　　　　　　　　❸

경제 02

검색 키워드 :

이것은 회사의 경영을 맡고 있는 이사 외에 전문위원을 이사회 구성원으로 참여시키는 제도를 말한다. 전문위원의 일반적인 선정 대상으로는 변호사, 대학교수 등으로 회사와 직접적인 관련이 없는 대상자로 구성된다. 기업의 사회적 책임을 완수하고 기업의 부정과 부패, 그리고 권력 남용을 방지하기 위한 보완장치로 대부분의 대기업에서 도입하여 실행하고 있다. 이것은 미국과 영국에서 활성화되어 있으며, 우리나라의 경우 증권거래법을 개정하여 자산의 총합이 2조원 이상인 경우 의무적으로 전문위원을 이사회 구성원으로 선임토록 규정하고 있다. 이것의 명칭은?

▶ 생각하는 검색 키워드 기입하기

❶　　　　　　　　　❷　　　　　　　　　❸

경제 03

검색 키워드 :

(①)은/는 혁신적인 기술 및 아이디어 등을 보유한 설립 초기의 신생 기업을 말하는 것으로, 벤처와의 차이는 대규모의 자금을 조달하기 이전 단계라는 점이다. (①)은/는 1990년대 후반 닷컴 버블이 일었을 때 생겨났으며, 일반적으로 고위험 및 고성장 가능성을 지닌 인터넷 기반의 회사를 지칭하고 대표적으로 구글과 트위터 등이 있다. (②)은/는 (①)에 초기 자금과 멘토링 등을 지원하는 단체로, 업무 공간 및 마케팅, 컨설팅 서비스 등을 제공하고 각 분야의 세계적 전문가들을 멘토로 연결시켜 주기도 한다.

▶ 생각하는 검색 키워드 기입하기

❶　　　　　　　　　❷　　　　　　　　　❸

카테고리 다지기 — 카테고리별 실력을 키워요!

※ 문제에 해당하는 URL과 정답을 검색해 보세요.

기관·단체 01
검색 키워드 :

인천국제공항은 대한민국의 대표적인 국제공항으로 21세기 수도권 항공운송의 수요를 분담하고 동북아시아의 허브(Hub) 공항으로서의 역할을 담당하기 위해, 1992년 착공하여 8년 4개월만에 총공사비 7조 8,000여억원이 투입되어 2001년 3월 29일 개항하였다. 2007년 3월 23일에는 인천국제공항철도가 개통되었고, 공항 운영은 인천국제공항을 위하여 설립된 이곳에서 담당하고 있다. 이곳의 명칭은?

▶ 생각하는 검색 키워드 기입하기
❶   ❷   ❸

기관·단체 02
검색 키워드 :

이곳은 안정적인 금융시장의 유지와 건전한 신용사회를 만들기 위한 모든 사무를 관장하는 금융정책기구이다. 2008년에 설립된 이곳은 "신성장 금융산업, 섬기는 금융행정"이라는 비전과 금융산업 선진화, 금융시장의 안정화, 건전한 신용질서 조성, 공정한 금융거래관행 확립 등의 목표를 바탕으로 금융시스템의 선진화와 글로벌 경쟁력을 향상시키기 위해 노력하고 있으며, 또한 금융정책을 수립하고 꾸준히 실천하여 서민 생활안정에 이바지하고 있다. 이곳의 명칭은?

▶ 생각하는 검색 키워드 기입하기
❶   ❷   ❸

기관·단체 03
검색 키워드 :

인천공항 내에 위치한 (①)은/는 우리나라를 입출항하는 항공기의 안전 및 효율적인 비행활동을 보장하기 위해 1995년 3월에 설립된 국토교통부 산하기관이다. 항공 부이사관 (②)이/가 제1대 센터장으로 재임하였으며, 21세기 동북아 중추 항공선진국으로 도약하기 위해 세계적 수준의 항공기술을 적극 도입하고 있다. (①)은/는 항공 교통관제업무, 비행정보 업무, 조난 항공기에 대한 경보 업무 등을 담당하고 있으며 관할하는 인천비행정보구역의 면적은 남한 전역과 삼면의 바다를 포함하여 약 43만km^2이다.

▶ 생각하는 검색 키워드 기입하기
❶   ❷   ❸

카테고리 다지기 — 카테고리별 실력을 키워요!

※ 문제에 해당하는 URL과 정답을 검색해 보세요.

동물 01

검색 키워드 :

이것은 다리 길이가 짧다고 하여 붙여진 이름으로, 오징어보다 고급 재료로 분류되어 값도 오징어보다 두 배 이상 비싸다. 오징어와 더불어 회나 구이로 주로 사용되며 오스트레일리아 북부, 한국, 일본 남부, 남동 중국해에 주로 서식한다. 주로 6월 말에서 9월 사이에 연안에서 많이 잡히며, 외투장의 크기는 183mm이다. 이것의 명칭은?

▶ 생각하는 검색 키워드 기입하기
❶　　　　　　　　　❷　　　　　　　　　❸

동물 02

검색 키워드 :

이것은 식물과 동물의 중간에 위치한 원생동물로 체내에 엽록소를 가지고 광합성을 하는 식물적 특징과 세포벽이 없으며 자유롭게 움직이는 동물적 특징을 모두 보여주고 있어 원생동물의 편모충류로 취급되기도 한다. 약 150종이 있는 것으로 알려져 있으며, 몸길이는 15~530 마이크로미터이다. 몸체는 원뿔 모양이지만 변형이 자유롭다. 작은 연못이나 도랑에서 흔히 볼 수 있으며, 맑은 물보다 흐린 물을 좋아한다. 몸의 앞부분은 길고 둥근 플라스크 모양으로 오므라진 세포구가 있으며 1개의 편모가 나 있다. 이것의 명칭은?

▶ 생각하는 검색 키워드 기입하기
❶　　　　　　　　　❷　　　　　　　　　❸

동물 03

검색 키워드 :

이 동물의 머리는 고양이와 호랑이를 섞어 놓은 모습을 하고 있다. 귀는 고양이처럼 삼각형이고 끝에 검은 털이 자라나 있으며, 볼에 자라나 있는 수염은 호랑이와 비슷하다. 이 동물은 야행성이라서 낮에는 덤불이나 바위 그늘 등에 숨어 있다가 해가 지고 나면 활동을 시작한다. 성질은 매우 난폭하며, 먹이를 잡을 때는 숨어서 기다리다 먹이를 잡는다. 이 동물은 평원이나 삼림, 사막 등지에서 서식하며 고양이과 동물인 만큼 나무 타기를 잘한다. 우리나라는 멸종위기 야생동식물 1급으로 지정되어 보호하고 있다. 이 동물의 명칭은?

▶ 생각하는 검색 키워드 기입하기
❶　　　　　　　　　❷　　　　　　　　　❸

카테고리 다지기 — 카테고리별 실력을 키워요!

※ 문제에 해당하는 URL과 정답을 검색해 보세요.

매스컴 01

검색 키워드 :

이것은 신문이나 잡지, 방송, 라디오 등을 이용하여 일반적인 기업의 광고 형식을 취하지 않고 자연스럽게 홍보하는 것을 말한다. 이것은 광고와 다르게 자발적으로 독자에게 제공하는데 제작 발표회, 촬영 현장 공개, 사인회, 크랭크인 행사, 캐스팅 뉴스 및 시사회 등이 이것의 재료가 된다. 광고는 광고주가 기업소개 및 신제품에 대해 유료로 홍보를 진행하는 것이라면 이것은 무료로 자유롭게 기사화되어 홍보하는 것이다. 하지만 비우호적인 기사가 게재되거나 방송될 수 있다는 단점도 있다. 이것의 명칭은?

▶ 생각하는 검색 키워드 기입하기

❶　　　　　　　　　　❷　　　　　　　　　　❸

매스컴 02

검색 키워드 :

다양한 형태의 미디어 매체를 접할 수 있는 요즘, 드라마, 영화 등 스토리를 가지고 있는 작품들이 무수히 많다. 하나의 완성작품을 만들어 내기 위해서 여러 가지 기술이 필요하며, 그중 이야기의 장면을 잇는 기술의 하나로 회상 장면에 주로 쓰이는 이것은 이야기가 순차적으로 전개되고 있는 도중 갑자기 다른 장면으로 넘어가도록 하는데, 과거의 기억을 떠올리는 느낌, 회상 장면 등으로 자주 표현된다. 예를 들면 주인공이 친구와 대화를 나누면서, 과거에 있었던 일을 이야기할 때 흔히 볼 수 있다. 이것의 명칭은?

▶ 생각하는 검색 키워드 기입하기

❶　　　　　　　　　　❷　　　　　　　　　　❸

매스컴 03

검색 키워드 :

(①)은/는 언론에서 뉴스 발표 시간을 일시적으로 제한하는 뜻으로 정보 제공자가 보도 자료를 언론기관에 알리면서 내용을 특정 시간이나 기일 이후에 공개하도록 요청할 경우 해당 내용의 보도를 미루는 것을 말한다. (②)은/는 일정 시점까지의 보도를 하지 않는 (①)과는/와는 다르게 기자회견이나 인터뷰 시 내용을 기사화하지 않는 것을 전제로 발표하는 것으로 발언자를 보호하면서도 가치를 높이는 방법으로 이용되고 있으나 최근에는 인터넷 토론 등에서 보도를 하지 않는 것을 전제로 한 발언이 신문지상에 인용되어 논란을 빚는 경우도 있다.

▶ 생각하는 검색 키워드 기입하기

❶　　　　　　　　　　❷　　　　　　　　　　❸

카테고리 다지기 — 카테고리별 실력을 키워요!

※ 문제에 해당하는 URL과 정답을 검색해 보세요.

문화유적 01
검색 키워드 :

2008년 국가지정문화재 명승으로 지정된 이것은 남북 길이 약 30km, 동서 길이 약 22km이며 여수반도와 고흥반도 사이에 있다. 지난 2003년 12월에 해양수산부로부터 습지보존지역으로 지정/관리되고 있으며, 2006년 1월에는 연안습지로는 전국 최초로 람사르 협약에 등록되었다. 특히 다른 지역에서 볼 수 없는 갈대가 고밀도로 단일 군락을 이루고 있으며, 칠면초 군락, S자형 수로 등 아름다운 생태 경관을 보여준다. 이것의 명칭은?

▶ 생각하는 검색 키워드 기입하기
❶　　　　❷　　　　❸

문화유적 02
검색 키워드 :

조선왕릉은 현존하는 왕릉 가운데 가장 완벽하고 완전한 형태를 갖추고 있는 우리나라 고유의 유적을 말한다. 5대 문종의 능호는 (①)이며, 문종과 비인 현덕왕후가 함께 잠들어 있다. 현덕왕후는 문종이 승하하기 11년 전에 이미 승하하였으며 문종이 승하한 후 릉을 이건하였다. 문종의 릉과 현덕왕후의 릉 사이에 소나무가 있었으나 저절로 말라죽어 두 릉 사이를 가리지 않았다고 전해지고 있다. 현재 사적 (②)호로 지정되어 있으며 경기도 구리시 인창동에 위치하고 있다.

▶ 생각하는 검색 키워드 기입하기
❶　　　　❷　　　　❸

문화유적 03
검색 키워드 :

(①)은/는 우리나라의 대표적인 동성마을로, 낙동강이 'S'자 모양으로 마을을 감싸 안고 흐르는 데서 마을 이름이 유래되었다. (①)은/는 조선시대 유학자인 류운룡과 임진왜란 때 영의정을 지낸 류성룡 형제가 태어난 곳으로도 유명하며, 전통문화와 건축양식을 잘 보여주는 문화유산들이 잘 보존되어 있다. (①)은/는 2010년 8월 경주의 (②)와/과 함께 한국의 역사마을로 유네스코 세계문화유산으로 등재되었다. (②)은/는 월성 손씨와 여강 이씨의 두 가문에 의해 형성된 마을이다.

▶ 생각하는 검색 키워드 기입하기
❶　　　　❷　　　　❸

카테고리 다지기 — 카테고리별 실력을 키워요!

※ 문제에 해당하는 URL과 정답을 검색해 보세요.

문화예술 01

검색 키워드 :

독립영화이자 다큐멘터리 영화인 '워낭소리'가 흥행에 성공하며 침체기를 겪고 있던 한국 영화계에 신선한 활력을 주었다. 평생 땅만 지키고 살아온 팔순 농부와 30년을 한결같이 주인 곁을 떠나지 않고 지키는 소의 모습을 따뜻한 영상으로 담아낸 영화 '워낭소리'는 무려 약 300만 명의 흥행 돌풍을 기록하며 다큐멘터리 영화로는 최고의 흥행 기록을 수립하였다. 영화 '워낭소리'를 연출한 이충렬 감독은 제45회 백상예술대상 영화 부문 신인감독상과 2008 부산국제영화제에서 이 상을 수상하였다. 이 상의 명칭은?

▶ 생각하는 검색 키워드 기입하기
❶　　　　　　　　❷　　　　　　　　❸

문화예술 02

검색 키워드 :

이곳은 르네상스 회화의 방대한 컬렉션을 자랑하는 미술관으로, 바로크와 로코코 시대 화가들의 중요한 작품을 포함하여 약 2,500여 점의 다양한 작품을 소장 및 전시하고 있다. 특히 보티첼리, 레오나르도 다 빈치, 미켈란젤로, 라파엘로 등의 르네상스 회화의 걸작을 다량 보유하고 있기도 하다. 이밖에 로마 시대와 16세기 유럽의 조각 작품이나 프레스코 벽화 등도 전시되어 있어, 이곳은 이탈리아를 여행하는 관광객이나 배낭족이라면 반드시 거쳐야 하는 필수 관광 코스이기도 하다. 이곳의 명칭은?

▶ 생각하는 검색 키워드 기입하기
❶　　　　　　　　❷　　　　　　　　❸

문화예술 03

검색 키워드 :

대중음악의 한 장르인 (①)은/는 1970년 미국 할렘가의 흑인들과 스페인계 청소년들에 의해 형성되었다. (①)은/는 빠른 리듬에 자기의 삶과 일상적인 생각 등을 표현하는 랩, 그리고 랩을 이용하여 빠른 춤을 추는 (②), LP판을 조작하는 스크래치, 다채로운 믹서 등을 이용하는 디제잉, 마지막으로 벽면, 교각 등에 거대한 그림을 칠해 그리는 그래피티로 구성되어 있다.

▶ 생각하는 검색 키워드 기입하기
❶　　　　　　　　❷　　　　　　　　❸

카테고리 다지기 — 카테고리별 실력을 키워요!

※ 문제에 해당하는 URL과 정답을 검색해 보세요.

인물 01

검색 키워드 :

이 인물은 히말라야 14좌 완등, 7대륙 최고봉 완등, 남극점·북극점 원정에 성공하여 세계 최초로 산악 그랜드슬램을 달성한 산악인이다. 1993년 아시아 최초의 에베레스트 무산소 등정을 시작으로 세계 최단기간 14좌 완등, 세계 최초 1년간 8000m급 6개봉 등정 등의 대기록들을 수립하였고, 2004년 무보급 세계 최단기간 남극점 도달(44일)에 이어 2005년 북극점을 밟으며 인류 최초의 산악 그랜드슬램을 달성했다. 이 인물은 누구인가?

▶ 생각하는 검색 키워드 기입하기
1.
2.
3.

인물 02

검색 키워드 :

독일 출신의 세계적인 작곡가인 베토벤은 모차르트와 하이든과 함께 빈고전파를 대표한다. '영웅교향곡', '전원교향곡' 등의 많은 곡을 작곡하였으며, 특히 제5번 교향곡인 '운명교향곡'은 모두 (①) 악장으로 구성되어 있다. 인간의 개성과 감성을 잘 표현한 것으로 유명한 '운명교향곡'은 1808년에 완성된 것으로 알려져 있으며, 청각 기능이 거의 상실된 상태에서 기존의 교향곡과는 다른 파격의 형식을 채택하여 후배 작곡가들에게 많은 영향을 주었다. (②)년 3월 26일 사망하였으며, 현재 빈 중앙묘지에 안장되어 있다.

▶ 생각하는 검색 키워드 기입하기
1.
2.
3.

인물 03

검색 키워드 :

(①)은/는 초선, 서시, 왕소군과 함께 중국의 4대 미인 중 한 사람으로 당나라 현종의 비다. 본명은 양옥환이며, 중국 쓰촨성 출신으로 알려져 있다. 노래와 춤에 능하고 빼어난 미모를 자랑하였다. 17세 때 현종의 18번째 왕자인 수왕의 비가 되었으나 잘못된 사랑으로 현종의 여자가 되었다. 현종 재위 초기에는 인재 등용에 뛰어난 능력을 보이며 신하들의 직언을 잘 수렴하였으나, (①) 주변에 탐관오리들이 득세하면서 나라의 운이 다하기 시작하였다. '안사의 난'을 피해 도망치다가 사망한 것으로 알려져 있으며, 그 당시 상황은 당나라의 대표 시인 백거이가 지은 서사시 (②)에 자세히 묘사되어 있다.

▶ 생각하는 검색 키워드 기입하기
1.
2.
3.

카테고리 다지기 — 카테고리별 실력을 키워요!

※ 문제에 해당하는 URL과 정답을 검색해 보세요.

사회·심리 01

검색 키워드 :

이것은/는 심리 유형을 근거로 조사하는 심리 검사 및 성격 진단 테스트로 1921년 브릭스와 마이어 모녀가 처음 개발하였다. 개인이 인식하고 판단할 때 선호하는 경향을 찾아내고, 그 경향들이 행동에 미치는 영향을 파악하여 실생활에 응용하는 방식으로 구성되어 있다. 우리나라는 4개의 선호 경향과 16개의 성격유형으로 구성되어 있는 이것을 1990년에 도입하였다. 이를 응용하여 일상생활이나 학교 및 조직 내에서의 효과적인 갈등 해소, 적응력 강화에 활용하고 있다. 이것의 명칭은?

▶ 생각하는 검색 키워드 기입하기
❶　　　　　　　　　　❷　　　　　　　　　　❸

사회·심리 02

검색 키워드 :

이것은 18세기의 프랑스 철학자가 서재용 가운을 선물 받은 후 이에 어울리는 가구와 서재, 벽걸이 등을 교체했다는 일화에서 유래된 용어로, 하나의 상품을 구입하게 되면 그 상품과 어울리는 연관된 다른 상품을 계속해서 구입하게 되는 현상을 말한다. 이것은 단순한 기능적 연계뿐만 아니라 소비자가 제품과 제품 사이에 정서적·심미적 동질성까지 느끼기 때문에 일어나며, 눈으로 보이는 제품일수록 이 효과는 강하게 나타난다. 또한 이것은 문화적으로 연결이 강하다고 여겨지는 소비재에 관한 사회 현상을 일컫는다. 이것의 명칭은?

▶ 생각하는 검색 키워드 기입하기
❶　　　　　　　　　　❷　　　　　　　　　　❸

사회·심리 03

검색 키워드 :

(①)은/는 독일의 사회학자가 사용한 개념으로, 혈연 및 지연 등을 기초로 하는 가족, 친족, 마을과 같이 자연적으로 형성된 사회를 말한다. (①)은/는 전통이나 관습 등의 지배력이 강하며 사회 구성원들이 정서적으로 매우 긴밀한 관계를 가진다. (②)은/는 (①)와/과 반대되는 개념으로 도시, 회사, 조합, 정당 등 개인의 선택에 의해 인위적으로 형성된 사회를 말한다. (②)은/는 구성원들의 이익과 목적에 따라 선택적으로 구성되었기 때문에 상호 이익 또는 관심이 일치하지 않으면 성립되지 않는다.

▶ 생각하는 검색 키워드 기입하기
❶　　　　　　　　　　❷　　　　　　　　　　❸

카테고리 다지기 — 카테고리별 실력을 키워요!

※ 문제에 해당하는 URL과 정답을 검색해 보세요.

 검색 키워드 :

사이클링 히트(Cycling Hit)는 야구 경기에서 한 선수가 한 게임에서 단타, 2루타, 3루타, 홈런을 모두 쳐낸 것을 말한다. 안타와 홈런을 친 순서는 상관없으며, 1982년 6월 12일 오대석 선수가 국내 프로야구 최초로 사이클링 히트를 기록했다. 그 외의 최초 기록으로는 1994년 서용빈 선수가 신인 선수로서 처음으로 사이클링 히트를 기록했다. 2001년 마르티네스 선수는 외국인 선수 중 최초로 사이클링 히트를 기록했다. 또 이 선수는 사이클링 히트를 두 번 기록한 최초의 선수가 되었다. 이 선수의 이름은?

▶ 생각하는 검색 키워드 기입하기
❶   ❷   ❸

 검색 키워드 :

아이스하키는 빙상에서 스케이트를 착용한 선수 6명으로 구성된 두 팀이 상대팀의 골대에 골을 넣는 경기이다. 캐나다에 주둔하고 있던 영국 군인들이 처음으로 만들었다는 설과 캐나다 몬트리올의 대학생들이 처음 만들었다는 설이 엇갈리고 있었으나, 몬트리올의 R.F.스미스가 처음 만들었다는 설이 정설로 인정되고 있다. 이것은 아이스하키에서 쓰는 공으로, 크기는 두께 2.54cm, 지름 7.62cm이며 재질은 고무이다. 경기는 20분씩 총 3피리어드로 진행되고, 심판진은 주심 1명과 선심 2명 그리고 장외 임원진으로 구성된다. 이것의 명칭은?

▶ 생각하는 검색 키워드 기입하기
❶   ❷   ❸

 검색 키워드 :

이것은 음악에 맞추어 물속에서 하는 운동으로, 유럽에서 시작되었으며 1960년대 미국으로 전파되어 점차 발전되었다. 이것의 기본 동작은 걷기, 뛰기, 차기, 달리기 등이며 특별한 기술이 필요하지 않아 수영을 전혀 못하는 사람도 누구나 쉽게 접할 수 있는 운동이다. 이것은 근력과 유연성, 심장근육, 혈관계 등의 고른 발달과 각종 사고로 인한 상해의 회복, 노화 방지 및 지연, 스트레스 해소 등에 효과가 있으며, 열량 소모량은 적으나 지방 소모량은 약 2배에 가까워 다이어트에도 효과가 큰 것으로 알려져 있다. 이것의 명칭은?

▶ 생각하는 검색 키워드 기입하기
❶   ❷   ❸

카테고리 다지기
카테고리별 실력을 키워요!
※ 문제에 해당하는 URL과 정답을 검색해 보세요.

시사상식 01
검색 키워드 :

이것은 통계를 이용한 품질혁신, 고객만족을 위한 21세기형 기업경영 전략으로 기업의 품질경영, 올바른 기업문화 조성, 기업전략 등 세 가지로 구성된다. 이것의 효과적인 추진을 위한 품질개선 작업 과정으로 MAIC 혹은 DMAIC 기법이라고 불리는 측정, 분석, 개선, 관리 과정을 실시한다. 이것의 궁극적 목표는 제품의 품질개선을 위해 전 직원이 참여하여 사무 부분을 포함한 전 과정에서 업무의 질을 높이고 소요비용을 획기적으로 감축하여 제품의 경쟁력을 향상시켜 최고의 제품을 제공하는 기업이 되는 것이다. 이것의 명칭은?

▶ 생각하는 검색 키워드 기입하기
❶　　　　　　　　　　❷　　　　　　　　　　❸

시사상식 02
검색 키워드 :

전시작전통제권은 전쟁 발생시 군대의 작전을 총괄 지휘하고 통제하는 권한을 말한다. 대한민국은 우리 군에 대해 평상시에는 독자적으로 작전통제권을 행사하지만 방어준비태세인 이것 이상이 발령되면 한미연합사령관에게 전작권이 넘어가도록 돼 있다. 2010년 6월 27일 대한민국의 이명박 대통령과 미국의 버락 오바마 대통령은 대한민국 국군의 전시작전통제권 환수를 2015년 12월로 연기하기로 합의하였다. 이것의 명칭은?

▶ 생각하는 검색 키워드 기입하기
❶　　　　　　　　　　❷　　　　　　　　　　❸

시사상식 03
검색 키워드 :

이것은 하나의 문제를 여러 부분별로 세분화하여 순차적으로 해결해 나가는 협상전술을 말하는 것으로 이탈리아 소시지에서 어원을 찾을 수 있다. 이것은 협상 테이블에서 해결해야 할 문제를 세분화하여 각각에 대한 대가를 받아냄으로써 이익을 극대화하기 위한 전략이라 할 수 있다. 일반적으로 자신이 세워 놓은 목표를 달성하기 위하여 상대방에게 자신의 원래 목표보다 더 큰 것을 요구하고 최종적으로는 자신이 원래 목표를 얻어내거나 그 보다 더 좋은 목표를 얻어내기 위한 전략인 것이다. 이것의 명칭은?

▶ 생각하는 검색 키워드 기입하기
❶　　　　　　　　　　❷　　　　　　　　　　❸

카테고리 다지기 카테고리별 실력을 키워요!

※ 문제에 해당하는 URL과 정답을 검색해 보세요.

식물 01

검색 키워드 :

일본과 티벳, 우리나라에서 주로 서식하고 있는 이것은 참나무과에 속하며 대략 높이는 25m에 이르며 주로 산기슭에서 자란다. 그 중에서도 경북 울진군 근남면에 있는 울진 수산리 이것은 우리나라 이것 중에 가장 크고 오래된 나무로, 1962년 12월 3일 천연기념물 제96호로 지정되었으며, 나이는 약 330년 정도로 추정된다. 의상대사가 심었다는 전설이 전해지며, 옛 어느 임금이 전쟁에 패해 도망치던 중 머물렀다는 왕피천이 이 터 앞에 흐르고 있다. 이것의 명칭은?

▶ 생각하는 검색 키워드 기입하기

❶　　　　　　　　　　❷　　　　　　　　　　❸

식물 02

검색 키워드 :

이것은 숲 속의 식물이 만들어 내는 살균성을 지닌 모든 물질을 통틀어 지칭하는 용어로, 식물과 살균력을 뜻하는 용어의 합성어이다. 이것의 주성분은 숲 속의 향긋한 냄새를 만드는 역할을 하는 테르펜이다. 숲의 향기를 깊이 들이마시고 조금씩 내뱉는 복식 호흡을 통해 이것의 효과를 볼 수 있으며, 이것은 심리적인 안정 뿐만 아니라 말초혈관을 단련시키고 심폐 기능을 강화시킨다. 이외에도 기관지 천식과 폐결핵 치료, 심장 강화에도 도움이 되며, 피부를 소독하는 약리 작용도 있는 것으로 알려져 있다. 이것의 명칭은?

▶ 생각하는 검색 키워드 기입하기

❶　　　　　　　　　　❷　　　　　　　　　　❸

식물 03

검색 키워드 :

이것은 수목이 성장하는 과정에서 강한 바람 등의 영향으로 인하여 바람맞이 쪽의 가지들이 발육하지 못하거나 한쪽 방향으로 쏠리면서 나타나는 현상을 말한다. 혹자는 이것이 바닷바람에 의해 날아 온 염분 때문에 잎이 말라죽으며 가지들이 제거된 결과라고 설명하기도 한다. 이것은 해안뿐만 아니라 바람이 강하게 부는 곳이면 어디서든 볼 수 있으며, 우리나라에서는 제주도 해안 지역을 따라 걷다 보면 나무 가지들이 한쪽 방향으로 기울어진 이것을 흔히 볼 수 있다. 이것의 명칭은?

▶ 생각하는 검색 키워드 기입하기

❶　　　　　　　　　　❷　　　　　　　　　　❸

카테고리 다지기 — 카테고리별 실력을 키워요!

※ 문제에 해당하는 URL과 정답을 검색해 보세요.

식품 01
검색 키워드 :

다른 약용버섯과 마찬가지로 항암 작용, 면역력 강화, 혈당 및 콜레스테롤 조절 등의 효능이 뛰어난 것으로 알려져 있는 이 버섯은 수세기 동안 동양의학에서 약재로 사용되었으며 최근에는 세계적인 건강보조식품으로 판매되고 있다. 이 버섯은 숟가락, 부채, 은행나무 잎 등 여러 가지 모양의 갓들이 겹쳐 집단을 하고 있으며, 표고버섯, 송이버섯 등과 함께 일본을 대표하는 버섯 중 하나로 알려져 있다. 이 버섯의 일본어 이름을 우리나라 말로 번역하면 '춤추는 버섯'이라고 한다. 이 버섯의 명칭은?

▶ 생각하는 검색 키워드 기입하기
❶　　　　　❷　　　　　❸

식품 02
검색 키워드 :

이것은 밤색이나 백색으로 이루어진 여러 꽃잎이 물결치는 것 같은 모양을 하고 있다. 전체 지름은 10~30cm이며, 하얀 양배추를 닮아 아름답고 여름에서 가을까지 소나무, 잣나무와 같은 침엽수의 뿌리 근처나 죽은 줄기, 땅 위, 그루터기 등에서 자생한다. 이것은 한국, 중국, 일본, 유럽, 미국, 호주 등지에 분포하고 있으며 면역기능을 활성화해 암세포가 커가는 것을 억제하고 혈당 및 콜레스테롤을 낮추는 효능은 물론 항암제의 성분으로 사용되는 베타글루칸이 다량 함유된 것이 특징이다. 이것은 무엇인가?

▶ 생각하는 검색 키워드 기입하기
❶　　　　　❷　　　　　❸

식품 03
검색 키워드 :

이것은 전통 음식 및 문화를 보전하기 위해 진행하고 있는 프로젝트로, 1996년부터 이탈리아에서 시작되었다. 이것은 소멸 위기에 처한 음식문화유산을 찾아 목록을 만들고, 이에 대한 사람들의 관심을 유도하여 지역 농업을 활성화하는 프로젝트이다. 이것의 선정 기준은 특징적인 맛이 있을 것, 특정 지역의 환경, 사회, 경제, 역사 등과 연결되어 있을 것, 소멸 위기에 처해 있을 것 등이다. 우리나라 식품으로는 울릉도 칡소와 섬말나리, 제주 흑우, 연산 오계, 태안 자염 등이 등재되어 있다. 이것의 명칭은?

▶ 생각하는 검색 키워드 기입하기
❶　　　　　❷　　　　　❸

카테고리 다지기 — 카테고리별 실력을 키워요!

※ 문제에 해당하는 URL과 정답을 검색해 보세요.

IT 01
검색 키워드 :

한국형 무선인터넷 플랫폼의 표준 규격인 이것은 2001년부터 국가적 차원에서 각기 다른 플랫폼 제작으로 인한 불필요한 낭비요소를 줄이기 위해 국책사업으로 시작되었으며, 2002년 첫 버전인 v1.0이, 2004년에는 v2.0이 발표되었고 2006년 상용화 버전인 v2.1.1이 발표되었다. 2005년부터 판매된 모든 휴대폰에는 이것 탑재 의무화가 시행되었으나, 휴대폰 시장 개방을 위한 방송통신위원회의 결정으로 2009년 4월부터는 이것 의무화가 해제되었다. 이것의 명칭은?

▶ 생각하는 검색 키워드 기입하기
① ② ③

IT 02
검색 키워드 :

불법스팸신고를 원활하게 처리하고 스팸 관련 상담을 위해 설립된 불법스팸대응센터는 2003년 1월 24일에 개설되었으며 불법스팸의 대응방법, 팩스 스팸과 악성코드, 이메일 스팸 등과 같이 다양하고 광범위한 불법 스팸에 대한 신고를 받아 신속하게 처리하고 있다. 불법스팸메일 신고프로그램으로 개발된 이것은 불법스팸 메일에 대한 신고를 보다 신속하고 간편하게 하여,이용자의 불법스팸메일신고를 촉진하고 이를 효과적으로 접수 및 처리하도록 한국인터넷진흥원에서 자체 개발한 S/W이다. 이것의 명칭은?

▶ 생각하는 검색 키워드 기입하기
① ② ③

IT 03
검색 키워드 :

이것은 방문한 웹사이트의 방문 기록을 남겨서 방문자가 웹사이트에 다시 방문할 때 좀 더 빠르고 편하게 접속할 수 있도록 해주는 정보를 말한다. 그러나 개인정보의 유출 위험성이 끊임없이 제기되어, 인터넷 익스플로러의 제작사인 마이크로소프트사에서는 인터넷 익스플로러 버전 5.0부터 브라우저 옵션을 이용해 이것을 저장 거부할 수 있도록 하였다. 파일의 크기는 약 4KB 이하로 작으며, 광고 업체에서는 방문자에게 제공하였던 이것을 확인하여 소비 패턴 분석과 광고 전략 수립 시 유용하게 활용하고 있다. 최근 가짜 파일을 이용하여 개인 정보를 수집하는 악성 프로그램으로 인해 많은 사용자들이 피해를 보고 있어 이것 설정의 중요성이 강조되고 있다. 이것의 명칭은?

▶ 생각하는 검색 키워드 기입하기
① ② ③

카테고리 다지기 — 카테고리별 실력을 키워요!

※ 문제에 해당하는 URL과 정답을 검색해 보세요.

어류 01   검색 키워드 :

한류성 어종이며 등푸른 생선의 한 종류인 이것은 몸의 등쪽은 암청색이고 배쪽은 은백색이다. 몸길이는 35cm 정도이며, 늘씬하고 옆으로 납작한 것이 특징이다. 한류가 흐르는 연안에서 무리를 지어 서식하는 냉수성 어종으로 수온이 2~10℃인 저층 냉수대에서 서식한다. 조선 초기에는 모든 연안에서 어획되었으나, 자연적 변화로 인해 현재는 경상도 동북 연안에서만 잡히고 있다. 조선 시대 어휘집인 재물보에는 '누어'라고 기록되어 있다. 이것의 명칭은?

▶ 생각하는 검색 키워드 기입하기
① ② ③

어류 02   검색 키워드 :

이것은 꼬리 쪽에 지느러미가 변형되어 원래 꼬리가 없는 물고기인 것처럼 보인다. 몸은 타원형이고 몸길이는 약 4m 정도이며 옆으로 납작하다. 이것의 등은 청흑색이고 배는 회백색이며, 전체적으로 눈, 입, 아가미구멍은 작은 편이다. 이것의 등과 뒷지느러미는 몸의 뒷부분에서 마주 보고 있으며, 수명은 약 20년 정도이다. 우리나라, 일본 홋카이도 이남, 세계의 온대 및 열대 해역에 분포하고 있으며, 연안에서 멀리 떨어진 바다에서 플랑크톤, 해파리를 먹고살며 표층에 떠서 잠을 자기도 한다. 이것의 명칭은?

▶ 생각하는 검색 키워드 기입하기
① ② ③

어류 03   검색 키워드 :

이것은 일본, 알래스카, 시베리아 등지에 분포하고 있으며 우리나라는 백령도, 대청도, 소청도 등의 연해에 많이 서식하고 있다. 이것은 언뜻 보기에 미꾸라지와 비슷하나 미꾸라지보다는 몸통이 굵고 몸길이가 20~25cm 정도이며, 등 쪽은 푸른색이고 배 쪽은 은백색이다. 이것은 고칼슘, 고단백질로 요리 방법도 다양하며 동해안 일부 지역에서는 회로 먹기도 한다. 또한 김치 담그는데 없어서는 안 될 중요한 재료이며, 특히 백령도 청정 지역에서 포획하여 만든 액젓은 맛과 향이 뛰어난 것으로 유명하다. 이것의 명칭은?

▶ 생각하는 검색 키워드 기입하기
① ② ③

카테고리 다지기 — 카테고리별 실력을 키워요!

※ 문제에 해당하는 URL과 정답을 검색해 보세요.

세계지명 01

검색 키워드 :

이곳은 전라남도 완도군에 속한 섬으로, 해안선의 둘레는 85.6km이며 완도에서 남쪽으로 19km 떨어져 있다. 이곳은 1608년 조선시대에 처음으로 사람들이 정착하였다는 기록이 남아 있으나 이곳에 고인돌이 남아 있는 것으로 보아 선사시대부터 사람이 거주한 것으로 추측되고 있다. 1960년대에는 이곳의 일대에서 고등어와 삼치가 많이 잡혀 파시가 열렸으며 어업전진기지로 역할을 하였다. 영화 서편제가 이곳에서 촬영되면서 관광명소로 주목받기 시작하였으며, 드라마도 이곳에서 촬영되기도 하였다. 이곳의 명칭은?

▶ 생각하는 검색 키워드 기입하기

❶　　　　　　　　　　❷　　　　　　　　　　❸

세계지명 02

검색 키워드 :

(①)은/는 용암이 화산에서 뿜어져 나와 흘러내리며 식게 되는데, 이 과정에서 일정한 균열이 발생된 것이다. 표면부터 용암이 식을 때 육각형 모양으로 균열이 생성되고 그대로 내부까지 식어가며 큰 기둥을 만들어 낸다. 한편 제주도에 위치한 (②)은/는 대표적인 (①)의 사례로 꼽히는 곳인데, 국립제주박물관에 있는 조선시대 화첩인 탐라순력도에는 이곳에서 풍류를 즐기는 장면이 잘 그려져 있다. (②) 부근에는 진시황제의 명으로 불로초를 찾아 나선 서불이 새긴 글씨 또한 잘 알려져 있다.

▶ 생각하는 검색 키워드 기입하기

❶　　　　　　　　　　❷　　　　　　　　　　❸

세계지명 03

검색 키워드 :

(①)은/는 아프리카 대륙에서 남동쪽 인도양에 위치한 섬나라로, 아프리카 대륙의 다른 국가들과는 달리 독특한 동식물종이 많이 서식하는 곳이며, 이곳 현지인들의 조상은 인도네시아에서 넘어온 말레이족으로 추정하고 있다. (①) 북부 지역의 건조한 숲 속에 주로 서식하고 있는 (②)은/는 여우원숭잇과 중에서 가장 작은 종으로, 몸길이가 32~36cm 정도이고 전체적으로 수컷은 적갈색 털로 암컷은 회색 털로 덮혀 있으며, 암수 모두 머리에 오렌지색 털이 왕관 모양으로 나있는 것이 특징이다.

▶ 생각하는 검색 키워드 기입하기

❶　　　　　　　　　　❷　　　　　　　　　　❸

카테고리 다지기 — 카테고리별 실력을 키워요!

※ 문제에 해당하는 URL과 정답을 검색해 보세요.

의학 01

검색 키워드 :

이것은 선천성 희귀 질환으로 발병 원인은 정확히 밝혀지지 않았으나 두개골 신경 2개가 완전하게 발달하지 못한 경우나 임신 중에 혈액순환이 태반으로부터 태아에 이르는 과정에 이상이 생겨 발생하는 것으로 추정하고 있다. 이것은 안면신경이 마비된 상태이기 때문에 웃거나 우는 등의 표정을 지을 수 없으며, 다지증, 작은 턱, 팔과 다리가 제대로 발달되지 않은 증세가 나타나기도 한다. 이것의 환자 15% 정도는 지능이 저하될 수 있고, 시신경이 마비되어 눈동자를 움직일 때 부자연스럽게 보인다. 이것의 명칭은?

▶ 생각하는 검색 키워드 기입하기
1.
2.
3.

의학 02

검색 키워드 :

이것은 인체에서 선천적인 면역을 담당하는 중요한 세포로, 바이러스 감염세포나 암세포를 직접 공격하여 파괴하는 것으로 알려져 있다. 비정상적인 세포는 정상적인 세포와는 달리 세포 표면의 특정 단백질이 감소하는 이상이 생기는데, 이것이 이러한 이상을 감지하여 몸속의 비정상적인 세포를 인지하는 것으로 알려져 있다. 이것은 암이 재발하는데 가장 중요한 역할을 하는 암 줄기세포를 효과적으로 제어할 수 있다는 것이 학계에 보고되면서 이것을 이용한 항암치료 연구가 현재 진행 중이다. 이것의 명칭은?

▶ 생각하는 검색 키워드 기입하기
1.
2.
3.

의학 03

검색 키워드 :

면역계의 기능에 있어 매우 중요한 (①)은/는 주로 면역 응답의 발현이나 조절에 관여하는 단백질성 생물 활성물질의 총칭으로, 체내에 들어온 세균이나 해로운 물질을 면역계가 맞서 싸우도록 자극하는 역할을 한다. 상처 부위에 세균이 침입하면 대식세포라는 백혈구가 세균을 인식하고 T세포를 활성화하는 (①)을/를 방출하며, T세포는 세균을 파괴한다. (②)은/는 단구와 대식세포에 의해 생산되는 모노카인으로, 만성 류마티스성 관절염과 같은 만성 염증에도 깊이 관여하는 것으로 알려져 있다.

▶ 생각하는 검색 키워드 기입하기
1.
2.
3.

카테고리 다지기 — 카테고리별 실력을 키워요!

※ 문제에 해당하는 URL과 정답을 검색해 보세요.

트렌드 지식 01

검색 키워드 :

이것은 자신의 역량 및 급여 수준을 높이기 위해 2~3년 단위로 자주 직장을 옮기는 사람들을 일컫는 말로, 전체적인 계획을 세우고 진행한다는 점에서 부적응이나 조직에 대한 불만 등의 이유로 잦은 이직을 하는 사람들과는 구별된다. 이것은 평생직장의 개념이 사라지고 있는 요즘 고용 불안정에 대한 불안감이 확산하면서 빠른 속도로 늘고 있으며, 과거에는 이것에 대한 부정적인 이미지가 강했으나 현재는 지속적으로 역량을 개발하고 최신의 정보를 가진다는 점에서 긍정적인 이미지를 주고 있다. 이것의 명칭은?

▶ 생각하는 검색 키워드 기입하기
❶　　　　　　　　　　❷　　　　　　　　　　❸

트렌드 지식 02

검색 키워드 :

이것은 방송·통신 융합 시대의 크로스 플랫폼 콘텐츠로 주목받고 있는 것으로, 스토리는 짧지만 속도감 있는 여러 개의 에피소드로 구성된 온라인 전용 드라마를 일컫는다. 마블 코믹스의 대가인 스탠 리에 의해 이 용어를 사용하기 시작했으며, 한 회당 10분을 넘지 않기 때문에 제작비용은 적으나 광고효과는 일반 TV 드라마보다 높은 것이 특징이다. 이것이 동영상 사이트와 SNS를 통해 전파되면서 세계적인 동영상 사이트와 SNS 사업자에서도 이것을 새로운 이익 창출 수단으로 활용하고 있다. 이것의 명칭은?

▶ 생각하는 검색 키워드 기입하기
❶　　　　　　　　　　❷　　　　　　　　　　❸

트렌드 지식 03

검색 키워드 :

(①)은/는 청년실업 등으로 인하여 30대 이후에도 부모와 함께 거주하며 부모로부터 경제적인 도움을 계속 받는 자녀들을 일컫는 용어이다. (②)은/는 부모로부터 독립하였으나 지속적인 경기불황 등으로 어려움에 처해 원래 살았던 집으로 회귀하는 20~30대 젊은 직장인들을 말하며, 조기유학이나 이민 등으로 유년기를 해외에서 보낸 뒤 일자리를 찾아 다시 국내로 들어오는 젊은이들을 지칭하기도 한다. (②)은/는 독립할 나이가 되었지만 취업을 하지 않고 부모에게 경제적으로 의존하는 (①)과는/와는 차이가 있다.

▶ 생각하는 검색 키워드 기입하기
❶　　　　　　　　　　❷　　　　　　　　　　❸

알아두면 좋아요

컴퓨터바이러스란?

컴퓨터 내에 침투하여 자료를 손상시키거나 다른 프로그램들을 파괴하여 작동할 수 없도록 하는 컴퓨터 프로그램의 한 종류이다.

바이러스 감염 증상

01. 컴퓨터 기동시간이 평소보다 오래 걸리는 경우

02. 기동 자체가 되지 않거나, 프로그램이 실행되지 않는 경우

03. 프로그램을 실행시키는 시간이 평소보다 오래 걸리는 경우

04. 파일목록을 확인하는 명령을 하였을 때 목록이 화면에 나타나는 시간이 오래 걸리는 경우

05. 화면에 이상한 글자가 나타나거나, 프로그램의 크기가 달라져 있는 경우

06. 프로그램의 작성일자 또는 파일의 이름이 바뀌는 등의 증세가 나타나는 경우

감염 예방법

01. 복제품이 아닌 정품 소프트웨어를 사용한다.

02. 잘 모르는 프로그램은 사용하기 전에 반드시 백신 프로그램으로 바이러스 감염 여부를 확인한 후 사용한다.

03. 인터넷을 통해 받은 프로그램의 경우에도 반드시 감염여부를 확인 후 사용한다.

출처 : [네이버 지식백과]

기본모의고사

제 01 회 기본모의고사
제 02 회 기본모의고사
제 03 회 기본모의고사
제 04 회 기본모의고사
제 05 회 기본모의고사

제 06 회 기본모의고사
제 07 회 기본모의고사
제 08 회 기본모의고사
제 09 회 기본모의고사
제 10 회 기본모의고사

제01회 기본모의고사

- 시험과목 : 인터넷정보검색
- 시험일자 : 20XX. X. X(X)
- 수검자 기재사항 및 감독자 확인

수 검 번 호	DII - XXXX -	감독관 확인
성 명		

응시자 유의사항

1. 응시자는 신분증을 지참하여야 시험에 응시할 수 있으며, 시험이 종료될 때까지 신분증을 제시하지 못 할 경우 해당 시험은 0점 처리됩니다.
2. 시스템(PC작동여부, 네트워크 상태 등)의 이상여부를 반드시 확인하여야 하며, 시스템 이상이 있을시 감독위원에게 조치를 받으셔야 합니다.
3. 시험 중 부주의 또는 고의로 시스템을 파손한 경우는 응시자 부담으로 합니다.
4. 답안 전송 프로그램을 통해 다운로드 받은 파일을 이용하여 답안파일을 작성하시기 바랍니다.
5. 작성한 답안 파일은 답안 전송 프로그램을 통하여 전송됩니다. 감독위원의 지시에 따라 주시기 바랍니다.
6. 다음사항의 경우 실격(0점) 혹은 부정행위 처리됩니다.
    1) 답안파일을 저장하지 않았거나, 저장한 파일이 손상되었을 경우
    2) 답안파일을 지정된 폴더(바탕화면 – "KAIT" 폴더)에 저장하지 않았을 경우
        ※ 답안 전송 프로그램 로그인 시 바탕화면에 자동 생성됨
    3) 답안파일을 다른 보조 기억장치(USB) 혹은 네트워크(메신저, 게시판 등)로 전송할 경우
    4) 휴대용 전화기 등 통신기기를 사용할 경우
7. 시험지에 제시된 글꼴이 응시 프로그램에 없는 경우, 반드시 감독위원에게 해당 내용을 통보한 뒤 조치를 받아야 합니다.
8. 시험의 완료는 작성이 완료된 답안을 저장하고, 답안 전송이 완료된 상태를 확인한 것으로 합니다. 답안 전송 확인 후 문제지는 감독위원에게 제출한 후 퇴실하여야 합니다.
9. 답안전송이 완료된 경우에는 수정 또는 정정이 불가능합니다.
10. 시험시행 후 결과는 홈페이지(www.ihd.or.kr)에서 확인하시기 바랍니다.
    1) 문제 및 모범답안 공개 : 20XX. XX. XX(X)
    2) 성적 공개 : 20XX. XX. XX(X)

디지털정보활용능력 - 인터넷정보검색　시험시간 : 40분

유의사항
- 답안지 파일에 수검번호, 성명을 정확히 기재하여 주십시오.
- 답안지의 URL란에는 반드시 정답의 내용이 나타나는 웹 페이지의 절대경로를 기재하고, 한 개의 URL만 기재하십시오.
  (만일 프레임구조의 웹 페이지에서 주소 표시줄에 나타나는 URL만으로는 정답이 위치한 하부의 페이지를 찾을 수 없을 경우 정답으로 인정하지 않음)
  ※ **절대경로란?** : 해당 웹 페이지에서 마우스 오른쪽 버튼을 클릭한 후 [등록 정보] 또는 [속성] 항목을 선택한 화면에 나타나는 주소(URL)
- 검색엔진의 '웹페이지' 검색에서 [미리보기]에 해당하는 URL을 기재한 경우 오답 처리됩니다.
- 회원가입 및 등업 후 내용 확인이 가능한 포털의 카페, 블로그, 지식검색, 댓글, 소셜 네트워크 등의 URL은 정답으로 인정되지 않습니다.
- 첨부파일에서 답안을 찾은 경우 첨부파일까지의 URL을 정확히 기재하지 않은 경우 오답 처리됩니다.
  (예 : http://www.ihd.or.kr/aa.hwp - 정답)

문제 01

청와대는 청기와로 지붕을 얹은 건물이란 뜻으로, 대통령의 집무 및 생활공간을 일컫는 공식 명칭으로 대통령 집무실과 관저를 포함하고 있다. 청와대라는 이름은 (①) 전 대통령에 의해 처음으로 사용되었다. 청와대 서남쪽에 자리 잡은 (②)은/는 조선시대에 왕을 낳은 후궁들의 위패를 모신 곳이다. (②)은/는 숙종의 후궁이자 영조의 생모인 숙빈 최씨의 신위를 모신 육상궁을 비롯, 저경궁·대빈궁·연호궁·선희궁·경우궁·덕안궁 등 7개의 사당으로 이루어져 있다.

배점　❶ 10점　❷ 10점

문제 02

부산 도시철도 1호선은 대한민국에서 네 번째로 건설된 도시철도이자 수도권을 제외한 지역에서 최초로 건설된 전동차이다. 또한 부산 도시철도 1호선은 국내 최초의 중형 전동차로 출입문이 1칸에 6개이고, 국내 최초 스테인리스 차체를 적용하였으며, 고유색은 이것이다. 부산 도시철도는 부산광역시에서 운행되는 도시 철도 체계를 이르는 말로, 현재 모든 노선을 부산교통공사가 운영하고 있다. 이것의 명칭은?

배점　❶ 10점

문제 03

이것은 자신이 모르는 것에 대해 아랫사람으로부터 물어 배우는 것을 창피스럽게 여기지 않는다는 뜻으로, 학문을 하는 사람의 마음가짐을 강조한 한자성어이다. 중국 춘추 시대의 사상가이자 학자인 공자도 '공자천주'라는 말의 유래에서와 같이 신분이 낮고 배움이 적은 아낙에게 거리낌 없이 물어 답을 찾아 이것의 자세를 실천하였음을 알 수 있다. 이것은 진실로 배우기를 원하는 사람이라면 자신보다 못한 사람에게라도 물어 가르침을 얻을 줄 알아야 한다는 것을 역설적으로 표현한 것이다. 이 한자 성어는 무엇인가?

배점 ❶ 10점

문제 04

1946년에 시작하여 긴 역사를 자랑하는 칸 영화제는 매년 5월 프랑스의 휴양도시 칸에서 열린다. 베를린국제영화제, 베네치아국제영화제와 함께 세계 3대 영화제 중 하나로 평가받는 칸 영화제는 우리나라와도 인연이 깊다. 2002년에는 임권택 감독이 '취화선'으로 감독상을 받았으며, 2004년에는 박찬욱 감독의 '올드보이'가 심사위원 대상의 영예를 차지하기도 하였다. 63회 시상식에서는 이창동 감독의 '시'가 이 상을 수상하였다. 이 상의 명칭은?

배점 ❶ 10점

문제 05

우리나라는 현재 극지의 환경과 자원연구를 위하여 남극과 북극에 기지를 두고 있다. 그중 남극에 있는 이곳은 남세틀랜드 군도의 킹조지섬과 넬슨섬 사이의 맥스웰만에 위치하고 있다. 1988년 설립된 세종과학기지를 시작으로 우리나라 남극 활동은 비약적인 성장과 발전을 이룩하였다. 1986년 세계에서 33번째로 남극조약에 가입하였으며, 1989년 10월에는 세계에서 23번째로 남극조약 협의당사국 지위를 획득했다. 이곳은 2000년 기지의 중장비 보관동이 신축되었고, 한국해양연구원 부설 극지연구소 소속이다. 이곳의 명칭은?

배점 ❶ 10점

디지털정보활용능력 - 인터넷정보검색 시험시간 : 40분

한국인터넷진흥원(NIDA)은 인터넷의 자원과 정보를 안정적이며 효율적으로 관리하기 위해 설립된 기관이다. 한국인터넷진흥원에서는 다양한 서비스를 제공하고 있는데 그중에서도 이 서비스는 인터넷에서 장애가 발생하게 되면, 이를 해결하기 위해 도메인 이름 등록인과 비상연락처, 국내 IP 주소의 사용기관 등의 정보를 확인할 수 있다. 또한 2008년 9월 10일부터 이 검색 OpenAPI 서비스를 제공하고 있다. 이것의 명칭은?

배점 ❶ 10점

(①)은/는 두 몸이 한 몸이 된다 하여 원래는 부모에 대한 지극한 효성을 나타냈으나 현재는 남녀 간의 사랑으로 비유된다. (①)은/는 나뭇가지가 서로 이어져 자라나는 것이고, 이와는 다르게 줄기가 이어지면 (②)라고 부른다. (②)은/는 가끔 볼 수 있으나 나뭇가지가 붙은 (①)은/는 매우 희귀하여 찾아보기가 힘들다. 그 이유로 나뭇가지는 다른 나무와 맞닿을 기회가 적을 뿐만 아니라 맞닿더라도 바람에 흔들려 좀처럼 붙기 어렵기 때문이다.

배점 ❶ 10점   ❷ 10점

EMS란 급한 편지, 서류나 소포 등을 가장 빠르고 안전하게 외국으로 배달해주는 국제특급우편서비스로, 신속한 배달과 공신력을 가지고 있으며, 실시간으로 배송 조회가 가능하다. EMS 프리미엄 서비스는 우체국과 세계적 특송업체인 이 회사와 제휴하여 우편물을 빠르고 정확하게 배달하는 서비스이며, 이외에도 홍콩, 베트남(하노이, 호치민) 등 일부 국가에 대하여 발송 다음날 09:00에서 17:00까지 배달하는 초특급 국제우편서비스 등을 제공하고 있다. 이 회사의 명칭은?

배점 ❶ 10점

제 02회 기본모의고사

- 시험과목 : 인터넷정보검색
- 시험일자 : 20XX. X. X(X)
- 수검자 기재사항 및 감독자 확인

수검번호	DII - XXXX -	감독관 확인
성 명		

응시자 유의사항

1. 응시자는 신분증을 지참하여야 시험에 응시할 수 있으며, 시험이 종료될 때까지 신분증을 제시하지 못 할 경우 해당 시험은 0점 처리됩니다.
2. 시스템(PC작동여부, 네트워크 상태 등)의 이상여부를 반드시 확인하여야 하며, 시스템 이상이 있을시 감독위원에게 조치를 받으셔야 합니다.
3. 시험 중 부주의 또는 고의로 시스템을 파손한 경우는 응시자 부담으로 합니다.
4. 답안 전송 프로그램을 통해 다운로드 받은 파일을 이용하여 답안파일을 작성하시기 바랍니다.
5. 작성한 답안 파일은 답안 전송 프로그램을 통하여 전송됩니다. 감독위원의 지시에 따라 주시기 바랍니다.
6. 다음사항의 경우 실격(0점) 혹은 부정행위 처리됩니다.
    1) 답안파일을 저장하지 않았거나, 저장한 파일이 손상되었을 경우
    2) 답안파일을 지정된 폴더(바탕화면 – "KAIT" 폴더)에 저장하지 않았을 경우
        ※ 답안 전송 프로그램 로그인 시 바탕화면에 자동 생성됨
    3) 답안파일을 다른 보조 기억장치(USB) 혹은 네트워크(메신저, 게시판 등)로 전송할 경우
    4) 휴대용 전화기 등 통신기기를 사용할 경우
7. 시험지에 제시된 글꼴이 응시 프로그램에 없는 경우, 반드시 감독위원에게 해당 내용을 동보한 뒤 조치를 받아야 합니다.
8. 시험의 완료는 작성이 완료된 답안을 저장하고, 답안 전송이 완료된 상태를 확인한 것으로 합니다.
    답안 전송 확인 후 문제지는 감독위원에게 제출한 후 퇴실하여야 합니다.
9. 답안전송이 완료된 경우에는 수정 또는 정정이 불가능합니다.
10. 시험시행 후 결과는 홈페이지(www.ihd.or.kr)에서 확인하시기 바랍니다.
    1) 문제 및 모범답안 공개 : 20XX. XX. XX(X)
    2) 성적 공개 : 20XX. XX. XX(X)

디지털정보활용능력 - 인터넷정보검색   시험시간 : 40분

유의사항
- 답안지 파일에 수검번호, 성명을 정확히 기재하여 주십시오.
- 답안지의 URL란에는 반드시 정답의 내용이 나타나는 웹 페이지의 절대경로를 기재하고, 한 개의 URL만 기재하십시오.
  (만일 프레임구조의 웹 페이지에서 주소 표시줄에 나타나는 URL만으로는 정답이 위치한 하부의 페이지를 찾을 수 없을 경우 정답으로 인정하지 않음)
  ※ **절대경로란?** : 해당 웹 페이지에서 마우스 오른쪽 버튼을 클릭한 후 [등록 정보] 또는 [속성] 항목을 선택한 화면에 나타나는 주소(URL)
- 검색엔진의 '웹페이지' 검색에서 [미리보기]에 해당하는 URL을 기재한 경우 오답 처리됩니다.
- 회원가입 및 등업 후 내용 확인이 가능한 포털의 카페, 블로그, 지식검색, 댓글, 소셜 네트워크 등의 URL은 정답으로 인정되지 않습니다.
- 첨부파일에서 답안을 찾은 경우 첨부파일까지의 URL을 정확히 기재하지 않은 경우 오답 처리됩니다.
  (예 : http://www.ihd.or.kr/aa.hwp - 정답)

문제 01

근거리 통신망인 이더넷은 LAN(Local Area Network)을 위해 개발된 컴퓨터 네트워크 기술이다. 이더넷의 전송속도는 초당 10Mbps~1Gbps까지 다양하고 데이터 전송은 (①) 기술을 사용하여, 데이터를 보내려는 컴퓨터의 회선이 사용 중인지 아닌지 검사한 후 사용하지 않을 때만 데이터를 보내게 된다. 회선이 사용 중이면 일정 시간을 기다린 후 다시 검사하는 과정을 반복한다. 회선 사용 여부는 전기적인 신호로 확인한다. 이러한 이더넷의 어원은 (②)에서 유래되었다.

배점 ❶ 10점   ❷ 10점

문제 02

중앙선거관리위원회는 선거와 국민투표의 공정한 관리, 정당 및 정치자금에 관한 사무를 처리하기 위하여 설치된 국가기관으로 국회 · 정부 · 법원 · 헌법 재판소와 같은 지위를 갖는 독립된 합의제 헌법기관이다. 1963년 1월 21일 창설하여 오늘에 이르고 있으며 제19대 위원장으로 이 인물이 재임하였다. 선거관리위원회의 임무로는 '자유롭고 공정한 선진 민주선거 구현'이다. 이 인물은 누구인가?

배점 ❶ 10점

문제 03

이 제도는 원래 미국에서 시행하던 것으로, 우리나라에서는 2008학년도 입시에서 서울대 등이 시범 도입한 것을 시작으로 2009학년도 입시 때에는 고려대, 한양대, 성균관대, 경희대 등으로 확대 실시되었다. 이 제도는 대학에서 입학 업무만 담당하는 전문 인력을 채용하여 학생의 수능 내신 등 계량적인 성적뿐만 아니라 경험과 잠재력 등을 종합적으로 평가해 합격 여부를 결정하는 제도이다. 입시 위주의 획일적인 대입 문화를 바꾸고자 도입되었으나, 많은 부작용이 발생하여 점검이 필요하다는 목소리가 높아지고 있다. 이 제도의 명칭은?

배점 ❶ 10점

문제 04

영화 해운대는 화려한 CG를 바탕으로 탄생된 국내 최초의 재난 블록버스터 영화이다. 2001년 영화 이것으로 데뷔한 윤제균 감독은 2004년 인도양 지진해일이 덮치는 엄청난 사건이 벌어졌을 당시 해운대에 있었다고 한다. 그때 윤제균 감독은 '만약 100만 인파가 몰리는 피서철, 해운대에 쓰나미가 닥친다면?'이라는 상상을 하였고, 이것이 바로 영화 해운대의 출발이었다고 한다. 이것의 명칭은?

배점 ❶ 10점

문제 05

별자리는 하늘의 별들을 몇 개씩 이어서 특별한 생물이나 물체의 형태를 나타내는 이름을 붙여 놓은 것으로, 1928년 국제천문연맹(IAU)에서 공인한 88개의 별자리가 사용되고 있다. 성좌라고도 불리며 별자리의 기원은 5000년 전부터 유래하였다고 전해진다. 황도궁의 하나인 사자자리는 4월 하순부터 남쪽 하늘에서 쉽게 발견할 수 있으며, 학명은 이것이다. 그리스 신화에서는 헤라클라스가 에우리스테스의 명령으로 네메아 계곡에 서식하는 사자를 퇴치한 것으로 전해진다. 이것의 명칭은?

배점 ❶ 10점

디지털정보활용능력 - 인터넷정보검색　　시험시간 : 40분

문제 06

제44대 미국 대통령인 버락 오바마는 케냐 출신인 흑인 아버지와 미국 출신의 백인 어머니 사이에서 태어난 혼혈인이며, 2009년 1월 20일부터 4년간의 대통령 임기가 시작되었다. 버락 오바마 대통령은 2008년 미국인이 세계에서 가장 존경하는 인물로 뽑혔으며, 미국 타임지가 선정한 올해의 인물로 선정되기도 하였다. 취임 후 핵무기 감축, 중동평화회담 재개 등에 힘써 2009년 이 상을 수상하였다. 이 상의 명칭은?

배점　❶ 10점

문제 07

(①)은/는 대한민국의 영화상 중 하나로서 대한민국 정부가 주관하는 유일한 영화상이었다. 1958년 당시 문교부에서 국산영화 보호정책의 일환으로 시행한 우수영화 선정 및 보상제도로 시작되었으며 (②)년 최종적으로 명칭이 변경되어 제1회 시상식을 가졌다. 국가 주도에서 민간 주도로 넘어간 것은 1992년부터다. (①)은/는 한국 영화계의 대표적 영화제로 존속하면서 우수영화의 발굴 및 포상을 통한 진흥 효과를 거둔 것은 긍정적이지만 정부의 영화계 통제 수단으로 변질되거나 포상을 둘러싼 영화인들의 마찰 등 부작용을 유발하기도 하였다.

배점　❶ 10점　　❷ 10점

문제 08

이것은 일반적으로 사슴의 머리에 난 뿔이 각질화된 것을 말한다. 많은 사람들이 녹용과 이것이 같은 것으로 혼동하고 있으나, 녹용은 뿔이 자라기 시작하여 2개월이 지나지 않은 물렁한 상태의 수컷의 뿔을 말한다. 맛은 짜고 성질은 따뜻하다. 혈액순환을 촉진시키고 어혈을 없애주며 신장기능과 간기능을 도와준다. 또 칼슘을 다량 함유하고 있어 뼈를 튼튼하게 해준다. 녹용의 대용으로 많이 쓰이고 있으나, 그 효력은 녹용에 비해 약하다. 이것의 명칭은?

배점　❶ 10점

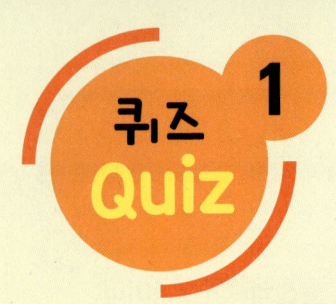

각 문제의 설명을 읽고 가로·세로에 알맞은 단어로 표를 만들어 보세요.

문제 1 세로 | '정신을 차리도록 단단히 단속하고 조임'을 이르는 우리말은 무엇인가?

문제 2 가로 | '일이 매우 급하여 미처 손을 댈 겨를이 없음'을 이르는 사자성어는 무엇인가?

문제 3 가로 | '이상하고 기이한 인연'이란 뜻으로, 부부가 되는 인연을 의미하는 사자성어는 무엇인가?

문제 4 세로 | '오래 지속하지 못하고 한때 와짝 내다가 마는 힘'을 이르는 우리말은 무엇인가?

문제 5 세로 | 순조 28년(1828년) 조선시대 5대 궁궐의 하나인 창덕궁 후원에 사대부가의 풍모로 지어진 120칸 궁중 건물의 이름은 무엇인가?

제 03회 기본모의고사

- 시험과목 : 인터넷정보검색
- 시험일자 : 20XX. X. X(X)
- 수검자 기재사항 및 감독자 확인

수검번호	DII - XXXX -	감독관 확인
성 명		

응시자 유의사항

1. 응시자는 신분증을 지참하여야 시험에 응시할 수 있으며, 시험이 종료될 때까지 신분증을 제시하지 못 할 경우 해당 시험은 0점 처리됩니다.
2. 시스템(PC작동여부, 네트워크 상태 등)의 이상여부를 반드시 확인하여야 하며, 시스템 이상이 있을시 감독위원에게 조치를 받으셔야 합니다.
3. 시험 중 부주의 또는 고의로 시스템을 파손한 경우는 응시자 부담으로 합니다.
4. 답안 전송 프로그램을 통해 다운로드 받은 파일을 이용하여 답안파일을 작성하시기 바랍니다.
5. 작성한 답안 파일은 답안 전송 프로그램을 통하여 전송됩니다. 감독위원의 지시에 따라 주시기 바랍니다.
6. 다음사항의 경우 실격(0점) 혹은 부정행위 처리됩니다.
    1) 답안파일을 저장하지 않았거나, 저장한 파일이 손상되었을 경우
    2) 답안파일을 지정된 폴더(바탕화면 – "KAIT" 폴더)에 저장하지 않았을 경우
        ※ 답안 전송 프로그램 로그인 시 바탕화면에 자동 생성됨
    3) 답안파일을 다른 보조 기억장치(USB) 혹은 네트워크(메신저, 게시판 등)로 전송할 경우
    4) 휴대용 전화기 등 통신기기를 사용할 경우
7. 시험지에 제시된 글꼴이 응시 프로그램에 없는 경우, 반드시 감독위원에게 해당 내용을 통보한 뒤 조치를 받아야 합니다.
8. 시험의 완료는 작성이 완료된 답안을 저장하고, 답안 전송이 완료된 상태를 확인한 것으로 합니다.
답안 전송 확인 후 문제지는 감독위원에게 제출한 후 퇴실하여야 합니다.
9. 답안전송이 완료된 경우에는 수정 또는 정정이 불가능합니다.
10. 시험시행 후 결과는 홈페이지(www.ihd.or.kr)에서 확인하시기 바랍니다.
    1) 문제 및 모범답안 공개 : 20XX. XX. XX(X)
    2) 성적 공개 : 20XX. XX. XX(X)

식별CODE
인

디지털정보활용능력 - 인터넷정보검색   시험시간 : 40분

유의사항
- 답안지 파일에 수검번호, 성명을 정확히 기재하여 주십시오.
- 답안지의 URL란에는 반드시 정답의 내용이 나타나는 웹 페이지의 절대경로를 기재하고, 한 개의 URL만 기재하십시오. (만일 프레임구조의 웹 페이지에서 주소 표시줄에 나타나는 URL만으로는 정답이 위치한 하부의 페이지를 찾을 수 없을 경우 정답으로 인정하지 않음)
  - ※ **절대경로란?** : 해당 웹 페이지에서 마우스 오른쪽 버튼을 클릭한 후 [등록 정보] 또는 [속성] 항목을 선택한 화면에 나타나는 주소(URL)
- 검색엔진의 '웹페이지' 검색에서 [미리보기]에 해당하는 URL을 기재한 경우 오답 처리됩니다.
- 회원가입 및 등업 후 내용 확인이 가능한 포털의 카페, 블로그, 지식검색, 댓글, 소셜 네트워크 등의 URL은 정답으로 인정되지 않습니다.
- 첨부파일에서 답안을 찾은 경우 첨부파일까지의 URL을 정확히 기재하지 않은 경우 오답 처리됩니다.
  (예 : http://www.ihd.or.kr/aa.hwp – 정답)

문제 01

(①)은/는 채운역에서 연무대까지의 철도선으로 연무선이라고도 불린다. 총 길이는 (②) km로 연무대에 위치하고 있는 육군 훈련소 등 각종 군사시설의 교통 편의를 위해 개통되었다. 군사 목적상 일부의 노선은 군에서 관리하기도 하며 호남선의 지선에 속한다.

배점 ❶ 10점   ❷ 10점

문제 02

이것은 항일 비밀결사조직으로, 결성 연도나 활동상황이 상세히 드러나지 않았다. 1919년 중국의 젠다오에서 조직된 것으로 추정되며 독립운동가인 이동휘를 따르던 기독교 신자들인 최봉설, 윤준희, 임국정 등의 인물들이 주도했던 것으로 알려져 있다. 이 조직이 가장 뚜렷한 족적을 남긴 활동은 일제가 젠다오 일본영사관으로 현금을 보내려 한 것을 탈취한 일이다. 이 현금은 후에 만주 일대 독립군의 군자금으로 유입되어 북로군정서와 대한독립군 등이 청산리 전투에서 승리하는데 큰 힘이 되었다. 이것의 명칭은?

배점 ❶ 10점

기계체조는 기계를 사용하는 체조 운동을 통틀어 이르는 말로, 19세기에 독일의 프리드리히 얀이 오늘날의 기계체조 원형으로 발전시켰다. 기계체조의 경기 종목은 남녀에 따라 다르며 남자는 6종목, 여자는 4종목을 실시한다. 기계체조의 여자 종목 중 하나인 이것은 너비 10cm, 길이 5m 규격인 기구 위에서 걷기, 눕기, 회전, 점프 등의 여러 가지 동작을 70초에서 90초 이내에 펼쳐야 하는 것으로, 정적인 요소와 동적인 요소를 조화롭게 구성해야 한다. 이것이 처음으로 하계올림픽에 등장한 것은 베를린 대회부터이다. 이것의 명칭은?

배점 ❶ 10점

공공의 사업이나 자선 사업을 위해 자신이 가지고 있는 재화를 내놓는 것을 기부라고 한다. 예전에는 기부에 인색했던 대한민국 국민들도 생활의 윤택해지면서 주위를 살피는 기부자들이 눈에 띄게 늘고 있다. NHN과 아름다운 재단이 만든 대표적인 기부 포털 사이트인 이곳에서도 네티즌과 공익단체들의 자발적인 기부가 활발히 이뤄지며 새로운 기부문화를 만들어가고 있다. 이곳에서 기부를 할 수 있는 수단은 콩이라는 사이버 머니이며, 콩을 유료로 결제하거나 네이버코인을 통해 전환이 가능하다. 이곳의 명칭은?

배점 ❶ 10점

주로 유럽과 소아시아에 분포하는 코카서스 인종을 말하는 이들은 많은 수가 가족 또는 씨족 단위의 유랑생활을 하고 있다. 황갈색 피부에 까만 눈동자, 까만 머리 등의 특징이 있지만 인류학적으로 분류할 수는 없다는 것이 중론이다. 오랜 세월 동안 박해받으며 유랑한 탓에 언어 또한 여러 언어가 뒤섞여 있어 어족이 명확하지는 않지만 산스크리트어와 많은 유사점이 있다고 한다. 헝가리에서는 '치가니', 이탈리아에서는 '히따노', 프랑스에서는 이것으로 부른다. 이것의 명칭은?

배점 ❶ 10점

디지털정보활용능력 - 인터넷정보검색   시험시간 : 40분

문제 06

'명월'로도 알려진 황진이는 조선 중종 때의 기생으로, 신분 특성상 여러 야사들을 통해 그에 대한 내용이 전해져 내려오고 있다. 서경덕, 박연폭포와 함께 송도삼절이라 불리는 황진이는, 뛰어난 미모와 더불어 다른 여러 예술적 재능으로 명기로 이름을 날렸다. 동명의 드라마와 영화로 제작되었으며 영화 '황진이'는 45회 대종상 영화제에서 음악상과 이 상을 수상하였다. 이 상의 명칭은?

배점 ❶ 10점

문제 07

황사의 발원지는 몽골과 중국의 사막지대와 황토지대이며, 해당 지역은 연 강수량이 400㎜ 이하로 모래먼지가 많이 발생한다. 황사에 의한 피해가 커짐에 따라 대한민국 기상청에서는 황사를 기상재해로 인정하여 2002년 4월 (①)를 신설하여 시행하기 시작하였다. (①)는 황사주의보와 황사경보로 구분된다. 황사주의보는 황사로 인해 1시간 평균 미세먼지 농도 (②) 이상, 황사경보는 1시간 평균 미세먼지 800㎍/㎥ 이상을 기준으로 하여 각각 2시간 이상 지속될 것으로 예상될 때 발령된다.

배점 ❶ 10점   ❷ 10점

문제 08

2004년 설립된 한국배구연맹(KOVO)은 배구경기의 저변 확대와 프로리그의 활성화를 위해 노력하고 있다. 현재 KOVO에 소속되어 있는 이 남자배구단은 1969년에 창단된 이래, 2005년 프로배구의 출범과 더불어 점보스라는 새로운 이름으로 거듭나 정상을 향한 도전을 멈추지 않고 있으며, 끈끈한 조직력과 넘치는 패기를 바탕으로 팬들이 즐거워할 수 있는 경기를 선보여 한국 배구 발전을 선도하고 있다. 이 배구단의 명칭은?

배점 ❶ 10점

제 04 회 기본모의고사

- 시험과목 : 인터넷정보검색
- 시험일자 : 20XX. X. X(X)
- 수검자 기재사항 및 감독자 확인

수검번호	DII - XXXX -	감독관 확인
성 명		

응시자 유의사항

1. 응시자는 신분증을 지참하여야 시험에 응시할 수 있으며, 시험이 종료될 때까지 신분증을 제시하지 못 할 경우 해당 시험은 0점 처리됩니다.
2. 시스템(PC작동여부, 네트워크 상태 등)의 이상여부를 반드시 확인하여야 하며, 시스템 이상이 있을시 감독위원에게 조치를 받으셔야 합니다.
3. 시험 중 부주의 또는 고의로 시스템을 파손한 경우는 응시자 부담으로 합니다.
4. 답안 전송 프로그램을 통해 다운로드 받은 파일을 이용하여 답안파일을 작성하시기 바랍니다.
5. 작성한 답안 파일은 답안 전송 프로그램을 통하여 전송됩니다. 감독위원의 지시에 따라 주시기 바랍니다.
6. 다음사항의 경우 실격(0점) 혹은 부정행위 처리됩니다.
    1) 답안파일을 저장하지 않았거나, 저장한 파일이 손상되었을 경우
    2) 답안파일을 지정된 폴더(바탕화면 – "KAIT" 폴더)에 저장하지 않았을 경우
        ※ 답안 전송 프로그램 로그인 시 바탕화면에 자동 생성됨
    3) 답안파일을 다른 보조 기억장치(USB) 혹은 네트워크(메신저, 게시판 등)로 전송할 경우
    4) 휴대용 전화기 등 통신기기를 사용할 경우
7. 시험지에 제시된 글꼴이 응시 프로그램에 없는 경우, 반드시 감독위원에게 해당 내용을 통보한 뒤 조치를 받아야 합니다.
8. 시험의 완료는 작성이 완료된 답안을 저장하고, 답안 전송이 완료된 상태를 확인한 것으로 합니다.
   답안 전송 확인 후 문제지는 감독위원에게 제출한 후 퇴실하여야 합니다.
9. 답안전송이 완료된 경우에는 수정 또는 정정이 불가능합니다.
10. 시험시행 후 결과는 홈페이지(www.ihd.or.kr)에서 확인하시기 바랍니다.
    1) 문제 및 모범답안 공개 : 20XX. XX. XX(X)
    2) 성적 공개 : 20XX. XX. XX(X)

식별CODE

디지털정보활용능력 - 인터넷정보검색

시험시간 : 40분

유의사항

- 답안지 파일에 수검번호, 성명을 정확히 기재하여 주십시오.
- 답안지의 URL란에는 반드시 정답의 내용이 나타나는 웹 페이지의 절대경로를 기재하고, 한 개의 URL만 기재하십시오.
  (만일 프레임구조의 웹 페이지에서 주소 표시줄에 나타나는 URL만으로는 정답이 위치한 하부의 페이지를 찾을 수 없을 경우 정답으로 인정하지 않음)
  ※ 절대경로란? : 해당 웹 페이지에서 마우스 오른쪽 버튼을 클릭한 후 [등록 정보] 또는 [속성] 항목을 선택한 화면에 나타나는 주소(URL)
- 검색엔진의 '웹페이지' 검색에서 [미리보기]에 해당하는 URL을 기재한 경우 오답 처리됩니다.
- 회원가입 및 등업 후 내용 확인이 가능한 포털의 카페, 블로그, 지식검색, 댓글, 소셜 네트워크 등의 URL은 정답으로 인정되지 않습니다.
- 첨부파일에서 답안을 찾은 경우 첨부파일까지의 URL을 정확히 기재하지 않은 경우 오답 처리됩니다.
  (예 : http://www.ihd.or.kr/aa.hwp – 정답)

문제 01

(①)은/는 미국의 경제학자가 처음으로 소개한 개념으로, 특정 상품에 대한 수요가 형성되면 이것이 다른 사람들의 수요에 영향을 주는 효과를 말한다. (①)은/는 제품이나 서비스 자체 품질보다는 얼마나 많은 사람이 사용하고 있느냐가 더 중요하게 작용한다. 소비자가 제품을 구매할 때 자신은 남과 다르다는 생각을 갖는 현상인 (②)은/는 (①) 중 하나이며, 다수의 소비자가 구매하는 제품을 꺼리는 구매심리를 나타낸다. (②)은/는 명품 브랜드 소비에서 자주 볼 수 있는 현상이기도 하다.

배점 ❶ 10점   ❷ 10점

문제 02

이것은 정보통신기술과 자동차를 융합하여 양방향 인터넷 및 모바일 네트워크 서비스 등이 가능한 자동차를 말하는 것으로, 실시간 도로교통 정보나 내비게이션, 원격 차량 제어 및 관리 서비스 등을 제공한다. 또한 이것은 각종 콘텐츠를 실시간으로 이용할 수 있으며, 자동차가 스스로 핸들, 가속페달, 브레이크 등을 조작하여 설정된 목적지까지 도달할 수 있어 장시간 주행 시 유용할 뿐 아니라 운전미숙으로 인한 교통사고 발생률까지 줄일 수 있다. 하지만 이것의 보안 문제 또한 꾸준히 제기되고 있다. 이것의 명칭은?

배점 ❶ 10점

디지털정보활용능력 - 인터넷정보검색 시험시간 : 40분

문제 03

이것은 감추어진 이면의 사실이나 사건 등을 대중에게 드러내는 정보활동이나 취재활동의 영역으로 일반인에게 드러난 저널리즘이 그 역할을 제대로 수행하지 못할 때 주로 성행한다. 이것은 특정 조직이나 개인이 가지고 있는 약점을 취재하여 보도하겠다고 협박하거나 특정 집단의 이익을 도모할 목적으로 보도하는 것을 말한다. 이것은 사회를 비판의 시각에서 바라보는 긍정적인 측면도 있으나 정당한 재정적 뒷받침이 부족하여 정당이나 기업들에게 이용당할 수 있는 현실적인 단점도 있다. 이것의 명칭은?

배점 ❶ 10점

문제 04

이곳은 중국 남서부 내륙 지방에 있는 성으로 성도는 청두이다. 이곳의 이름은 주변에 양쯔강을 비롯한 큰 강이 네 개 흐른다고 지어졌으며, 위치상으로 양쯔강 상류에 위치하며 비옥한 쓰촨 분지에서 쌀과 차가 주로 생산되고 있다. 약 200만년 전부터 인류활동이 시작된 것으로 알려지고 있으며, 현재 대부분의 주민은 한족이다. 나시족, 창족, 티베트족 등 소수 민족도 거주하고 있다. 이곳의 명칭은?

배점 ❶ 10점

문제 05

이것은 1900년부터 프랑스의 한 타이어 회사에서 발행하는 여행 정보 가이드북이었다. 처음에는 타이어 구매 고객에게 무료로 나누어주던 자동차 여행안내 책자로 도로 법규, 타이어 정보, 자동차 정비 요령, 주유소 위치 등이 주된 내용으로 구성되었으며, 식당 소개는 운전자의 허기를 달래주는 수준이었다. 그러나 100년 동안 엄격한 평가와 높은 정보의 신뢰도를 바탕으로 명성을 쌓아 오늘날 미식가들의 성서로 자리 잡고 있다. 2016년에 이것은 국내에서는 처음으로 최고 등급인 별 3개를 받은 신라호텔 라연 한식당과 청담동의 가온을 선정하여 소개한 바 있다. 이것의 명칭은?

배점 ❶ 10점

문제 06

부처님오신날은 불교계의 가장 큰 연중행사이며, 이것 또는 초파일이라고도 부른다. 음력 4월 8일이며 조선시대에는 민속 행사로 진행되었으나, 현재는 불교인의 행사로 굳어졌다. 부처님 오신날 오전 10시에는 전국 대부분의 사찰에서 봉축법요식이 성대하게 펼쳐지며, 연등축제 등의 다양한 부대 행사가 진행된다. 2018년부터 이것의 공식 명칭이 '부처님오신날'로 변경됐으며, 공휴일로 지정하였다. 이것의 명칭은?

배점   ❶ 10점

문제 07

(①)은 1710년 영국에서 제정된 세계 최초의 저작권법이다. 저작권이란 저작자가 그 자신이 창작한 저작물에 대한 권리로 창작과 동시에 발생한다. 자신의 창작물을 공표하고, 이를 위하여 어떠한 방법으로든 공개 배포 또는 전달하고, 저작물을 다른 사람이 특정 방법으로 사용하도록 허락할 수 있는 권리 등을 말한다. 저작권은 (②)과 저작인격권으로 구분되며, 두 권리가 함께 저작권을 구성한다.

배점   ❶ 10점   ❷ 10점

문제 08

이것은 1991년 노벨 경제학상을 수상한 시카고 대학 교수가 민간 경제 주체들의 자원 배분 과정에서 재산권이 명확하게 확립되어 있는 경우 어떠한 비용도 발생하지 않고 협상할 수만 있다면 이 협상 결과는 효율적이라는 것으로 현대의 정부 규제를 경제적으로 분석하기 위한 중요한 바탕이 된다. 이것은 인터넷의 등장으로 세계 경제를 설명하는 새로운 이론으로 다시 주목받게 되었으며, 외부 기업들의 수가 크게 늘어나 아웃 소싱이 가능해졌다. 이것의 명칭은?

배점   ❶ 10점

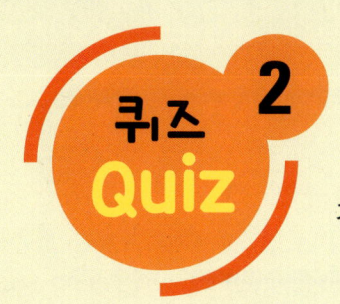

각 문제의 설명을 읽고 가로·세로에 알맞은 단어로 표를 만들어 보세요.

문제 1 세로 | 산과 강을 즐기는 풍류 등을 중심으로 강 위에서 자연의 아름다움을 노래한 단가의 이름은 무엇인가?

문제 2 가로 | '매우 엄하고 기세가 대단한 임무'를 뜻하는 것으로, 어사나 사법관의 임무를 일컫는 사자성어는 무엇인가?

문제 3 세로 | '조금씩 내리는 비가 자꾸 오다 말다 하는 모양'을 이르는 우리말은 무엇인가?

문제 4 가로 | '돛대가 하나 달린 작은 배'를 무엇이라 하는가?

문제 5 세로 | '오줌이나 땀 따위로 축축하게 된 자리'를 이르는 우리말은 무엇인가?

제 05회 기본모의고사

- 시험과목 : 인터넷정보검색
- 시험일자 : 20XX. X. X(X)
- 수검자 기재사항 및 감독자 확인

수검번호	DII - XXXX -	감독관 확인
성 명		

응시자 유의사항

1. 응시자는 신분증을 지참하여야 시험에 응시할 수 있으며, 시험이 종료될 때까지 신분증을 제시하지 못 할 경우 해당 시험은 0점 처리됩니다.
2. 시스템(PC작동여부, 네트워크 상태 등)의 이상여부를 반드시 확인하여야 하며, 시스템 이상이 있을시 감독위원에게 조치를 받으셔야 합니다.
3. 시험 중 부주의 또는 고의로 시스템을 파손한 경우는 응시자 부담으로 합니다.
4. 답안 전송 프로그램을 통해 다운로드 받은 파일을 이용하여 답안파일을 작성하시기 바랍니다.
5. 작성한 답안 파일은 답안 전송 프로그램을 통하여 전송됩니다. 감독위원의 지시에 따라 주시기 바랍니다.
6. 다음사항의 경우 실격(0점) 혹은 부정행위 처리됩니다.
    1) 답안파일을 저장하지 않았거나, 저장한 파일이 손상되었을 경우
    2) 답안파일을 지정된 폴더(바탕화면 – "KAIT" 폴더)에 저장하지 않았을 경우
        ※ 답안 전송 프로그램 로그인 시 바탕화면에 자동 생성됨
    3) 답안파일을 다른 보조 기억장치(USB) 혹은 네트워크(메신저, 게시판 등)로 전송할 경우
    4) 휴대용 전화기 등 통신기기를 사용할 경우
7. 시험지에 제시된 글꼴이 응시 프로그램에 없는 경우, 반드시 감독위원에게 해당 내용을 통보한 뒤 조치를 받아야 합니다.
8. 시험의 완료는 작성이 완료된 답안을 저장하고, 답안 전송이 완료된 상태를 확인한 것으로 합니다.
    답안 전송 확인 후 문제지는 감독위원에게 제출한 후 퇴실하여야 합니다.
9. 답안전송이 완료된 경우에는 수정 또는 정정이 불가능합니다.
10. 시험시행 후 결과는 홈페이지(www.ihd.or.kr)에서 확인하시기 바랍니다.
    1) 문제 및 모범답안 공개 : 20XX. XX. XX(X)
    2) 성적 공개 : 20XX. XX. XX(X)

디지털정보활용능력 - 인터넷정보검색 시험시간 : 40분

유의사항
- 답안지 파일에 수검번호, 성명을 정확히 기재하여 주십시오.
- 답안지의 URL란에는 반드시 정답의 내용이 나타나는 웹 페이지의 절대경로를 기재하고, 한 개의 URL만 기재하십시오. (만일 프레임구조의 웹 페이지에서 주소 표시줄에 나타나는 URL만으로는 정답이 위치한 하부의 페이지를 찾을 수 없을 경우 정답으로 인정하지 않음)
  ※ 절대경로란? : 해당 웹 페이지에서 마우스 오른쪽 버튼을 클릭한 후 [등록 정보] 또는 [속성] 항목을 선택한 화면에 나타나는 주소(URL)
- 검색엔진의 '웹페이지' 검색에서 [미리보기]에 해당하는 URL을 기재한 경우 오답 처리됩니다.
- 회원가입 및 등업 후 내용 확인이 가능한 포털의 카페, 블로그, 지식검색, 댓글, 소셜 네트워크 등의 URL은 정답으로 인정되지 않습니다.
- 첨부파일에서 답안을 찾은 경우 첨부파일까지의 URL을 정확히 기재하지 않은 경우 오답 처리됩니다.
  (예 : http://www.ihd.or.kr/aa.hwp - 정답)

문제 01

(①)은/는 가난 없이 태어나 고등교육을 받고 도시 근교에 살면서 전문직에 종사하여 고소득을 올리는 젊은이를 일컫는 것으로 개인의 취향을 중요시하며, 사고방식이나 생활태도, 가치관 등이 기성세대와 크게 다르며, 여유롭고 멋진 삶을 즐기는 것이 특징이다. (②)은/는 (①)와/과는 달리 민첩하고 유연하며 일에 있어서는 주말과 야간근무도 열심히 하는 열정이 있는 20~30대를 말한다. (②)은/는 옷이나 넥타이 등 외모에는 관심이 없고, 오로지 자신을 하나의 상품으로 팔기 위한 끊임없는 자기 개발에만 신경을 쓰는 신경제가 만들어낸 신세대 인간형이다.

배점 ❶ 10점   ❷ 10점

문제 02

이것은 사법연수원이나 로스쿨을 거쳐 변호사 자격을 취득한 사람을 대상으로 선발하여 일정 기간 법원과 검찰 등의 업무보조로 실무에 종사시키는 제도를 말한다. 이 제도는 미국 연방대법원에서 처음 실시되어 호주, 영국 등으로 확산되었으며, 우리나라는 2012년부터 이 제도를 도입하여 판사의 재판업무를 보조하는 별도 인력을 채용하고 있다. 이 제도의 임기는 1년이며, 1회에 한해 연장이 가능하고 우리나라는 일정 기간 이상 경력을 쌓아야 법관 지원 자격이 주어지는 법조일원화가 2013년부터 전면 실시되었다. 이 제도의 명칭은?

배점 ❶ 10점

문제 03

이것은 자신의 친족이나 연고자에게 관직, 지위 등을 주거나 특전을 부여하는 것을 뜻하는 용어이다. 이것은 막강한 권력을 가졌던 중세 유럽의 고급 성직자들이 친족의 아이에게 요직을 주거나 자신의 후계자로 만든 데서 유래되었다. 이것은 조직 구성원의 능력이나 수행성과보다는 친분적 관계를 우선시하기 때문에 조직 문화의 유연성과 다양성을 떨어뜨리며, 정치계의 비리나 재계의 족벌경영 등의 문제를 낳고 있다. 하지만 일부 조직 구성원의 충성도를 향상시킬 수 있다는 긍정적인 측면도 있다. 이것의 명칭은?

배점 ❶ 10점

문제 04

이것은 1936년 독일에서 발명되었으며, 멜라민과 폼알데하이드를 반응시켜 만드는 열경화성 수지로서 무색투명하여 아름답게 착색할 수 있다. 열·산·용제에 대하여 강하고, 전기적 성질도 뛰어나다. 식기·잡화·전기 기기 등의 성형재료로 쓰이는데, 일상생활에서 볼 수 있는 도자기 같은 감촉의 컵은 완성품의 비중이 1.5 정도로 가볍다. 내열성이 있어서 강한 화장판(化粧板)은 식탁·벽판 등에 사용된다. 이것은 종이에 제1차 수지액을 침투시키고 겹쳐서 가압 가열한다. 이것의 명칭은?

배점 ❶ 10점

문제 05

이것은 선거 전 여론조사 및 출구조사에서 지지율이 높게 나와 당선이 유력하였으나 실제 선거 때에는 득표율이 낮게 나오는 현상을 말하는 용어로, 1982년 미국의 주지사 선거에서 지지율이 높았던 흑인 후보가 백인 후보에게 패배한 데서 유래되었다. 기업에서 직원을 채용할 때 학력에 무관하며 다양한 경험으로 아이디어가 참신한 유능한 인재를 뽑겠다고 하면서도 정작 채용의 순간에는 출신 지역이나 학교, 학력, 경력사항, 외국어 성적, 나이 등의 조건들이 크게 작용하는 경우에도 이것의 예라 할 수 있다. 이것의 명칭은?

배점 ❶ 10점

디지털정보활용능력 - 인터넷정보검색 시험시간 : 40분

문제 06

이 스포츠는 북아메리카 인디언들이 겨울에 짐을 운반하기 위하여 썰매를 이용하던 것에서 유래되었다. 이것은 1928년에 처음으로 남자 종목만 동계올림픽 정식 종목으로 채택된 이후 중단과 시행을 반복하다가 2002년부터 여자 종목도 추가되어 정식 종목으로 채택되어 시행되고 있다. 남녀 각각 1인승으로만 경기를 치르며 썰매에 엎드린 자세로 머리를 정면으로 향하여 경사진 얼음 트랙을 내려오기 때문에 그만큼 위험성도 커서 경기 전 반드시 안전모와 팔꿈치 보호대를 착용해야 하며, 공기학적 장치가 부착된 안전모나 경기복장 착용은 금지되고 있다. 이 스포츠의 명칭은?

배점 ❶ 10점

문제 07

1964년 12월 24일 (①)로/으로 지정된 판소리는 한 명의 소리꾼이 고수의 장단에 맞추어 소리와 몸짓 등을 섞어가며 긴 이야기를 엮어가게 된다. 극적 내용에 따라 느리고 빠른 장단으로 구성되는 판소리는 2013년에 유네스코 인류무형문화유산 대표 목록으로 등재되었다. (②)은/는 판소리 사설에서 음률이나 장단에 의하지 않고 일상적 어조의 말로 하는 부분을 가리키는 것으로 작품의 사전 전개와 요약, 논평 등 서사의 진행에 간여하고 있다. (②)은/는 판소리의 무대를 소통의 장으로 이끌어 내는 중요한 기능을 수행한다.

배점 ❶ 10점 ❷ 10점

문제 08

이것은 2004년 국립국어원의 신어 자료집에 수록된 단어로 어떤 부분에서 문제를 해결하면 또 다른 부분에서 새로운 문제가 발생하는 현상으로 사회적으로 문제가 되는 특정 사안을 규제 등의 조치를 통해 금지하면 규제 조치가 이루어지지 않은 다른 경로로 우회하여 유사한 문제를 일으키는 사회적 현상을 말한다. 특정 지역의 집값을 잡기 위해 규제를 강화하면 수요가 다른 지역으로 몰려 집값이 오르는 현상도 이것에 속한다. 정부가 '8·2 대책' 발표 한 달 만에 두 곳을 투기과열지구로 추가 지정한 것은 '8·2 대책' 이후 투기수요가 규제 틈새를 찾아가 옮겨가는 이것을 차단하기 위함이었다. 이것의 명칭은?

배점 ❶ 10점

제 06회 기본모의고사

- 시험과목 : 인터넷정보검색
- 시험일자 : 20XX. X. X(X)
- 수검자 기재사항 및 감독자 확인

수검번호	DII - XXXX -	감독관 확인
성 명		

응시자 유의사항

1. 응시자는 신분증을 지참하여야 시험에 응시할 수 있으며, 시험이 종료될 때까지 신분증을 제시하지 못 할 경우 해당 시험은 0점 처리됩니다.
2. 시스템(PC작동여부, 네트워크 상태 등)의 이상여부를 반드시 확인하여야 하며, 시스템 이상이 있을시 감독위원에게 조치를 받으셔야 합니다.
3. 시험 중 부주의 또는 고의로 시스템을 파손한 경우는 응시자 부담으로 합니다.
4. 답안 전송 프로그램을 통해 다운로드 받은 파일을 이용하여 답안파일을 작성하시기 바랍니다.
5. 작성한 답안 파일은 답안 전송 프로그램을 통하여 전송됩니다. 감독위원의 지시에 따라 주시기 바랍니다.
6. 다음사항의 경우 실격(0점) 혹은 부정행위 처리됩니다.
    1) 답안파일을 저장하지 않았거나, 저장한 파일이 손상되었을 경우
    2) 답안파일을 지정된 폴더(바탕화면 – "KAIT" 폴더)에 저장하지 않았을 경우
        ※ 답안 전송 프로그램 로그인 시 바탕화면에 자동 생성됨
    3) 답안파일을 다른 보조 기억장치(USB) 혹은 네트워크(메신저, 게시판 등)로 전송할 경우
    4) 휴대용 전화기 등 통신기기를 사용할 경우
7. 시험지에 제시된 글꼴이 응시 프로그램에 없는 경우, 반드시 감독위원에게 해당 내용을 통보한 뒤 조치를 받아야 합니다.
8. 시험의 완료는 작성이 완료된 답안을 저장하고, 답안 전송이 완료된 상태를 확인한 것으로 합니다.
    답안 전송 확인 후 문제지는 감독위원에게 제출한 후 퇴실하여야 합니다.
9. 답안전송이 완료된 경우에는 수정 또는 정정이 불가능합니다.
10. 시험시행 후 결과는 홈페이지(www.ihd.or.kr)에서 확인하시기 바랍니다.
    1) 문제 및 모범답안 공개 : 20XX. XX. XX(X)
    2) 성적 공개 : 20XX. XX. XX(X)

디지털정보활용능력 - 인터넷정보검색 시험시간 : 40분

유의사항
- 답안지 파일에 수검번호, 성명을 정확히 기재하여 주십시오.
- 답안지의 URL란에는 반드시 정답의 내용이 나타나는 웹 페이지의 절대경로를 기재하고, 한 개의 URL만 기재하십시오.
  (만일 프레임구조의 웹 페이지에서 주소 표시줄에 나타나는 URL만으로는 정답이 위치한 하부의 페이지를 찾을 수 없을 경우 정답으로 인정하지 않음)
  ※ **절대경로란?** : 해당 웹 페이지에서 마우스 오른쪽 버튼을 클릭한 후 [등록 정보] 또는 [속성] 항목을 선택한 화면에 나타나는 주소(URL)
- 검색엔진의 '웹페이지' 검색에서 [미리보기]에 해당하는 URL을 기재한 경우 오답 처리됩니다.
- 회원가입 및 등업 후 내용 확인이 가능한 포털의 카페, 블로그, 지식검색, 댓글, 소셜 네트워크 등의 URL은 정답으로 인정되지 않습니다.
- 첨부파일에서 답안을 찾은 경우 첨부파일까지의 URL을 정확히 기재하지 않은 경우 오답 처리됩니다.
  (예 : http://www.ihd.or.kr/aa.hwp - 정답)

문제 01

(①)은/는 사회의 지배계층이나 교양 있는 사람을 대상으로 객관적이고 공정한 정보와 논평에 주안점을 두고 발행하는 신문을 말하는 것으로, 발행 부수가 적더라도 지식층을 대상으로 하기 때문에 권위를 인정받는다. (②)은/는 대중의 호기심을 자극하거나 관심을 끄는 데 중점을 두는 신문 또는 경향을 말한다. (②)은/는 1889년에 뉴욕 월드와 뉴욕 저널 사이에 선정주의의 치열한 경쟁에서 유래되었으며, 인간의 불건전한 감정을 자극하는 괴기사건이나 범죄 등을 과장하여 취재하고 보도하는 것이 특징이다.

배점 ❶ 10점   ❷ 10점

문제 02

이 장치는 자동차가 급브레이크를 밟을 때 바퀴의 회전이 멈춘 상태에서 미끄러지는 것을 막기 위해 개발된 특수 브레이크이다. 자동차를 운행하다 급제동을 하게 되면 바퀴는 완전히 멈추게 되지만 관성에 의해 차량은 계속 진행되어 미끄러지거나 옆으로 밀려 사고로 이어질 수 있다. 이러한 문제를 방지하기 위해 개발된 이 장치는 1초에 10회 이상 브레이크를 밟았다 놓았다 하는 펌핑을 하여 자동차가 균형을 유지하면서 제동이 되도록 해 준다. 단, 겨울철 빙판길에서 이 장치만 과신해서는 위험할 수 있음을 유의해야 한다. 이 장치의 명칭은?

배점 ❶ 10점

디지털정보활용능력 - 인터넷정보검색 시험시간 : 40분

문제 03

이것은 국제정치학에서 사용하는 이론 중 하나로, 어느 한쪽이 양보를 하지 않을 경우 양쪽 모두 파국으로 치닫게 된다는 극단적인 이론이다. 이것은 1950년대 미국 젊은이들 사이에서 유행한 자동차 게임에서 유래되었는데, 2대의 차량이 마주 보며 돌진하다가 충돌 직전에 누군가가 양보하지 않으면 양쪽 모두 자멸하게 되는 상황을 일컫는다. 이것은 냉전시절 미국과 소련의 경쟁을 비유하여 사용되던 용어였으나 오늘날에는 정치학뿐만 아니라 여러 극단적인 경쟁으로 치닫는 상황을 가리킬 때도 인용되고 있다. 이것의 명칭은?

배점 ❶ 10점

문제 04

이것은 여자의 X 성염색체가 1개이거나 일부분이 소실되거나 염색체 모양의 이상으로 발생하는 질환으로 골격계 이상, 심장 질환 등의 이상이 발생하는 유전 질환이다. 이것으로 인해 성장 장애, 비만, 골다공증 등이 발생할 수 있으므로 올바른 식습관과 운동습관을 가지는 것이 중요하다. 또한 감기에 걸리면 중이염이 잘 발생하기도 하며, 신경성 난청 등이 잘 생기므로 정기적인 난청 검사와 함께 이어폰 등을 크게 틀거나 장기간 사용하는 것은 바람직하지 않다. 이 질환의 명칭은?

배점 ❶ 10점

문제 05

이것은 인공신경망의 한계를 극복하기 위해 제안된 기계학습 방법으로, 컴퓨터가 인간처럼 판단하고 학습할 수 있도록 하는 기술을 말한다. 컴퓨터는 사람과 달리 사진만으로 개와 고양이를 구분하지 못하기 때문에 많은 데이터를 컴퓨터에 입력하고 비슷한 것끼리 분류하여 판단하는 기술이 고안되었으며, 이것의 핵심 기술도 분류를 통한 예측으로 수많은 데이터 속에서 패턴을 발견해 인간이 사물을 구분하듯 데이터를 구분한다. 이것은 이미지 인식, 자동 운전, 자율 로봇 등 다양한 분야에서 활용되고 있다. 이것의 명칭은?

배점 ❶ 10점

디지털정보활용능력 - 인터넷정보검색   시험시간 : 40분

문제 06

이것은 천체의 위치를 관측하고 별자리의 각도를 측정하는 등의 천문 기계 구실을 하였던 기구를 말한다. 기원전 2세기경에 중국에서 처음으로 만든 것으로 기록되어 있으나 우리나라에서는 확실한 자료가 없어 통일신라와 고려시대에 만들어 사용되었을 것으로 추정하고 있다. 이후 세종 15년에 정초, 정인지 등이 고전을 조사하고 장영실, 이천 등이 제작하여 이로부터 천문학의 기본적인 기구로 사용되었으며, 조선시대 천문역법의 표준 기계와 같은 구실을 하였다. 이것의 명칭은?

배점 ❶ 10점

문제 07

(①)은/는 세계의 문화와 자연유산의 보호를 위해 1972년 11월 첫 총회를 시작으로 발족되었으며, 자연, 문화유산의 보호를 위해 다양한 프로젝트를 진행하고 있으며, 기금 모금, 연구, 청소년 교육 등의 각종 문화사업도 활발히 펼치고 있다. 우리나라는 1988년 102번째로 가입한 후 2006년 10월부터는 위원국으로 활동하고 있다. (①)은/는 매년 1회씩 전체회의를 열어 유네스코 세계유산에 등재할 유산을 최종 결정한다. (②)은/는 유네스코 지정 한국 문화유산 중 2015년에 세계유산으로 등재되었다.

배점 ❶ 10점   ❷ 10점

문제 08

이것은 통계를 이용한 품질혁신, 고객만족을 위한 21세기형 기업경영 전략으로 기업의 품질경영, 올바른 기업문화 조성, 기업전략 등 세 가지로 구성된다. 이것의 효과적인 추진을 위한 품질개선 작업 과정으로 MAIC 혹은 DMAIC 기법이라고 불리는 측정, 분석, 개선, 관리 과정을 실시한다. 이것의 궁극적 목표는 제품의 품질개선을 위해 전 직원이 참여하여 사무 부분을 포함한 전 과정에서 업무의 질을 높이고 소요비용을 획기적으로 감축하여 제품의 경쟁력을 향상시켜 최고의 제품을 제공하는 기업이 되는 것이다. 이것의 명칭은?

배점 ❶ 10점

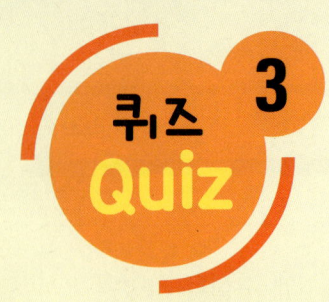
Quiz 3

각 문제의 설명을 읽고 가로·세로에 알맞은 단어로 표를 만들어 보세요.

문제 1 세로 | '건드려서는 안 될 것을 공연히 건드려서 스스로 걱정이나 해를 입음'을 이르는 우리말은 무엇인가?

문제 2 가로 | 변동금리 모기지 차입자의 일부에게 상환기간 중 첫 2~3년간 적용되는 낮은 금리를 무엇이라 하는가?

문제 3 가로 | '가뭄 때 백성들이 비를 몹시 기다림'을 이르는 사자성어는 무엇인가?

문제 4 세로 | 서울 종로구 와룡동 창덕궁의 내전을 겸한 침전으로 왕비의 생활공간이다. 이곳의 이름은 무엇인가?

문제 5 세로 | '매우 재게'를 이르는 우리말은 무엇인가?

제07회 기본모의고사

- 시험과목 : 인터넷정보검색
- 시험일자 : 20XX. X. X(X)
- 수검자 기재사항 및 감독자 확인

수 검 번 호	DII - XXXX -	감독관 확인
성 명		

응시자 유의사항

1. 응시자는 신분증을 지참하여야 시험에 응시할 수 있으며, 시험이 종료될 때까지 신분증을 제시하지 못 할 경우 해당 시험은 0점 처리됩니다.
2. 시스템(PC작동여부, 네트워크 상태 등)의 이상여부를 반드시 확인하여야 하며, 시스템 이상이 있을시 감독위원에게 조치를 받으셔야 합니다.
3. 시험 중 부주의 또는 고의로 시스템을 파손한 경우는 응시자 부담으로 합니다.
4. 답안 전송 프로그램을 통해 다운로드 받은 파일을 이용하여 답안파일을 작성하시기 바랍니다.
5. 작성한 답안 파일은 답안 전송 프로그램을 통하여 전송됩니다. 감독위원의 지시에 따라 주시기 바랍니다.
6. 다음사항의 경우 실격(0점) 혹은 부정행위 처리됩니다.
    1) 답안파일을 저장하지 않았거나, 저장한 파일이 손상되었을 경우
    2) 답안파일을 지정된 폴더(바탕화면 – "KAIT" 폴더)에 저장하지 않았을 경우
        ※ 답안 전송 프로그램 로그인 시 바탕화면에 자동 생성됨
    3) 답안파일을 다른 보조 기억장치(USB) 혹은 네트워크(메신저, 게시판 등)로 전송할 경우
    4) 휴대용 전화기 등 통신기기를 사용할 경우
7. 시험지에 제시된 글꼴이 응시 프로그램에 없는 경우, 반드시 감독위원에게 해당 내용을 통보한 뒤 조치를 받아야 합니다.
8. 시험의 완료는 작성이 완료된 답안을 저장하고, 답안 전송이 완료된 상태를 확인한 것으로 합니다.
   답안 전송 확인 후 문제지는 감독위원에게 제출한 후 퇴실하여야 합니다.
9. 답안전송이 완료된 경우에는 수정 또는 정정이 불가능합니다.
10. 시험시행 후 결과는 홈페이지(www.ihd.or.kr)에서 확인하시기 바랍니다.
    1) 문제 및 모범답안 공개 : 20XX. XX. XX(X)
    2) 성적 공개 : 20XX. XX. XX(X)

식별CODE

디지털정보활용능력 - 인터넷정보검색 시험시간 : 40분

유의사항
- 답안지 파일에 수검번호, 성명을 정확히 기재하여 주십시오.
- 답안지의 URL란에는 반드시 정답의 내용이 나타나는 웹 페이지의 절대경로를 기재하고, 한 개의 URL만 기재하십시오. (만일 프레임구조의 웹 페이지에서 주소 표시줄에 나타나는 URL만으로는 정답이 위치한 하부의 페이지를 찾을 수 없을 경우 정답으로 인정하지 않음)
  ※ **절대경로란?** : 해당 웹 페이지에서 마우스 오른쪽 버튼을 클릭한 후 [등록 정보] 또는 [속성] 항목을 선택한 화면에 나타나는 주소(URL)
- 검색엔진의 '웹페이지' 검색에서 [미리보기]에 해당하는 URL을 기재한 경우 오답 처리됩니다.
- 회원가입 및 등업 후 내용 확인이 가능한 포털의 카페, 블로그, 지식검색, 댓글, 소셜 네트워크 등의 URL은 정답으로 인정되지 않습니다.
- 첨부파일에서 답안을 찾은 경우 첨부파일까지의 URL을 정확히 기재하지 않은 경우 오답 처리됩니다.
  (예 : http://www.ihd.or.kr/aa.hwp - 정답)

문제 01

명왕성은 1930년대 미국의 천문학자가 발견한 이후 1978년 명왕성 주변에서 카론 등의 위성이 발견되어 행성으로의 입지가 확고해졌다. 그러나 망원경의 성능이 좋아지면서 1990년대 명왕성 주위에서 명왕성과 크기가 비슷한 물체들이 다수 관측되었으며, 또한 미국 캘리포니아 공대 마이클 브라운 교수가 명왕성보다 크기가 큰 (①)을/를 발견하여 태양계의 10번째 행성으로 등록되기를 희망하자 결국 2006년 국제천문연맹에서 태양계의 행성에 대한 분류법을 새로 개정하면서 (②)로/으로 분류되어 행성으로서의 지위가 박탈되었다.

배점 ❶ 10점   ❷ 10점

문제 02

1990년대 일본에서 처음 등장한 이 용어는 부모와 조부모들이 아이들을 위해서라면 돈의 지출을 아끼지 않는 현상을 가리키는 말이다. 현대사회가 저출산 및 고령화 시대로 접어들면서 한 가구의 자녀수는 줄어든 반면 경제력을 갖춘 조부모들은 상대적으로 늘어나 경기가 나빠져도 아이들을 위한 소비가 줄어들지 않는 현상을 빗대어 표현한 말로 알려져 있다. 우리나라에서도 이런 현상이 심화되고 있으며 이로 인해 아이들을 위한 각종 산업도 급성장을 거듭하고 있다. 이것의 용어는?

배점 ❶ 10점

디지털정보활용능력 - 인터넷정보검색 시험시간 : 40분

문제 03

1994년 당시 뉴욕시장이 이 이론을 적용하여 범죄의 온상이었던 지하철 내의 낙서와 길거리 낙서를 지속적으로 지우면서 신호위반, 쓰레기 투기와 같은 경범죄도 적극 단속했는데, 그 결과 강력범죄까지 줄어드는 결과를 얻었다. 서비스에 불만을 가진 소비자가 고객센터를 통해 민원을 제기한 경우, 직원 한 명의 미숙한 응대가 기업의 전체적인 이미지를 훼손시켜 궁극적으로는 불매 운동까지 일어날 수 있다는 점에서 이 이론은 범죄학뿐만 아니라 기업 경영과 조직 관리에도 적용되고 있다. 이 이론의 명칭은?

배점 ❶ 10점

문제 04

국립중앙박물관은 2017년 가을 특별전으로 독일 드레스덴박물관연합과 함께 "王이 사랑한 보물 – 독일 드레스덴박물관연합 명품전"을 개최하였다. 폴란드의 왕이었던 이 인물은 독일 남동부 작센주의 주도에서 태어났다. 루터교였던 그는 폴란드 왕위를 위해 로마 가톨릭으로 개종하였으나, 이로 인해 국민들의 지지를 잃고 그의 아내가 떠나게 되었다. 그의 별명인 '모츠니'는 강력하게 국가를 통치한다는 의미가 아닌 '힘만 세다'라는 의미에서 붙은 것이다. 이 인물은?

배점 ❶ 10점

문제 05

두릅나무과에 속하는 이 나무는 높이가 15m에 달하며, 잎은 어긋나게 달리고 그 모양은 난형 또는 마름모형의 타원형이다. 이 나무는 옛날부터 귀하게 여겨져 금색을 내는 우리의 전통 도료로 사용되었으며 그 품질이 매우 우수하다. 목재뿐만 아니라, 유리나 금속 등에 광범위하게 사용이 가능하고, 진정효과가 있는 물질이 함유되어 칠을 하면 상쾌한 안식향이 발산되기도 한다. 역사적으로는 중국에 보내는 조공품으로 이 나무가 자라는 지역 백성들의 고통도 심했다고 전해진다. 이것의 명칭은?

배점 ❶ 10점

디지털정보활용능력 - 인터넷정보검색 | 시험시간 : 40분

이것은 오스트리아 출신의 의사가 처음 발표하였기 때문에 그의 이름을 따서 명명되었다. 이 질환의 원인은 밝혀지지 않았으나, 유전으로 인한 것으로 추정된다. 발달 장애의 하나로 이 장애를 가진 사람의 언어발달 상태나 지능은 정상이지만, 행동 양상은 자폐증과 비슷하여 의사소통이나 사회생활에 지장을 초래하기도 한다. 특히 사교 능력이 떨어지므로 친구를 사귀는데 어려움을 겪고, 동작이 서투르다. 최근 인천에서 범죄를 일으킨 가해자가 이 질환을 앓고 있다고 주장하여 이슈가 되기도 하였다. 이것의 명칭은?

배점 ❶ 10점

흑해 지역에 위치한 (①)은/는 향료의 원료 식물, 잎담배, 채소 등은 물론 관개 시설을 이용한 곡물 및 사료작물 재배도 활발한 곳이며, 1853년부터 1856년까지 (①)와/과 흑해를 중심으로 러시아와 영국·프랑스 등의 연합군이 (②)을/를 벌인 곳이기도 하다. (①)은/는 2013년 정권에 반발한 시민 저항이 일어난 후 러시아군이 사실상 장악하게 되었으며, 러시아와 합병을 위한 주민투표를 통해 러시아의 일부가 되었으나 미국과 유럽 연합 등 국제사회는 국제법 위반으로 인정하지 않고 있다.

배점 ❶ 10점   ❷ 10점

페이스페인팅은 이 재료에 흰색, 검은색 등 5가지 원색을 이용하여 다양한 색을 만들어 얼굴에 포인트를 주는 것을 말한다. 이 재료는 유럽이나 동남아시아 등의 국가에서 유성 화장을 대표할 정도로 대중적으로 널리 사용되고 있으며, 피부에 자극을 최소화하고 유지원료의 산패를 방지하기 위해 산화방지제를 적당량 첨가한다. 또한 이 재료는 1870년 즈음에 독일에서 창안되었으며 피부를 가리는 효력이 뛰어나 무대화장이나 입체 화장, 분장에 사용될 정도로 화장을 잘 받는 것이 특징이다. 이 재료의 명칭은 무엇인가?

배점 ❶ 10점

제08회 기본모의고사

- 시험과목 : 인터넷정보검색
- 시험일자 : 20XX. X. X(X)
- 수검자 기재사항 및 감독자 확인

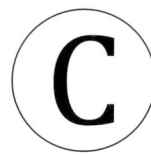

수 검 번 호	DII - XXXX -	감독관 확인
성 명		

응시자 유의사항

1. 응시자는 신분증을 지참하여야 시험에 응시할 수 있으며, 시험이 종료될 때까지 신분증을 제시하지 못 할 경우 해당 시험은 0점 처리됩니다.
2. 시스템(PC작동여부, 네트워크 상태 등)의 이상여부를 반드시 확인하여야 하며, 시스템 이상이 있을시 감독위원에게 조치를 받으셔야 합니다.
3. 시험 중 부주의 또는 고의로 시스템을 파손한 경우는 응시자 부담으로 합니다.
4. 답안 전송 프로그램을 통해 다운로드 받은 파일을 이용하여 답안파일을 작성하시기 바랍니다.
5. 작성한 답안 파일은 답안 전송 프로그램을 통하여 전송됩니다. 감독위원의 지시에 따라 주시기 바랍니다.
6. 다음사항의 경우 실격(0점) 혹은 부정행위 처리됩니다.
    1) 답안파일을 저장하지 않았거나, 저장한 파일이 손상되었을 경우
    2) 답안파일을 지정된 폴더(바탕화면 – "KAIT" 폴더)에 저장하지 않았을 경우
        ※ 답안 전송 프로그램 로그인 시 바탕화면에 자동 생성됨
    3) 답안파일을 다른 보조 기억장치(USB) 혹은 네트워크(메신저, 게시판 등)로 전송할 경우
    4) 휴대용 전화기 등 통신기기를 사용할 경우
7. 시험지에 제시된 글꼴이 응시 프로그램에 없는 경우, 반드시 감독위원에게 해당 내용을 통보한 뒤 조치를 받아야 합니다.
8. 시험의 완료는 작성이 완료된 답안을 저장하고, 답안 전송이 완료된 상태를 확인한 것으로 합니다.
   답안 전송 확인 후 문제지는 감독위원에게 제출한 후 퇴실하여야 합니다.
9. 답안전송이 완료된 경우에는 수정 또는 정정이 불가능합니다.
10. 시험시행 후 결과는 홈페이지(www.ihd.or.kr)에서 확인하시기 바랍니다.
    1) 문제 및 모범답안 공개 : 20XX. XX. XX(X)
    2) 성적 공개 : 20XX. XX. XX(X)

디지털정보활용능력 - 인터넷정보검색   시험시간 : 40분

유의사항
- 답안지 파일에 수검번호, 성명을 정확히 기재하여 주십시오.
- 답안지의 URL란에는 반드시 정답의 내용이 나타나는 웹 페이지의 절대경로를 기재하고, 한 개의 URL만 기재하십시오. (만일 프레임구조의 웹 페이지에서 주소 표시줄에 나타나는 URL만으로는 정답이 위치한 하부의 페이지를 찾을 수 없을 경우 정답으로 인정하지 않음)
  ※ 절대경로란? : 해당 웹 페이지에서 마우스 오른쪽 버튼을 클릭한 후 [등록 정보] 또는 [속성] 항목을 선택한 화면에 나타나는 주소(URL)
- 검색엔진의 '웹페이지' 검색에서 [미리보기]에 해당하는 URL을 기재한 경우 오답 처리됩니다.
- 회원가입 및 등업 후 내용 확인이 가능한 포털의 카페, 블로그, 지식검색, 댓글, 소셜 네트워크 등의 URL은 정답으로 인정되지 않습니다.
- 첨부파일에서 답안을 찾은 경우 첨부파일까지의 URL을 정확히 기재하지 않은 경우 오답 처리됩니다.
  (예 : http://www.ihd.or.kr/aa.hwp – 정답)

문제 01

외환은행을 매각하고 철수한 미국계 펀드인 (①)이/가 한국 정부가 투자협정을 위반했다며 국가 간 투자분쟁을 조정하는 국제기구인 (②)에 투자자·국가 간 소송을 정식으로 제기하였다. (①)은/는 앞서 우리 정부에 투자자·국가 간 소송 제소 의사를 밝힌 바 있으며, 사전 협의기간인 6개월이 완료되자 정식으로 소송을 제기하였다. 최근 영국 국적의 중재 재판장이 최종 선임되었으며 사건 심리 등의 다양한 절차가 진행된 후 최종 판정이 내려진다.

배점 ❶ 10점   ❷ 10점

문제 02

우리나라의 특산종인 이것은 한라산, 덕유산, 지리산 등에 분포하고 있으며, 산지의 서늘한 곳에서 10~18m 정도의 높이까지 자라는 나무다. 1907년 선교활동을 하던 프랑스 신부가 한라산에서 이것을 처음으로 발견하였고, 1920년 미국의 식물학자에 의해 신종으로 학계에 보고되었다. 이것은 우리나라 사람에게는 잘 알려져 있지 않으나 유럽에서는 크리스마스 트리로 애용되고 있으며, 모양이 아름다워 관상수, 공원수 등으로도 이용된다. 또한 이것의 목재도 재질이 좋아 가구재나 건축재 등으로 이용되고 있다. 이것의 명칭은?

배점 ❶ 10점

디지털정보활용능력 - 인터넷정보검색　시험시간 : 40분

문제 03

이것은 사람들의 잘못된 언어의 사용을 받아들이지 못하고, 문법과 표준어, 맞춤법, 띄어 쓰기 등에 지나치게 집착하는 사람을 일컫는 심리학 용어이다. 이런 성향을 지닌 사람은 사전상의 어법을 너무 딱딱하게 사용하여 이로 인해 자칫 다양하게 생성되고 변화하는 언어의 생동감을 훼손시킬 수 있다. 이것의 단점은 잘못된 것에 대해 고치려는 지나친 집착으로 반항심이나 적대감 등을 키울 수 있고, 강압적 훈련으로 인한 윤리적 측면에서도 문제가 될 수 있다는 점이다. 이것의 용어는?

배 점　❶ 10점

문제 04

2004년 4월 개통된 이것은 시속 300km 이상의 속도로 운행하며 전국을 2시간 생활권 시대로 바꾸며 사회·경제적으로 커다란 변화를 가져왔다. 이것의 최고 시속 350km로 운행이 가능하며 1,130kw의 전동기 12개가 작동하면서 엄청난 힘을 낼 수 있다. Korail에서는 이 승차권을 출발 29일 전부터 15일 전까지 월요일부터 금요일에 미리 구매하는 고객에게 정상 금액의 10%의 운임을 할인해 주는 등 다양한 할인 제도를 운영하고 있다. 이것의 명칭은?

배 점　❶ 10점

문제 05

이것은 남용, 학대, 폐해 등의 사전적인 의미를 지니고 있으며, 본인의 계정 이외에 여러 다른 계정을 이용하여 부당하게 이익을 취하는 행위를 일컫는다. 이것은 포털 사이트에서 검색어를 이용하여 클릭 수를 늘리려는 행위 또는 인기 검색어에 올리기 위해 클릭 수를 조작하는 행위 등을 포함한다. 또한 이것은 언론사가 동일한 제목의 기사를 지속적으로 전송하거나 내용과 다른 자극적인 제목의 기사를 포털 사이트에 게재하여 의도적으로 클릭 수를 늘리려는 행위 등도 포함한다. 이것의 명칭은?

배 점　❶ 10점

문제 06

이것은 미국의 기념일 중 하나로, 그 유래는 미국의 남북전쟁에서 전사한 병사들을 추모하기 위해 무덤에 꽃을 장식하면서부터 시작되었다. 또한 제1차 세계대전이 끝난 후에는 전쟁으로 사망한 모든 사람들을 함께 추도하는 날이 되었고, 오늘날 미국 대부분의 지역에서 매년 5월 마지막 월요일을 이것으로 지정하고 있다. 해마다 이날이 되면 국립묘지에 대통령을 비롯한 수많은 시민들이 행사에 참여하여 추념식을 갖는다. 계절적 특성상 흔히 이것을 여름휴가철이 시작되는 기준으로 여기는 사람들도 있다. 이것의 명칭은?

배점: ① 10점

문제 07

(①)은/는 정보기관에서 정보를 수집하는 활동이나 얻은 정보를 뜻하는 용어 중 하나로, 외교관, 정보원 등의 사람을 활용하는 것을 통칭한다. 영화 '007' 시리즈의 주인공처럼 스파이를 활용하는 첩보 활동이 (①)의 대표적인 예라고 할 수 있다. (②)에서는 (①)을/를 인적 요소에 의해 수집된 정보로부터 얻어낸 첩보의 범주로 분류하고 있다. (②)은/는 냉전 체제하에서 구소련을 중심으로 한 동구권의 군사 위협에 대항하기 위한 1949년 창설된 기구로, 주요 활동으로는 서유럽에 대한 군사적·경제적 원조를 들 수 있다.

배점: ① 10점   ② 10점

문제 08

열대 동태평양 지역에서 유일하게 습지와 열대우림이 있는 이곳은 코스타리카의 태평양 해안에서 550km 떨어진 곳에 위치하고 있는 화산섬으로, 대부분 현무암으로 이루어져 있으며, 험하고 기복이 심한 표면이 특징이다. 1978년에 국립공원으로 지정되었으며, 1997년에는 유네스코 세계유산의 자연공원 목록에 등록되었다. 천혜의 자연경관을 가진 코스타리카 공화국의 자랑이며 면적은 제주도 1/20 크기의 작은 섬이다. 소설 '보물섬'의 실제 배경으로 알려져 있는 이곳의 명칭은?

배점: ① 10점

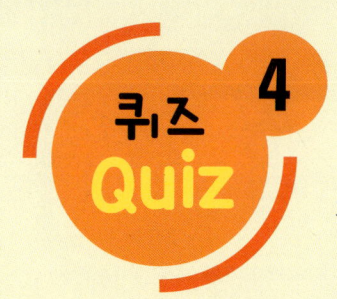

Quiz 4

각 문제의 설명을 읽고 가로·세로에 알맞은 단어로 표를 만들어 보세요.

문제 1 가로 | '이러니저러니 하고 시비를 가리는 모양'을 이르는 우리말은 무엇인가?

문제 2 세로 | '서로 술잔을 나누는 사이에 묵은 원한을 잊어버림'을 이르는 사자성어는 무엇인가?

문제 3 세로 | 조선 시대에, 대신에게 전속되어 명령과 공문의 전달 따위를 맡아보던 구실아치의 이름은 무엇인가?

문제 4 세로 | '둥글넓적하고 아가리가 넓게 벌어진 질그릇'을 이르는 우리말은 무엇인가?

문제 5 가로 | '자기를 극복해 예로 돌아감'을 이르는 사자성어는 무엇인가?

제 09 회 기본모의고사

- 시험과목 : 인터넷정보검색
- 시험일자 : 20XX. X. X(X)
- 수검자 기재사항 및 감독자 확인

수 검 번 호	DII - XXXX -	감독관 확인
성 명		

응시자 유의사항

1. 응시자는 신분증을 지참하여야 시험에 응시할 수 있으며, 시험이 종료될 때까지 신분증을 제시하지 못 할 경우 해당 시험은 0점 처리됩니다.
2. 시스템(PC작동여부, 네트워크 상태 등)의 이상여부를 반드시 확인하여야 하며, 시스템 이상이 있을시 감독위원에게 조치를 받으셔야 합니다.
3. 시험 중 부주의 또는 고의로 시스템을 파손한 경우는 응시자 부담으로 합니다.
4. 답안 전송 프로그램을 통해 다운로드 받은 파일을 이용하여 답안파일을 작성하시기 바랍니다.
5. 작성한 답안 파일은 답안 전송 프로그램을 통하여 전송됩니다. 감독위원의 지시에 따라 주시기 바랍니다.
6. 다음사항의 경우 실격(0점) 혹은 부정행위 처리됩니다.
    1) 답안파일을 저장하지 않았거나, 저장한 파일이 손상되었을 경우
    2) 답안파일을 지정된 폴더(바탕화면 – "KAIT" 폴더)에 저장하지 않았을 경우
        ※ 답안 전송 프로그램 로그인 시 바탕화면에 자동 생성됨
    3) 답안파일을 다른 보조 기억장치(USB) 혹은 네트워크(메신저, 게시판 등)로 전송할 경우
    4) 휴대용 전화기 등 통신기기를 사용할 경우
7. 시험지에 제시된 글꼴이 응시 프로그램에 없는 경우, 반드시 감독위원에게 해당 내용을 통보한 뒤 조치를 받아야 합니다.
8. 시험의 완료는 작성이 완료된 답안을 저장하고, 답안 전송이 완료된 상태를 확인한 것으로 합니다.
   답안 전송 확인 후 문제지는 감독위원에게 제출한 후 퇴실하여야 합니다.
9. 답안전송이 완료된 경우에는 수정 또는 정정이 불가능합니다.
10. 시험시행 후 결과는 홈페이지(www.ihd.or.kr)에서 확인하시기 바랍니다.
    1) 문제 및 모범답안 공개 : 20XX. XX. XX(X)
    2) 성적 공개 : 20XX. XX. XX(X)

디지털정보활용능력 - 인터넷정보검색

시험시간: 40분

유의사항
- 답안지 파일에 수검번호, 성명을 정확히 기재하여 주십시오.
- 답안지의 URL란에는 반드시 정답의 내용이 나타나는 웹 페이지의 절대경로를 기재하고, 한 개의 URL만 기재하십시오. (만일 프레임구조의 웹 페이지에서 주소 표시줄에 나타나는 URL만으로는 정답이 위치한 하부의 페이지를 찾을 수 없을 경우 정답으로 인정하지 않음)
  ※ **절대경로란?** : 해당 웹 페이지에서 마우스 오른쪽 버튼을 클릭한 후 [등록 정보] 또는 [속성] 항목을 선택한 화면에 나타나는 주소(URL)
- 검색엔진의 '웹페이지' 검색에서 [미리보기]에 해당하는 URL을 기재한 경우 오답 처리됩니다.
- 회원가입 및 등업 후 내용 확인이 가능한 포털의 카페, 블로그, 지식검색, 댓글, 소셜 네트워크 등의 URL은 정답으로 인정되지 않습니다.
- 첨부파일에서 답안을 찾은 경우 첨부파일까지의 URL을 정확히 기재하지 않은 경우 오답 처리됩니다.
  (예 : http://www.ihd.or.kr/aa.hwp - 정답)

문제 01

(①)은/는 젊고 활동적인 어머니를 뜻하는 용어로, 경제적·사회적으로 지위를 향상하려는 욕구가 강한 여성을 지칭한다. (①)은/는 가사와 일을 병행하면서도 자기 관리 및 계발에 힘을 쓰고, 출산 및 육아 등에도 많은 관심과 노력을 기울인다. 반면 (②)은/는 30대 중반에서 40대 중반의 남자들 중 중년이기를 거부하며 안정된 생활을 기반으로 제2의 인생을 꿈꾸는 젊은 아빠를 지칭하는 용어다. (②)은/는 신세대 부부처럼 활력 있게 살고 싶은 욕구가 강하며 늦둥이를 통해 생활의 활력을 되찾으려는 경향을 보이기도 한다.

배점 10점 10점

문제 02

이곳은 안데스 산맥의 해발 3,400m 고도에 위치하고 있으며, 남미 최대의 제국을 건설한 잉카의 수도로 한때 백만 명의 주민이 거주했을 정도로 번영을 누린 곳이다. 잉카 문명은 태양신을 섬기고 다른 부족을 정복해가며 케추아어를 쓰는 하나의 제국으로 통일해갔지만 스페인의 침략으로 결국 허무하게 사라지고 말았다. 이곳의 중심지인 광장 동쪽 석벽에는 주변의 돌과 빈틈없이 정교하게 짜 맞추어진 12각의 돌이 있으며, 이 돌들은 12명의 왕을 의미하는 등 다양한 이야기가 전해지고 있다. 이곳의 명칭은?

배점 ❶ 10점

문제 03

이 성은 영국 스트래스클라이드주의 도시에 위치하며 셰익스피어의 4대 비극 중의 하나인 맥베스의 배경이 되는 곳으로 영국 스코틀랜드에 있는 성이다. 11세기에 네스강이 내려다 보이는 요새 터에 건설되었으나 18세기에 제임스 2세를 지지하던 재커바이트군에 의해 건물이 파괴되었으며, 19세기 중반에 재건축되어 현재는 주 재판소로 사용되고 있다. 처음에 목조성으로 지은 이 성을 석조성으로 개조하였으며, 스코틀랜드 왕 제임스 1세가 의회를 연 장소이기도 하다. 이 성의 명칭은?

배점 ❶ 10점

문제 04

과일, 꽃, 사람, 동물 등을 포함하는 아라베스크 무늬를 뜻하는 말인 이것은 원래 흔한 그림에는 어울리지 않는 곳을 장식하기 위한 의장을 가리키는 것이었다. 15세기 말 고대 로마 시대의 벽화에 공상의 생물, 괴상하게 생긴 인간의 모습, 꽃과 과일 등을 복잡하게 결합시킨 형태로 처음 사용되었다고 알려져 있으며, 르네상스 시대에 많이 쓰이게 되어 바티칸 궁전 로지아의 장식과 같은 걸작을 탄생시켰다. 오늘날에는 일반적으로 매우 부자연스러운 것, 괴상하고 기이한 것, 흉측하거나 우스꽝스러운 것을 형용하는 말로 사용된다. 이것의 명칭은?

배점 ❶ 10점

문제 05

이것은 원래 북아메리카 원주민들이 즐겼던 구기를 19세기 중엽에 근대 스포츠에 맞게 개량한 것으로 미국, 캐나다, 영국, 오스트레일리아 등지에 널리 보급되어 있다. 이것은 끝부분에 그물을 친 길이 91~180cm 정도의 스틱으로 야구공보다 약간 작은 공을 던지고 받으며 전진하거나 발로 차서 상대 팀 골문에 공을 넣어 득점하는 경기다. 이것은 남자의 경우 10명(여자는 12명)의 선수로 한 팀이 구성되며, 선수들은 신체 보호를 위해 헬멧을 쓰고 두꺼운 장갑을 껴야 경기에 참여할 수 있다. 이것의 명칭은?

배점 ❶ 10점

디지털정보활용능력 - 인터넷정보검색 시험시간 : 40분

문제 06

이것은 미국 가정집에서 아이들이 놀다가 다치는 것을 예방하기 위해 별도의 안전한 놀이 공간을 마련해 준 것에 유래하였다. 이것은 외부로부터 전송된 파일을 미리 지정해둔 보호된 영역에서 실행시켜 외부로부터 들어오는 파일과 프로그램이 내부 시스템을 공격하는 것을 사전에 방지하는 기술이다. 이것은 시스템 공격 기법을 탐지하도록 만든 보안장비의 기능을 역이용하는 해킹 기술에 대비하고, 안전하다고 검증받은 파일이나 작업은 시스템 변경이 가능하나 허용하지 않은 경우에는 변경할 수 없게 되어 있다. 이것의 명칭은?

배점 ❶ 10점

문제 07

(①)은/는 1774년 독일의 괴테가 발표한 소설로, 주인공은 한 여성을 사랑하지만 그녀에게 이미 약혼자가 있다는 사실을 알고 슬퍼하다 결국 권총으로 자살을 하는 내용을 담고 있다. 이 소설이 인기를 끌자, 독자들은 소설 속 주인공과 같은 방법으로 자살을 따라하였고, 그 수가 2,000여 명에 이르자 소설의 발간을 중지하였다. 이후 1974년 미국의 사회학자 필립스는 유명인의 자살이 알려진 뒤 자살률이 급격하게 늘어난다는 연구 결과를 발표하며, 이런 현상을 이 소설의 주인공 이름을 따서 (②)라고/이라고 불렀다.

배점 ❶ 10점   ❷ 10점

문제 08

이 작품은 점묘주의의 출현을 알린 대표적인 작품 중 하나이다. 1886년 제8회 인상파 전람회에 출품되어 이목을 끌었으며, 파리 근교의 한 섬에서 맑게 갠 여름날을 보내고 있는 시민들의 모습을 담고 있다. 현재 이 작품은 미국의 한 미술관에서 소장하고 있는데 메트로폴리탄 미술관, 보스턴 미술관과 더불어 미국의 3대 미술관으로 꼽히는 곳이다. 이 미술관의 성인 일반 입장료는 얼마인지 검색하시오. (URL은 반드시 해당 미술관의 공식 홈페이지를 기준으로 작성할 것.)

배점 ❶ 10점

제10회 기본모의고사

- 시험과목 : 인터넷정보검색
- 시험일자 : 20XX. X. X(X)
- 수검자 기재사항 및 감독자 확인

수 검 번 호	DII - XXXX -	감독관 확인
성 명		

응시자 유의사항

1. 응시자는 신분증을 지참하여야 시험에 응시할 수 있으며, 시험이 종료될 때까지 신분증을 제시하지 못 할 경우 해당 시험은 0점 처리됩니다.
2. 시스템(PC작동여부, 네트워크 상태 등)의 이상여부를 반드시 확인하여야 하며, 시스템 이상이 있을시 감독위원에게 조치를 받으셔야 합니다.
3. 시험 중 부주의 또는 고의로 시스템을 파손한 경우는 응시자 부담으로 합니다.
4. 답안 전송 프로그램을 통해 다운로드 받은 파일을 이용하여 답안파일을 작성하시기 바랍니다.
5. 작성한 답안 파일은 답안 전송 프로그램을 통하여 전송됩니다. 감독위원의 지시에 따라 주시기 바랍니다.
6. 다음사항의 경우 실격(0점) 혹은 부정행위 처리됩니다.
    1) 답안파일을 저장하지 않았거나, 저장한 파일이 손상되었을 경우
    2) 답안파일을 지정된 폴더(바탕화면 – "KAIT" 폴더)에 저장하지 않았을 경우
        ※ 답안 전송 프로그램 로그인 시 바탕화면에 자동 생성됨
    3) 답안파일을 다른 보조 기억장치(USB) 혹은 네트워크(메신저, 게시판 등)로 전송할 경우
    4) 휴대용 전화기 등 통신기기를 사용할 경우
7. 시험지에 제시된 글꼴이 응시 프로그램에 없는 경우, 반드시 감독위원에게 해당 내용을 통보한 뒤 조치를 받아야 합니다.
8. 시험의 완료는 작성이 완료된 답안을 저장하고, 답안 전송이 완료된 상태를 확인한 것으로 합니다. 답안 전송 확인 후 문제지는 감독위원에게 제출한 후 퇴실하여야 합니다.
9. 답안전송이 완료된 경우에는 수정 또는 정정이 불가능합니다.
10. 시험시행 후 결과는 홈페이지(www.ihd.or.kr)에서 확인하시기 바랍니다.
    1) 문제 및 모범답안 공개 : 20XX. XX. XX(X)
    2) 성적 공개 : 20XX. XX. XX(X)

디지털정보활용능력 - 인터넷정보검색

시험시간 : 40분

유의사항

- 답안지 파일에 수검번호, 성명을 정확히 기재하여 주십시오.
- 답안지의 URL란에는 반드시 정답의 내용이 나타나는 웹 페이지의 절대경로를 기재하고, 한 개의 URL만 기재하십시오.
  (만일 프레임구조의 웹 페이지에서 주소 표시줄에 나타나는 URL만으로는 정답이 위치한 하부의 페이지를 찾을 수 없을 경우 정답으로 인정하지 않음)
  ※ 절대경로란? : 해당 웹 페이지에서 마우스 오른쪽 버튼을 클릭한 후 [등록 정보] 또는 [속성] 항목을 선택한 화면에 나타나는 주소(URL)
- 검색엔진의 '웹페이지' 검색에서 [미리보기]에 해당하는 URL을 기재한 경우 오답 처리됩니다.
- 회원가입 및 등업 후 내용 확인이 가능한 포털의 카페, 블로그, 지식검색, 댓글, 소셜 네트워크 등의 URL은 정답으로 인정되지 않습니다.
- 첨부파일에서 답안을 찾은 경우 첨부파일까지의 URL을 정확히 기재하지 않은 경우 오답 처리됩니다.
  (예 : http://www.ihd.or.kr/aa.hwp - 정답)

문제 01

페르디난트 2세의 반 종교개혁에 대해 독일에서 시작되어 유럽의 여러 나라들이 참전한 (①) 전쟁의 결과, 유럽에서는 종교의 정치적 개입을 최소화시키면서 신성로마제국과 카톨릭 교회의 세력을 급속도로 무너뜨렸으며, 반대로 유럽의 근대화와 절대주의 국가의 발전에 지대한 영향을 미쳤다. 또한 이 (①) 전쟁을 마무리 짓기 위하여 체결한 (②) 조약으로 인해 종교의 자유가 주어졌으며, 스위스와 네덜란드를 독립시키면서 에스파냐의 서유럽 영향권을 약화시킨 대신, 프랑스의 영향력이 강화되었다.

배점 ❶ 10점 ❷ 10점

문제 02

이것은 현존하는 금속 활자를 이용한 가장 오래된 인쇄물이며, 한 스님이 선불교에서 전해져 내려오는 여러 이야기를 모아 만든 책이다. 현재 하권만 프랑스 파리에 있는 국립 도서관 문헌실에 보관되어 있으며 우왕 4년(1378년)에 취암사에서 간행한 목판본은 상, 하권 모두 온전하게 국립중앙도서관에 보존되고 있다. 독일과 프랑스는 이것이 세계에서 가장 오래된 금속 활자본이란 사실을 쉽게 인정하지 않았으나 우리나라의 끈질긴 연구와 자료 수집 끝에 2001년 9월 유네스코 세계 기록 유산으로 등재되었다. 이 책의 이름은?

배점 ❶ 10점

문제 03

이것은 아파트, 공원 등 도시생활공간의 설계 단계부터 범죄를 예방할 수 있도록 다양한 안전시설 및 수단을 적용한 도시계획 및 건축설계를 의미하는 것으로 우리나라에서는 2005년에 처음으로 경기도 부천시가 일반 주택단지를 이것의 시범지역으로 지정하여 시행한 결과 이 지역의 범죄 발생률이 시행 이전보다 줄어들어 이것의 효과를 입증하고 있다. 지하 주차장 내 여성 전용 주차공간을 건물 출입문에 가깝게 배치하는 것, 아파트나 다세대 주택 밖의 가스배관을 사람이 오를 수 없게 미끄러운 재질로 만드는 것 등이 이것의 대표적인 사례이다. 이것의 명칭은?

배점 ❶ 10점

문제 04

산타클로스는 크리스마스 이브에 착한 일을 한 아이들에게 선물을 가져다준다는 전설에서 유래하였으며, 산타클로스라는 말은 270년 소아시아 지방 리키아의 파타라시에서 출생한 세인트(성) 니콜라스의 이름에서 유래되었다. 산타클로스의 빨간 복장은 이 광고 후 지금의 모습으로 완성되었다. 또한 산타 마을은 세계 여러 곳에 있으나 핀란드의 로바니에미가 가장 유명하다. 이 광고의 명칭은?

배점 ❶ 10점

문제 05

이것은 정서나 대인관계가 불안정하고 충동적인 특징을 갖는 인격장애를 말하는 것으로 스스로나 타인에 대한 평가가 일관되지 않고 변화무쌍한 모습을 보이는 것이 특징이다. 이것은 취약한 유전적인 요인과 병리를 유발시키는 일련의 관계 경험이 상호작용하는 것으로, 평생 유병률은 1.5% 이내로 알려져 있다. 이것의 치료에는 정신치료와 인지행동치료, 약물치료가 있다. 이것은 환자가 정신치료를 통하여 치료자와 안정적이고 믿을 수 있는 인간관계를 발전시킴으로써 호전될 수 있다. 이것의 명칭은?

배점 ❶ 10점

디지털정보활용능력 - 인터넷정보검색 시험시간 : 40분

문제 06

이것은 열대 및 아열대 지역의 해안이나 하구에 있는 진흙 지대에 생기는 상록관목 또는 교목 식물을 통틀어 말한다. 이것은 염화나트륨(NaCl)을 다량으로 포함하여 흡수력이 크고, 종류로는 지주근을 내는 것과 땅속에서 여러 모양의 호흡근을 내는 것도 있으며, 뿌리에는 통기 조직이 발달하여 뿌리의 호흡근에서 필요한 산소의 일부를 취한다. 이것의 과실은 처음부터 친목에 붙은 채 발아하고, 떨어져서는 진흙 속에 꽂혀 바로 발근하기 때문에 파도에 쓸려가지 않고 그 장소에서 생장할 수 있다. 이것의 명칭은?

배점 ❶ 10점

문제 07

(①)은/는 동맥경화로 인해 혈관 내벽이 좁아진 상태에서 응고된 혈액이 혈관을 막아 발생하는 것으로, 혈액 공급의 차단 때문에 뇌 조직이 파괴되어 여러 가지 증상을 초래한다. (①)의 사망률은 뇌출혈보다는 낮으나 재발률은 높은 편이다. (②)은/는 뇌혈관이 아닌 다른 부위에서 생긴 핏덩어리 또는 괴사된 조직이 혈류를 따라서 이동하다가 뇌동맥에서 혈관을 막아 발생한다. (②)은/는 신체의 다른 부위의 병이 원인이 되어 일어나는 것으로, 젊은 사람에게 비교적 많이 발생한다.

배점 ❶ 10점   ❷ 10점

문제 08

앨런 튜링은 2차 세계대전에서 연합군이 승리할 수 있도록 결정적으로 기여했다는 평가를 받는다. 특히 한 독일인에 의해 처음 발명된 기계이며, 세계에서 가장 해결하기 어려운 암호체계를 무너뜨리는데 큰 공을 세웠다. 앨런 튜링이 발표한 논문에서 처음 소개한 이 시험방법은 기계가 인간처럼 의식을 갖고 있는지, 혹은 독자적인 사고를 할 수 있는지 판별할 수 있는지를 확인할 수 있는 기준이 되었다. 이 시험방법의 명칭은 무엇인가?

배점 ❶ 10점

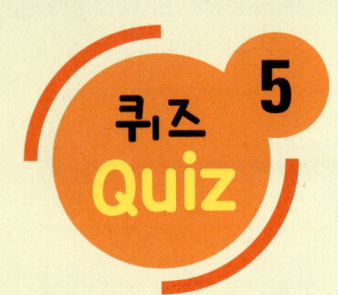

각 문제의 설명을 읽고 가로·세로에 알맞은 단어로 표를 만들어 보세요.

문제 1 **가로** | 외떡잎식물 벼목 화본과의 여러해살이풀로 높이 1~1.5m이며, 잎은 잎은 납작하고 줄 모양 바소꼴이며 길이 30~50cm, 나비 약 15mm이다. 학명은 Phaenosperma globosa이다. 이 식물의 이름은 무엇인가?

문제 2 **세로** | '산이 높고 물이 길다'는 뜻으로, 군자나 어진 사람의 덕이 후세에 길이길이 전해진다는 사자성어는 무엇인가?

문제 3 **가로** | '다루기 쉬운 사람'을 놀림조로 이르는 우리말은 무엇인가?

문제 4 **가로** | '위에 있는 푸른 하늘은 속이기 어렵다'라는 의미의 사자성어는 무엇인가?

문제 5 **세로** | '사람이나 동물의 창자'를 낮잡아 이르는 우리말은 무엇인가?

정약용은 7세부터 시를 쓰고 10세에 시문을 모은 문집을 만들기도 했을 정도로 머리가 영특했습니다.

정약용은 15세부터 과거를 위해 공부를 시작해 22세에 성균관에 입학을 하고 28세에 대과에 급제하며 관직 생활을 시작하게 됩니다.

이후 정조의 총애를 받아 여러 직책을 역임하면서 정조의 개혁정책에 많은 도움을 주며 기술적인 능력도 보여 주게 됩니다.

1789년 '배다리'를 설치하게 되는데 배다리란 배를 일정간격으로 두고 그 위에 나무판을 올려 그 위로 사람이 다닐 수 있도록 만든 것으로 정조는 한양에서 자신의 아버지의 무덤을 옮겨 놓은 화성까지 자주 능행을 다니면서 한강을 건너야 하는데 임금은 배를 타고 물을 건너지 않기 때문에 다리를 설치하여 다녔다고 합니다 .

1793년에는 수원화성을 중축하는 일에 참여하면서 수원화성을 설계하고 중축하는 과정에 필요한 거중기를 만들게 됩니다.

거중기는 수원화성을 쌓으면서 무거운 물건을 옮기기 위해 고안한 것으로 도르래의 원리를 이용해 작은 힘으로도 무거운 물건을 들어 올리는 장치로 중국에서 들어온 [기기도설]이라는 책을 참고하여 만들었으며 위에 4개, 아래에 4개의 도르래를 연결하여 아래 도르래에는 물건을 달아매고 양쪽으로 잡아당길 수 있는 끈을 연결하여 물레를 돌려 그 끈을 감으면 물건이 들어 올릴 수 있도록 구성 되어있습니다.

이후 정약용은 1800년에 정조가 갑작스럽게 세상을 떠나면서 힘든 삶이 시작되었는데 1801년에 신유박해로 인해 강진으로 유배를 가면서 정치에서 완전히 떠나게 됩니다. 그러나 유배지에서 유교 경전 및 성리학 등을 연구하면서 최고의 학자로 완성되는 계기가 되며, 1818년 유배에서 풀려 고향집으로 돌아와 그 동안 연구 했던 내용을 당시 현실에 대한 반성 및 발전에 관한 개혁안을 정리하여 [경세유표], [흠흠신서], [목민심서], [일표이서]를 집필하였으며 그 외 500여권에 이르는 책을 집필 하였습니다.

정약용의 실학사상은 지금도 재해석되어지고 있으며 왜 실학사상을 집대성한 최고의 실학자인 말해주고 있습니다.

- 능행 : 임금이 능(묘지)로 움직인다는 뜻
- 신유박해 : 1801년 숙종 1년, 천주교도들을 시해한 천주교 탄압 사건

알아두면 좋아요

'개인 정보'란
살아있는 개인에 대한 정보로서, 이름, 주민등록번호, 주소, 신체정보, 재산정보, 사회적 지위 등 개인을 알아볼 수 있는 모든 정보를 말한다.

개인정보보호법
개인의 동의를 받지 않고 정보를 수집하거나, 활용하는 것을 금지하며, 다른 사람에게 제공 받지 못하도록 하는 내용을 포함하고 있다.

개인정보 피해 예방법
01. 개인 정보 이용 약관을 꼼꼼히 살핀다.

02. 비밀번호를 주기적으로 변경하고, 8자리 이상 문자와 숫자를 조합하여 설정한다.

03. 출처가 불명확하거나 의심이 가는 자료는 내려받지 않는다.

04. P2P로 제공하는 공유 폴더에 개인 정보 파일을 저장하지 않는다.

05. 회원 가입시 주민등록번호 대신 아이핀을 사용한다.

출저 : [네이버 지식백과]

실전모의고사

제 01 회 실전모의고사   제 09 회 실전모의고사

제 02 회 실전모의고사   제 10 회 실전모의고사

제 03 회 실전모의고사   제 11 회 실전모의고사

제 04 회 실전모의고사   제 12 회 실전모의고사

제 05 회 실전모의고사   제 13 회 실전모의고사

제 06 회 실전모의고사   제 14 회 실전모의고사

제 07 회 실전모의고사   제 15 회 실전모의고사

제 08 회 실전모의고사

제 01회 실전모의고사

- 시험과목 : 인터넷정보검색
- 시험일자 : 20XX. X. X(X)
- 수검자 기재사항 및 감독자 확인

수 검 번 호	DII - XXXX -	감독관 확인
성 명		

응시자 유의사항

1. 응시자는 신분증을 지참하여야 시험에 응시할 수 있으며, 시험이 종료될 때까지 신분증을 제시하지 못 할 경우 해당 시험은 0점 처리됩니다.
2. 시스템(PC작동여부, 네트워크 상태 등)의 이상여부를 반드시 확인하여야 하며, 시스템 이상이 있을시 감독위원에게 조치를 받으셔야 합니다.
3. 시험 중 부주의 또는 고의로 시스템을 파손한 경우는 응시자 부담으로 합니다.
4. 답안 전송 프로그램을 통해 다운로드 받은 파일을 이용하여 답안파일을 작성하시기 바랍니다.
5. 작성한 답안 파일은 답안 전송 프로그램을 통하여 전송됩니다. 감독위원의 지시에 따라 주시기 바랍니다.
6. 다음사항의 경우 실격(0점) 혹은 부정행위 처리됩니다.
   1) 답안파일을 저장하지 않았거나, 저장한 파일이 손상되었을 경우
   2) 답안파일을 지정된 폴더(바탕화면 - "KAIT" 폴더)에 저장하지 않았을 경우
      ※ 답안 전송 프로그램 로그인 시 바탕화면에 자동 생성됨
   3) 답안파일을 다른 보조 기억장치(USB) 혹은 네트워크(메신저, 게시판 등)로 전송할 경우
   4) 휴대용 전화기 등 통신기기를 사용할 경우
7. 시험지에 제시된 글꼴이 응시 프로그램에 없는 경우, 반드시 감독위원에게 해당 내용을 통보한 뒤 조치를 받아야 합니다.
8. 시험의 완료는 작성이 완료된 답안을 저장하고, 답안 전송이 완료된 상태를 확인한 것으로 합니다.
   답안 전송 확인 후 문제지는 감독위원에게 제출한 후 퇴실하여야 합니다.
9. 답안전송이 완료된 경우에는 수정 또는 정정이 불가능합니다.
10. 시험시행 후 결과는 홈페이지(www.ihd.or.kr)에서 확인하시기 바랍니다.
    1) 문제 및 모범답안 공개 : 20XX. XX. XX(X)
    2) 성적 공개 : 20XX. XX. XX(X)

디지털정보활용능력 - 인터넷정보검색   시험시간 : 40분

유의사항

- 답안지 파일에 수검번호, 성명을 정확히 기재하여 주십시오.
- 답안지의 URL란에는 반드시 정답의 내용이 나타나는 웹 페이지의 절대경로를 기재하고, 한 개의 URL만 기재하십시오.
  (만일 프레임구조의 웹 페이지에서 주소 표시줄에 나타나는 URL만으로는 정답이 위치한 하부의 페이지를 찾을 수 없을 경우 정답으로 인정하지 않음)
  ※ 절대경로란? : 해당 웹 페이지에서 마우스 오른쪽 버튼을 클릭한 후 [등록 정보] 또는 [속성] 항목을 선택한 화면에 나타나는 주소(URL)
- 검색엔진의 '웹페이지' 검색에서 [미리보기]에 해당하는 URL을 기재한 경우 오답 처리됩니다.
- 회원가입 및 등업 후 내용 확인이 가능한 포털의 카페, 블로그, 지식검색, 댓글, 소셜 네트워크 등의 URL은 정답으로 인정되지 않습니다.
- 첨부파일에서 답안을 찾은 경우 첨부파일까지의 URL을 정확히 기재하지 않은 경우 오답 처리됩니다.
  (예 : http://www.ihd.or.kr/aa.hwp - 정답)

문제 01

팝아트란 우리나라 말로 대중예술을 뜻하는 것으로, 1950년대 후반 미국을 중심으로 일어난 미술의 한 경향을 가리킨다. (①)은/는 '팝아트의 제왕'이라 불리는 앤디워홀과 함께 미국을 대표하는 팝아트 작가로, 우리나라에서는 앤디워홀에 비해 상대적으로 덜 알려진 인물이었다. 그러나 (①)의 대표작 (②)이/가 대기업의 비자금 사건과 연루되어 언론의 관심을 받은 이후, 상당한 유명세를 얻게 되었다. (②)은/는 (①)이/가 1964년에 제작한 것으로, 원화를 그대로 재현한 팝아트의 대표적인 작품이라 할 수 있다.

배점   10점   10점

문제 02

이것은 백화점, 놀이공원 등의 다중이용시설에서 미아 발생 신고가 접수되면 즉각 안내방송과 경보를 발령하고 출입구 봉쇄를 통해 미아 발생을 방지하고 10분 이내에 아동을 찾는 미아 찾기 프로그램으로 미국에서는 2003년에 법으로 제정되어 2012년 현재 모든 연방에서 도입하여 운영 중에 있다. 이것의 원활한 운영을 위해 미국은 2012년 7월부터 18세 미만의 아동과 치매환자, 장애인 등의 실종에 대비해 이들의 지문과 사진 정보를 경찰청 실종자 관리시스템에 등록하는 사전등록제를 운영하고 있다. 이것을 도입한 이후 올 4월까지 총 11,914건의 신고가 접수되어 단 한 건도 빠짐없이 모든 실종 아동을 찾아내는 기록을 내기도 하였다. 이것의 명칭은?

배점 ❶ 10점

문제 03

건강한 생활과 자연 친화적인 생활양식을 가리키는 말인 이것은 2011년 미국 북서부의 중소도시에서 창간된 잡지의 이름에서 유래되었다. 처음에는 500부 정도만을 발행하였으나, 온라인으로 제공되는 웹진이 높은 구독률을 보이며 발행 부수 7만부에 달하는 인기 매체로 거듭나게 되었다. 이 잡지는 창간자 부부가 살고 있는 포틀랜드의 생활상을 반영하고 있는데, 텃밭에서 수확한 유기농 식재료로 만든 밥상으로 이웃들과 담장을 허물고 친밀하게 저녁식사를 나누어 먹는 일상의 소소한 풍경을 보여준다. 이것의 명칭은?

배점 ❶ 10점

문제 04

이것의 어원은 고대 그리스어에서 유래되었다. 중남미 지역을 비롯하여, 유럽, 아프리카, 중앙아시아 등지에 약 50가지 종류가 분포되어 있다. 이것은 슈퍼 푸드로도 잘 알려져 있는데, 특이한 점은 이것을 곡물보다 채소로 섭취할 때, 영양성분이 더 높게 나타난다는 점이다. 이것은 잡곡밥이나 익힌 후 샐러드에 뿌려 먹기도 하며, 시리얼 등을 만들 때도 사용된다. 2014년 9월 평창군에서는 이것의 이름을 붙인 축제를 처음으로 개최하여, 체험행사와 식품 판매 등을 진행하기도 하였다. 이것의 명칭은?

배점 ❶ 10점

문제 05

이것은 인터넷에서 얻은 기존의 정보를 조합하는 차원을 넘어서 새로운 기능이나 목적에 따라 가공하여 다른 정보를 만들어내는 것을 일컫는 용어이다. 이것은 패러디와 유사한 개념이지만 패러디가 기존 작품의 가치를 훼손하지 않는 것에 비해 이것은 주어진 정보에서 불필요한 부분을 빼거나 새로운 내용을 덧붙여 기존의 정보와는 전혀 다른 작품으로 탈바꿈시킬 수도 있다는 점에서 패러디보다 영역이 넓고 형태도 다양한 것이 특징이다. 인터넷 소설을 각색해 새로운 소설로 만드는 것이나 기존의 문자나 동영상 정보를 새롭게 편집해 재구성하는 것 등이 이것에 속한다. 이것의 명칭은?

배점 ❶ 10점

디지털정보활용능력 - 인터넷정보검색   시험시간 : 40분

문제 06

세계전기자동차전시회에서 미국의 한 기업이 전원 케이블을 연결하지 않고도 전기차를 충전하는 이것의 신기술을 선보여 화제가 되었다. 이것은 케이블 없이 무선 어댑터만으로 인터넷에 접속할 수 있는 것에 비유하여 붙여진 이름으로, 일정한 공간 안에서 전선 없이 전력을 공급받을 수 있는 기술을 말한다. 이것에는 스마트폰 무선 충전에 활용되는 자기유도 방식, 전기차, 고속철 등에 활용이 추진되고 있는 자기공진 방식, 우주 태양광발전에 활용하기 위해 기술을 개발 중인 원거리 마이크로파 방식 등이 있다. 이것의 명칭은?

배점 ❶ 10점

문제 07

(①)은/는 열대와 온대가 교차하는 생태적 가치가 높은 섬으로, 태평양과 동중국해의 경계에 위치하고 있다. (①)은/는 높이에 따라 아열대식물에서 냉온대식물 등 다양한 생태계를 볼 수 있는 곳으로, 산 정상에는 고산식물, 산 중턱에는 삼나무숲, 낮은 지대에는 상록수림이 우거져 있다. 사슴, 원숭이 등 다양한 동물들도 서식하고 있는 (①)은/는 몇 천 년에 이르는 생태계와 생물학적 다양성, 경관의 아름다움 등으로 그 보존가치를 인정받아 (②)년에 세계자연유산으로 지정되기도 하였다.

배점 ❶ 10점   ❷ 10점

문제 08

이 사람은 영국의 옥스퍼드 칼리지에서 박사학위를 수료하였고, 27세에 최연소 하버드대학교 교수가 되었다. 이 사람은 존 롤스의 정의론을 비판하는 책을 발표하면서 세계적인 명성을 얻기 시작하였으며, 특히 이 사람의 수업은 20년간 수강생이 1만 5천명에 달할 만큼 학생들 사이에서 최고의 명강의로 손꼽힌다. 대학에서도 능력을 인정하여 강의가 열리는 홀에 이 사람의 이름을 붙이기도 하였다. 이 사람은 우리나라에서도 2005년과 2010년 초청되어 강연을 하기도 하였다. 이 사람은 누구인가?

배점 ❶ 10점

제 02 회 실전모의고사

- 시험과목 : 인터넷정보검색
- 시험일자 : 20XX. X. X(X)
- 수검자 기재사항 및 감독자 확인

수 검 번 호	DII - XXXX -	감독관 확인
성 명		

응시자 유의사항

1. 응시자는 신분증을 지참하여야 시험에 응시할 수 있으며, 시험이 종료될 때까지 신분증을 제시하지 못 할 경우 해당 시험은 0점 처리됩니다.
2. 시스템(PC작동여부, 네트워크 상태 등)의 이상여부를 반드시 확인하여야 하며, 시스템 이상이 있을시 감독위원에게 조치를 받으셔야 합니다.
3. 시험 중 부주의 또는 고의로 시스템을 파손한 경우는 응시자 부담으로 합니다.
4. 답안 전송 프로그램을 통해 다운로드 받은 파일을 이용하여 답안파일을 작성하시기 바랍니다.
5. 작성한 답안 파일은 답안 전송 프로그램을 통하여 전송됩니다. 감독위원의 지시에 따라 주시기 바랍니다.
6. 다음사항의 경우 실격(0점) 혹은 부정행위 처리됩니다.
    1) 답안파일을 저장하지 않았거나, 저장한 파일이 손상되었을 경우
    2) 답안파일을 지정된 폴더(바탕화면 – "KAIT" 폴더)에 저장하지 않았을 경우
        ※ 답안 전송 프로그램 로그인 시 바탕화면에 자동 생성됨
    3) 답안파일을 다른 보조 기억장치(USB) 혹은 네트워크(메신저, 게시판 등)로 전송할 경우
    4) 휴대용 전화기 등 통신기기를 사용할 경우
7. 시험지에 제시된 글꼴이 응시 프로그램에 없는 경우, 반드시 감독위원에게 해당 내용을 통보한 뒤 조치를 받아야 합니다.
8. 시험의 완료는 작성이 완료된 답안을 저장하고, 답안 전송이 완료된 상태를 확인한 것으로 합니다.
    답안 전송 확인 후 문제지는 감독위원에게 제출한 후 퇴실하여야 합니다.
9. 답안전송이 완료된 경우에는 수정 또는 정정이 불가능합니다.
10. 시험시행 후 결과는 홈페이지(www.ihd.or.kr)에서 확인하시기 바랍니다.
    1) 문제 및 모범답안 공개 : 20XX. XX. XX(X)
    2) 성적 공개 : 20XX. XX. XX(X)

디지털정보활용능력 - 인터넷정보검색

시험시간 : 40분

유의사항

- 답안지 파일에 수검번호, 성명을 정확히 기재하여 주십시오.
- 답안지의 URL란에는 반드시 정답의 내용이 나타나는 웹 페이지의 절대경로를 기재하고, 한 개의 URL만 기재하십시오.
  (만일 프레임구조의 웹 페이지에서 주소 표시줄에 나타나는 URL만으로는 정답이 위치한 하부의 페이지를 찾을 수 없을 경우 정답으로 인정하지 않음)
  ※ **절대경로란?** : 해당 웹 페이지에서 마우스 오른쪽 버튼을 클릭한 후 [등록 정보] 또는 [속성] 항목을 선택한 화면에 나타나는 주소(URL)
- 검색엔진의 '웹페이지' 검색에서 [미리보기]에 해당하는 URL을 기재한 경우 오답 처리됩니다.
- 회원가입 및 등업 후 내용 확인이 가능한 포털의 카페, 블로그, 지식검색, 댓글, 소셜 네트워크 등의 URL은 정답으로 인정되지 않습니다.
- 첨부파일에서 답안을 찾은 경우 첨부파일까지의 URL을 정확히 기재하지 않은 경우 오답 처리됩니다.
  (예 : http://www.ihd.or.kr/aa.hwp – 정답)

문제 01

미국의 은행제도인 (①)은/는 통화금융정책에 대한 결정 및 수행, 은행 및 금융기관에 대한 감독과 규제, 금융 시스템의 안정성 유지, 미정부와 대중, 금융기관 등에 대한 금융 서비스 제공 등의 기능을 담당한다. (①)의 주요기관 중 (②)은/는 통화 및 금리정책을 결정하는 기구로, 총 12명의 위원으로 구성된다. (②)은/는 공개시장조작의 수립과 집행, 외환보유액의 운영을 책임지며, 매월 공개시장조작에 대한 정책보고서를 발표한다. (②)은/는 우리나라 한국은행의 금융통화위원회와 비슷한 역할을 담당한다.

배점 10점   ❷ 10점

문제 02

이것은 정치인과 트위터 사용자의 합성어로 SNS 시대에 등장한 용어이다. 이것은 트위터 등 SNS에서 정치 현안이나 정치인에 대해 적극적으로 의견을 개진하며 영향력을 행사하는 네티즌을 일컫는 말로 자신의 정치적인 성향을 숨김없이 그대로 드러내기 때문에 특정 후보를 지지하거나 비난하는 사례도 발생하기도 한다. 우리나라에서는 2012년 19대 총선에서 중앙선거관리위원회가 인터넷 선거 운동을 허용한 이후부터 활성화가 되기 시작하였다. 이것의 명칭은?

배점 10점

문제 03

이것은 특정한 사물, 행태, 개념과 같은 것을 쉽게 알아볼 수 있도록 만든 그림문자를 뜻한다. 이것은 의미하고 있는 내용을 사용하고 있는 언어를 초월하여 직관적으로 이해할 수 있도록 표현되어야 하므로 단순하고 의미가 명료해야 한다. 이것이 가장 먼저 발달한 곳은 미국으로 교통 표지 매뉴얼에 사용되었다. 한편, 국제표준화기구에서는 국가별로 다르게 사용해 온 이것을 표준화하는 일을 하고 있는데 이 중에는 한국에서 제안한 '애완동물 금지', '음식물 반입 금지' 등 30여 개가 국제표준으로 채택되어 있다. 이것의 명칭은?

배점 ❶ 10점

문제 04

이것은 도심 지역의 높은 토지 가격 및 대기오염, 교통 혼잡 등의 여러 문제들로 인하여 주거환경이 악화됨에 따라 상주인구 밀도가 감소하는 현상을 말한다. 도시화가 진행될수록 도심 지역은 상업기관과 공공기관 등의 중추 관리 기능이 밀집하게 되고 일반 주택은 도시 외곽으로 빠져나가게 되어 이것을 유발시킨다. 이것으로 도심 지역의 직장과 교외에 있는 집의 거리가 멀어지는 직주분리가 나타나는데, 심해지면 출퇴근 등으로 교통난이 가중되고 능률이 떨어져 다시 도심 지역으로 돌아오는 현상이 발생하기도 한다. 이것의 명칭은?

배점 ❶ 10점

문제 05

2017년 5월 30일에 촬영된 토성의 달인 이아페투스 모습은 2017년 9월 15일에 토성 대기권으로 진입하여 산화된 토성 탐사선인 카시니호가 남긴 마지막 유작으로, 미 항공 우주국은 이것의 제목으로 2017년 9월 18일자로 사이트에 공개했다. 이아페투스는 마치 두 얼굴을 가진 듯 음양이 뚜렷하며, 지름이 1,471km로 토성의 중심에서 약 3,560,000km 떨어져 있다. 표면은 얼음으로 덮여 있으며 군데군데 크레이터와 적도 부근에 위치한 거대한 주름으로 인해 멀리서 보면 호두처럼 보이는 얼굴이다. 미 항공우주국에서 이아페투스 모습을 공개하면서 붙인 제목의 명칭은? (반드시 영문으로 쓰시오.)

배점 ❶ 10점

디지털정보활용능력 - 인터넷정보검색　시험시간 : 40분

문제 06

이것은 16세기 영국에서 활동하던 어느 재무관이 제창한 화폐 유통 법칙을 말하는 것으로 소재의 가치가 서로 다른 화폐가 동일한 액면가의 화폐로 유통될 경우, 소재의 가치가 높은 화폐는 사라지고 소재의 가치가 낮은 화폐만 유통되는 현상을 뜻한다. 예를 들어 금화와 은화가 동일 가치의 화폐로 유통되는 경우, 금화는 유통시장에서 사라지고 상대적으로 가치가 낮은 은화만이 유통되는 것을 의미한다. 주화가 아닌 신용화폐를 중심으로 이루어지는 오늘날에 이것은 역사적 사실의 뜻밖에 지니고 있지 않다. 이것의 명칭은?

배점　❶ 10점

문제 07

(①)은/는 동태평양 적도 부근 해수면의 온도가 5~6개월 이상 평년보다 0.5℃ 이상 높은 상태가 지속되는 것을 말한다. (①)이/가 발생하여 동태평양 쪽의 바닷물 온도가 높아지면 공기가 동태평양에서 서태평양으로 흘러 이 지역의 정상적인 해수와 공기의 흐름이 왜곡되면서 세계 곳곳에 가뭄, 홍수, 고온, 저온 등의 기상이변을 일으킨다. 이와는 반대로 (②)은/는 적도 무역풍이 평년보다 강해져 찬 해수의 용승 현상으로 동태평양의 적도 부근 해수면의 온도가 평년보다 낮아지는 현상을 말한다.

배점　❶ 10점　　❷ 10점

문제 08

이것은 각 분야의 전문적인 지식이나 서비스를 가진 전문가들이 공익 차원에서 사회적 약자를 돕는 공익활동을 통칭하는 용어로, 법조계에서 경제적으로 여유가 없는 사람들에 대해 무보수로 변론이나 자문을 해주는 활동에서 기인되었다. 미국의 변호사협회에서는 1993년부터 모든 변호사에게 연간 최소 50시간을 공익활동에 봉사할 것을 의무화하고 있다. 또한 우리나라의 경우에도 2001년 7월 개정된 변호사법에 따라 국내 변호사들에게 연간 20시간의 공익활동을 의무화하고 있다. 이것의 명칭은?

배점　❶ 10점

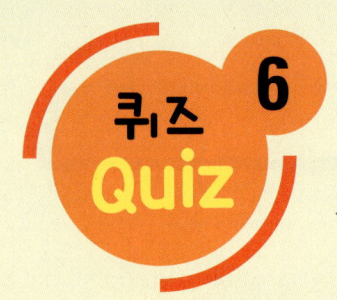

Quiz 6

각 문제의 설명을 읽고 가로·세로에 알맞은 단어로 표를 만들어 보세요.

①		④		
②				
	⑤			
③				

문제 1 가로 | '푸대접으로 주는 음식'을 의미하는 사자성어는 무엇인가?

문제 2 세로 | '사람들에게 해가 되는 악을 제거하고 선함을 가져옴'을 이르는 사자성어는 무엇인가?

문제 3 가로 | '어떤 일을 하는 데에 권세 있는 사람에게 부탁하여 그 힘을 빌리는 일'을 이르는 우리말은 무엇인가?

문제 4 세로 | '차분하고 탐탁한 모양'을 이르는 우리말은 무엇인가?

문제 5 가로 | 음력 정월 초순이나 보름 무렵에 마을 어귀나 큰 삼거리에서 올리는 마을 공동 제사의 이름은 무엇인가?

제03회 실전모의고사

- 시험과목 : 인터넷정보검색
- 시험일자 : 20XX. X. X(X)
- 수검자 기재사항 및 감독자 확인

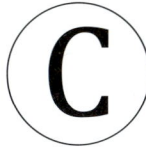

수 검 번 호	DII - XXXX -	감독관 확인
성 명		

응시자 유의사항

1. 응시자는 신분증을 지참하여야 시험에 응시할 수 있으며, 시험이 종료될 때까지 신분증을 제시하지 못 할 경우 해당 시험은 0점 처리됩니다.
2. 시스템(PC작동여부, 네트워크 상태 등)의 이상여부를 반드시 확인하여야 하며, 시스템 이상이 있을시 감독위원에게 조치를 받으셔야 합니다.
3. 시험 중 부주의 또는 고의로 시스템을 파손한 경우는 응시자 부담으로 합니다.
4. 답안 전송 프로그램을 통해 다운로드 받은 파일을 이용하여 답안파일을 작성하시기 바랍니다.
5. 작성한 답안 파일은 답안 전송 프로그램을 통하여 전송됩니다. 감독위원의 지시에 따라 주시기 바랍니다.
6. 다음사항의 경우 실격(0점) 혹은 부정행위 처리됩니다.
    1) 답안파일을 저장하지 않았거나, 저장한 파일이 손상되었을 경우
    2) 답안파일을 지정된 폴더(바탕화면 – "KAIT" 폴더)에 저장하지 않았을 경우
        ※ 답안 전송 프로그램 로그인 시 바탕화면에 자동 생성됨
    3) 답안파일을 다른 보조 기억장치(USB) 혹은 네트워크(메신저, 게시판 등)로 전송할 경우
    4) 휴대용 전화기 등 통신기기를 사용할 경우
7. 시험지에 제시된 글꼴이 응시 프로그램에 없는 경우, 반드시 감독위원에게 해당 내용을 통보한 뒤 조치를 받아야 합니다.
8. 시험의 완료는 작성이 완료된 답안을 저장하고, 답안 전송이 완료된 상태를 확인한 것으로 합니다.
    답안 전송 확인 후 문제지는 감독위원에게 제출한 후 퇴실하여야 합니다.
9. 답안전송이 완료된 경우에는 수정 또는 정정이 불가능합니다.
10. 시험시행 후 결과는 홈페이지(www.ihd.or.kr)에서 확인하시기 바랍니다.
    1) 문제 및 모범답안 공개 : 20XX. XX. XX(X)
    2) 성적 공개 : 20XX. XX. XX(X)

식별CODE

디지털정보활용능력 - 인터넷정보검색 시험시간 : 40분

유의사항
- 답안지 파일에 수검번호, 성명을 정확히 기재하여 주십시오.
- 답안지의 URL란에는 반드시 정답의 내용이 나타나는 웹 페이지의 절대경로를 기재하고, 한 개의 URL만 기재하십시오.
  (만일 프레임구조의 웹 페이지에서 주소 표시줄에 나타나는 URL만으로는 정답이 위치한 하부의 페이지를 찾을 수 없을 경우 정답으로 인정하지 않음)
  ※ **절대경로란?** : 해당 웹 페이지에서 마우스 오른쪽 버튼을 클릭한 후 [등록 정보] 또는 [속성] 항목을 선택한 화면에 나타나는 주소(URL)
- 검색엔진의 '웹페이지' 검색에서 [미리보기]에 해당하는 URL을 기재한 경우 오답 처리됩니다.
- 회원가입 및 등업 후 내용 확인이 가능한 포털의 카페, 블로그, 지식검색, 댓글, 소셜 네트워크 등의 URL은 정답으로 인정되지 않습니다.
- 첨부파일에서 답안을 찾은 경우 첨부파일까지의 URL을 정확히 기재하지 않은 경우 오답 처리됩니다.
  (예 : http://www.ihd.or.kr/aa.hwp - 정답)

문제 01

(①)은/는 일반적으로 네트워크의 규모가 증가함에 따라 그에 따른 비용은 직선적으로 증가하지만 네트워크의 가치는 비용을 넘어 기하급수적으로 증가한다는 법칙을 말한다. (①)은/는 네트워크의 가치는 참여자 수의 제곱에 비례한다는 것으로 (②) 등과 함께 인터넷 비즈니스의 특징을 설명하는 인터넷 경제 3원칙을 이룬다. (②)은/는 마이크로칩에 저장할 수 있는 데이터의 양이 18개월마다 2배씩 증가한다는 법칙으로 마이크로칩 기술의 발전 속도를 나타내는 법칙을 말한다.

배점 ❶ 10점   ❷ 10점

문제 02

이것은 남아메리카 인디오인 원주민의 언어로 '피리'를 뜻하는 관악기이다. 마디가 있는 식물의 줄기나 대나무로 만들기도 하며, 길이는 30cm에서부터 2m가 넘는 것이 있을 정도로 다양하다. 이것은 크게 두 종류로 나눌 수 있는데 하나는 북을 치는 연주자가 동시에 연주하는 구멍이 3개 뚫린 피리이며, 다른 하나는 여러 크기의 이 관악기와 어우러져 연주하는 구멍이 5~7개인 피리이다. 현재에도 다양한 상황에서 연주되고 있는데, 11월의 만성절부터 2~3월에 열리는 사육제까지 연주되며 가톨릭 축일 행사에서 중요한 역할을 한다. 이것의 명칭은?

배점 ❶ 10점

디지털정보활용능력 - 인터넷정보검색   시험시간 : 40분

문제 03

눈이 많은 지역의 주민들이 겨울에 신발에 덧대어 신는 물건인 이것은 눈이 깊게 쌓이거나 비탈진 곳에서도 미끄러지거나 빠지는 일 없이 잘 다닐 수 있게 해준다. 10년쯤 자란 물푸레나무 혹은 다래덤불 등으로 만드는데, 껍질을 벗기고 다듬은 다음 뜨거운 물에 담가 구부려 만든다. 이것은 우리나라뿐만 아니라 일본을 비롯하여 북극지방의 에스키모와 북미대륙의 원주민들도 이용하였다. 특히 이들 원주민의 이것은 크고 둥글며 바닥 그물이 촘촘하다. 이것의 명칭은?

배점 ❶ 10점

문제 04

이것은 영화나 드라마를 제작할 때 각 장면에 사용될 소품을 적절한 장소에 배치하는 것을 의미하는 말이었으나 최근에는 마케팅 수단으로 영화나 드라마에 특정 기업의 상품을 배치하여 자연스럽게 제품을 홍보하는 의미로 쓰이고 있다. 이것은 특정 기업의 협찬을 대가로 영화나 드라마에서 기업의 상품이나 브랜드 이미지를 끼워 넣는 홍보 전략이며, 최근에는 영화나 드라마뿐만 아니라 케이블 TV의 전 프로그램에 걸쳐 활용되고 있다. 하지만 과도한 이것으로 방송에 대한 몰입을 방해한다는 지적도 있다. 이것의 명칭은?

배점 ❶ 10점

문제 05

이것은 쉽게 인지할 수 없는 무의식적 자극을 가함으로써 사람의 잠재의식에 영향을 주는 것을 말한다. 실제로 미국의 영화관에서 한 전문가가 찰나의 순간에 글자나 그림을 보여주는 장치를 사용하여 상영되고 있는 영화에 메시지를 끼워 넣었다. 그것은 콜라와 팝콘을 구입하라는 것이었는데, 영화가 끝나고 난 뒤 판매량이 눈에 띄게 증가하였다. 비록 이 실험에는 몇 가지 허점이 발견되어 명확히 증명되지는 못했지만, 미디어가 사람을 조종할 수 있음을 각인시켰다는 데 의의가 있다. 이것의 명칭은?

배점 ❶ 10점

이것은 설비투자의 동향을 설명하거나 기업의 가치평가에 이용되는 지표를 말하는 것으로, 주식시장에서 평가된 기업의 시장가치인 시가총액을 기업 실물자본의 대체비용인 순자산가치로 나눈 값이다. 기업은 이것의 비율이 1보다 크면 투자를 늘리려 하고 반대로 1보다 작으면 투자를 중지하려고 한다. 이것은 일반인들이 주식투자를 위해 기업을 분석할 때 활용되기도 하는데 이것의 비율이 높다는 것은 그 기업의 가치가 주식시장에서 과대평가되고 있음을 의미하고 그 반대인 경우에는 과소평가되어 있음을 의미한다. 이것의 명칭은?

배점 ❶ 10점

(①)은/는 기존 전통적인 수업 방식과는 달리 온라인을 통하여 교수가 제공한 강연 영상 등으로 선행학습한 후 오프라인 강의실에서는 교수와 토론이나 과제 풀이를 진행하는 형태의 수업 방식을 말한다. (②)은/는 온라인 학습과 오프라인 학습의 장점을 결합한 혼합형 학습 형태로, 집합 교육을 중심으로 온라인 교육을 보완하거나 자율 학습 방식에 온라인 협동 학습을 접목하는 방식 등이 있다. (②)은/는 학습 효과를 극대화하고, 교육 시간 및 비용의 최적화를 가능하게 하는 장점이 있다.

배점 ❶ 10점　　❷ 10점

이것은 중국의 최대 전자상거래 업체가 개발한 결제 시스템 또는 회사를 말하는 것으로, 2004년 처음으로 출시되었다. 소비자들이 이것에 가입하고 은행 계좌와 신용카드를 연동시키면 인터넷이나 스마트폰으로 송금, 결제, 펀드 가입, 대출 등의 업무를 처리할 수 있다. 이것은 중국 전자 결제 시장의 50%를 점유하고 있으며, 모바일 결제 시장의 약 80%를 점유하고 있다. 이것은 국내 결제 대행업체 이니시스와도 제휴하고 있으며, 유럽에서도 이것을 통한 모바일 결재 서비스를 이용할 수 있게 될 전망이다. 이것의 명칭은?

배점 ❶ 10점

제 04 회 실전모의고사

- 시험과목 : 인터넷정보검색
- 시험일자 : 20XX. X. X(X)
- 수검자 기재사항 및 감독자 확인

수 검 번 호	DII - XXXX -	감독관 확인
성 명		

응시자 유의사항

1. 응시자는 신분증을 지참하여야 시험에 응시할 수 있으며, 시험이 종료될 때까지 신분증을 제시하지 못 할 경우 해당 시험은 0점 처리됩니다.
2. 시스템(PC작동여부, 네트워크 상태 등)의 이상여부를 반드시 확인하여야 하며, 시스템 이상이 있을시 감독위원에게 조치를 받으셔야 합니다.
3. 시험 중 부주의 또는 고의로 시스템을 파손한 경우는 응시자 부담으로 합니다.
4. 답안 전송 프로그램을 통해 다운로드 받은 파일을 이용하여 답안파일을 작성하시기 바랍니다.
5. 작성한 답안 파일은 답안 전송 프로그램을 통하여 전송됩니다. 감독위원의 지시에 따라 주시기 바랍니다.
6. 다음사항의 경우 실격(0점) 혹은 부정행위 처리됩니다.
    1) 답안파일을 저장하지 않았거나, 저장한 파일이 손상되었을 경우
    2) 답안파일을 지정된 폴더(바탕화면 – "KAIT" 폴더)에 저장하지 않았을 경우
        ※ 답안 전송 프로그램 로그인 시 바탕화면에 자동 생성됨
    3) 답안파일을 다른 보조 기억장치(USB) 혹은 네트워크(메신저, 게시판 등)로 전송할 경우
    4) 휴대용 전화기 등 통신기기를 사용할 경우
7. 시험지에 제시된 글꼴이 응시 프로그램에 없는 경우, 반드시 감독위원에게 해당 내용을 통보한 뒤 조치를 받아야 합니다.
8. 시험의 완료는 작성이 완료된 답안을 저장하고, 답안 전송이 완료된 상태를 확인한 것으로 합니다.
   답안 전송 확인 후 문제지는 감독위원에게 제출한 후 퇴실하여야 합니다.
9. 답안전송이 완료된 경우에는 수정 또는 정정이 불가능합니다.
10. 시험시행 후 결과는 홈페이지(www.ihd.or.kr)에서 확인하시기 바랍니다.
    1) 문제 및 모범답안 공개 : 20XX. XX. XX(X)
    2) 성적 공개 : 20XX. XX. XX(X)

디지털정보활용능력 - 인터넷정보검색

시험시간 : 40분

유의사항
- 답안지 파일에 수검번호, 성명을 정확히 기재하여 주십시오.
- 답안지의 URL란에는 반드시 정답의 내용이 나타나는 웹 페이지의 절대경로를 기재하고, 한 개의 URL만 기재하십시오. (만일 프레임구조의 웹 페이지에서 주소 표시줄에 나타나는 URL만으로는 정답이 위치한 하부의 페이지를 찾을 수 없을 경우 정답으로 인정하지 않음)
  - ※ **절대경로란?** : 해당 웹 페이지에서 마우스 오른쪽 버튼을 클릭한 후 [등록 정보] 또는 [속성] 항목을 선택한 화면에 나타나는 주소(URL)
- 검색엔진의 '웹페이지' 검색에서 [미리보기]에 해당하는 URL을 기재한 경우 오답 처리됩니다.
- 회원가입 및 등업 후 내용 확인이 가능한 포털의 카페, 블로그, 지식검색, 댓글, 소셜 네트워크 등의 URL은 정답으로 인정되지 않습니다.
- 첨부파일에서 답안을 찾은 경우 첨부파일까지의 URL을 정확히 기재하지 않은 경우 오답 처리됩니다.
  (예 : http://www.ihd.or.kr/aa.hwp – 정답)

문제 01

(①)은/는 에너지를 생산하는 공장으로 불리며, 세포를 구성하는 하나의 소기관으로 (②)에 관여한다. (①)은/는 우리 몸속에 들어오는 음식물을 통해서 에너지원인 ATP(아데노신삼인산)를 합성하는 아주 중요한 역할을 한다. 또한 제대로 기능을 하지 못하는 세포가 암세포나 다른 세포로 변이되는 것을 막아주는 역할도 한다. 에너지원인 탄수화물, 단백질, 지방 등을 분해하여 ATP(아데노신삼인산)의 형태로 에너지를 얻고 이산화탄소와 물을 배출하는 과정을 (②)라고/이라고 한다.

배점 ❶ 10점   ❷ 10점

문제 02

이것은 부유한 사람은 더욱 부유해지고 가난한 사람은 더욱 가난해지는 현상으로 부익부 빈익빈 현상을 뜻하는 용어이다. 미국 사회학자 로버트 킹 머튼이 가진 자는 더욱 많이 가지게 되고 없는 자는 더욱 빈곤해지는 현상을 설명하는 과정에서 이와 관련된 성경의 한 구절을 착안하여 만든 용어로 동일한 연구 성과를 놓고도 저명한 과학자들이 무명의 과학자들에 비해 많이 보상받는 현실을 비유하는데 인용되었다. 이후 사회와 경제 분야뿐만 아니라 정치, 교육, 생물 분야에서도 이것과 관련된 연구가 활발하게 진행되고 있다. 이것의 명칭은?

배점 ❶ 10점

디지털정보활용능력 - 인터넷정보검색 시험시간 : 40분

문제 03

이것은 미국의 엘리 프레이저가 '생각 조종자들'에서 제시한 개념으로 인터넷 검색 업체와 소셜미디어 기업들이 제공하는 정보에 의존하여 정보를 편식하는 이용자들이 점점 자신만의 울타리에 갇히고 있음을 표현하는 용어이다. 이것은 온라인 특히, 소셜미디어가 의견을 자유롭게 교환 토론 합의하는 민주주의 장으로서 제대로 기능하고 있는가에 대해 회의감을 던졌다. 이것은 페이스북이나 트위터 등을 통한 뉴스 소비가 증가하면서 갈수록 심화되고 있고 2016년 미국 대통령 선거 때 절정에 달했다. 이것은 국내에서도 사회적 이슈나 정치적 사안을 두고 자주 발생하고 있는 실정이다. 이것의 명칭은?

배점 ❶ 10점

문제 04

이것은 영국의 경제 주간지에서 매년 상반기와 하반기에 발표하는 지수를 말하는 것으로, 각 국가의 물가 수준과 통화가치를 비교하는 주요 지수이다. 이것은 전 세계에 매장을 둔 미국 회사의 특정 상품의 판매 가격을 기준으로 하여 각국의 상대적 물가 수준과 통화가치를 비교한다. 이것은 시장 환율과 적정 환율 사이의 차이를 어느 정도 파악할 수 있다는 점에서 의미 있는 지표로 받아들여지고 있으며, 이것이 낮을수록 해당 통화가 달러화보다 저평가된 것으로, 반대로 이것이 높을수록 고평가된 것으로 해석된다. 이것의 명칭은?

배점 ❶ 10점

문제 05

이것은 한 심리학자가 학생들에게 실시한 성격 검사로 증명되기도 하였는데, 사람들이 공통적으로 지닌 심리적인 특징 혹은 성격을 자신만의 특성일 것이라고 믿는 경향을 뜻한다. 이는 타로점이나 혈액형으로 성격을 나누는 것이 인기였던 이유와도 밀접한 관련이 있는데, 누구에게나 적용될 수 있는 광범위하고 애매모호한 이야기를 전함으로써 평소 나에게만 해당되는 특별한 이야기로 재해석해서 듣는 사람들의 심리를 이용한 것이기 때문이다. 이것의 명칭은?

배점 ❶ 10점

디지털정보활용능력 - 인터넷정보검색   시험시간 : 40분

문제 06

이것은 고강도 운동을 충분한 휴식을 취하면서 반복적으로 실시하는 신체 훈련 방법으로 근력의 조화, 산소부채능력, 스피드 향상 등을 위해 실시한다. 이것은 운동 부하 강도, 중간 휴식 시간, 단위 부하와 휴식의 반복 횟수 등에 따라 훈련을 처방한다. 기술·단거리·중거리로 구분되는 이것은 각각 스포츠에 필요한 특정 기술을 습득하기 위해 동작을 되풀이하여 연습하는 훈련, 스피드 향상을 위해 짧은 거리를 최대의 스피드로 반복해서 달리는 훈련, 산소부채 능력을 향상시키기 위한 훈련을 나타낸다. 이것의 명칭은?

배점 ❶ 10점

문제 07

(①)은/는 골프장에서 잔디가 제대로 자라지 못해 공을 치기 어려운 지점을 일컫는 용어에서 유래된 것으로 경기가 회복되는 국면에서 성장세가 일시적으로 주춤해지며 어려움을 겪는 현상인 경기회복기의 일시적 둔화를 의미하는 것으로 일반적인 경기침체기와는 구분된다. 2002년 앨런 그린스펀 전 미 연방준비제도 의장이 상·하원 합동경제위원회에서 당시 경제 상황을 설명하면서 만든 신조어이다. 반면에 (②)은/는 경기침체와 같이 훨씬 심각한 상태는 아니지만 (①)보다 경제상황이 더 나쁜 상황을 말하는 것으로 (①)이/가 상당기간 길어질 수 있음을 의미한다.

배점 ❶ 10점   ❷ 10점

문제 08

이것은 유럽의 공공 기관, 공공 단체에서 이동 무선 통신의 필요성에 따라 유럽 전기통신표준 협회가 음성 및 데이터 통신 서비스를 제공할 목적으로 개발한 유럽 이동 무선 통신 기반의 표준을 말한다. 이것은 음성뿐만 아니라 데이터 및 동영상 등을 실시간 서비스로 제공할 수 있으며, 이것의 제품들은 암호 기능을 가지고 있어 비밀성을 보장하고 기존의 이동 통신 장비보다 몇 배 빠른 속도의 데이터 전송이 가능하다. 이것은 유럽의 주요 국가뿐만 아니라 우리나라, 중국 등지에서도 도입되어 있다. 이것의 명칭은?

배점 ❶ 10점

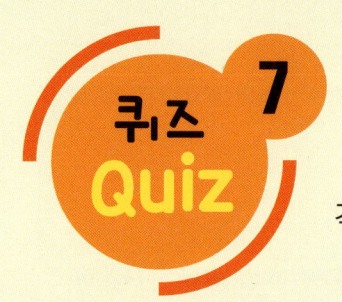

각 문제의 설명을 읽고 가로·세로에 알맞은 단어로 표를 만들어 보세요.

문제 1	가로	조선 시대에, 감사·병마절도사·수군통제사 등이 바뀔 때, 거북 모양의 병부나 인신을 서로 넘겨주고 받던 일을 무엇이라 하는가?
문제 2	세로	'스승은 학생에게 가르침으로써 성장하고, 제자는 배움으로써 진보한다'는 의미의 사자성어는 무엇인가?
문제 3	가로	'나무나 풀에 내려 눈처럼 된 서리'를 이르는 우리말은 무엇인가?
문제 4	세로	'엄지손가락과 가운뎃손가락을 힘껏 벌린 길이'를 이르는 우리말은 무엇인가?
문제 5	세로	'모든 일에는 순서가 있다는 '는 의미의 사자성어는 무엇인가?

제 05회 실전모의고사

- 시험과목 : 인터넷정보검색
- 시험일자 : 20XX. X. X(X)
- 수검자 기재사항 및 감독자 확인

수 검 번 호	DII - XXXX -	감독관 확인
성 명		

응시자 유의사항

1. 응시자는 신분증을 지참하여야 시험에 응시할 수 있으며, 시험이 종료될 때까지 신분증을 제시하지 못 할 경우 해당 시험은 0점 처리됩니다.
2. 시스템(PC작동여부, 네트워크 상태 등)의 이상여부를 반드시 확인하여야 하며, 시스템 이상이 있을시 감독위원에게 조치를 받으셔야 합니다.
3. 시험 중 부주의 또는 고의로 시스템을 파손한 경우는 응시자 부담으로 합니다.
4. 답안 전송 프로그램을 통해 다운로드 받은 파일을 이용하여 답안파일을 작성하시기 바랍니다.
5. 작성한 답안 파일은 답안 전송 프로그램을 통하여 전송됩니다. 감독위원의 지시에 따라 주시기 바랍니다.
6. 다음사항의 경우 실격(0점) 혹은 부정행위 처리됩니다.
    1) 답안파일을 저장하지 않았거나, 저장한 파일이 손상되었을 경우
    2) 답안파일을 지정된 폴더(바탕화면 – "KAIT" 폴더)에 저장하지 않았을 경우
        ※ 답안 전송 프로그램 로그인 시 바탕화면에 자동 생성됨
    3) 답안파일을 다른 보조 기억장치(USB) 혹은 네트워크(메신저, 게시판 등)로 전송할 경우
    4) 휴대용 전화기 등 통신기기를 사용할 경우
7. 시험지에 제시된 글꼴이 응시 프로그램에 없는 경우, 반드시 감독위원에게 해당 내용을 통보한 뒤 조치를 받아야 합니다.
8. 시험의 완료는 작성이 완료된 답안을 저장하고, 답안 전송이 완료된 상태를 확인한 것으로 합니다.
답안 전송 확인 후 문제지는 감독위원에게 제출한 후 퇴실하여야 합니다.
9. 답안전송이 완료된 경우에는 수정 또는 정정이 불가능합니다.
10. 시험시행 후 결과는 홈페이지(www.ihd.or.kr)에서 확인하시기 바랍니다.
    1) 문제 및 모범답안 공개 : 20XX. XX. XX(X)
    2) 성적 공개 : 20XX. XX. XX(X)

디지털정보활용능력 - 인터넷정보검색   시험시간 : 40분

유의사항
- 답안지 파일에 수검번호, 성명을 정확히 기재하여 주십시오.
- 답안지의 URL란에는 반드시 정답의 내용이 나타나는 웹 페이지의 절대경로를 기재하고, 한 개의 URL만 기재하십시오.
  (만일 프레임구조의 웹 페이지에서 주소 표시줄에 나타나는 URL만으로는 정답이 위치한 하부의 페이지를 찾을 수 없을 경우 정답으로 인정하지 않음)
  ※ **절대경로란?** : 해당 웹 페이지에서 마우스 오른쪽 버튼을 클릭한 후 [등록 정보] 또는 [속성] 항목을 선택한 화면에 나타나는 주소(URL)
- 검색엔진의 '웹페이지' 검색에서 [미리보기]에 해당하는 URL을 기재한 경우 오답 처리됩니다.
- 회원가입 및 등업 후 내용 확인이 가능한 포털의 카페, 블로그, 지식검색, 댓글, 소셜 네트워크 등의 URL은 정답으로 인정되지 않습니다.
- 첨부파일에서 답안을 찾은 경우 첨부파일까지의 URL을 정확히 기재하지 않은 경우 오답 처리됩니다.
  (예 : http://www.ihd.or.kr/aa.hwp - 정답)

문제 01

수학에서 (①)은/는 (②)로/으로 알려져 있는 숫자이다. 이유는 특정 공식에 대입하면 계속 (①)이/가 반복되기 때문이다. 0부터 9까지의 숫자 중에서 임의로 서로 다른 숫자 두 개 a와 b를 정한 후 이것을 내림차순과 오름차순으로 정리하여 큰 수에서 작은 수를 빼는 과정을 반복하면 어떠한 자연수라도 (①)이/가 나오게 되어 있다. 이러한 공식으로 (②)이/가 된 것이 (①)이다. (②)은/는 1949년 인도의 수학자가 발견한 공식으로 4자리까지만 존재하며 5자리 이상의 자연수에서는 존재하지 않는다.

배점   10점   10점

문제 02

이것은 고속철도나 고속도로의 개통으로 대도시가 인근 중소도시의 인구나 경제력을 흡수하는 대도시 집중 현상을 지칭하는 것으로 고속철도나 고속도로 개통에 따른 부작용 중의 하나로 거론되고 있다. 이것은 고속철도 신칸센이 개통된 후 연계된 중소도시에 대한 발전 기대감과는 다르게 도쿄와 오사카 두 도시로 인력과 경제력이 집중되면서 고베가 위축되는 현상에서 등장한 용어이다. 국내에서도 이 현상으로 2004년 KTX 개통으로 서울에서 지방이나 지방에서 서울로 KTX 출퇴근을 하는 사람들이 생기기도 하였다. 이것의 명칭은?

배점 ❶ 10점

수줍은 보수당 지지자들을 의미하는 이것은 영국에서 숨은 보수 표를 지칭하는 말이다. 이것은 1992년 영국 총선 전 마지막 여론조사에서 노동당이 보수당보다 앞섰으나 실제 투표 결과 보수당이 노동당을 앞서고 높은 비율로 승리한 것에서 비롯된 용어로 보수당이 여론조사보다 더 득표하는 현상을 가리키는 말로 사용되고 있다. 이후 영국 여론조사 업계에서는 이것을 반영해 조사 결과를 보정하는 방안을 강구해 왔다. 이것의 명칭은?

배 점   ❶ 10점

이것은 아날로그와 디지털을 결합하여 디지털적인 삶을 제어하며 사는 사람들을 지칭하는 신조어로 아날로그 시대에서 디지털 시대가 도래되면서 쉽고 빠르고 간편한 것만 추구하는 디지털 문화의 문제점을 인식하고 반성에서 출발하였다. 휴대폰이나 무선인터넷 등 디지털 문명이 고도로 발달하면서 각종 정보에 대한 접근이 쉬워지는 반면 디지털 치매나 정보 중독 증에 걸리는 부작용도 많이 발생하고 있다. 이것은 비록 디지털보다 느리고 복잡하더라도 아날로그만이 가지고 있는 여유와 느림을 통해서 디지털의 단점을 극복하려는 차원에서 등장 하였다. 이것의 명칭은?

배 점   ❶ 10점

이 사람은 평생을 아프리카 북동부의 한 나라에서 의료 봉사와 선교 활동에 헌신하다 2010년 대장암으로 선종한 신부이다. 의과대학을 졸업하고 1992년에는 광주 가톨릭대학교에 입학하여 종교인의 길을 걸었다. 2001년 11월 선교활동을 위해 아프리카 수단으로 건너가 질병으로 고생 하는 주민들을 위해 의료 봉사 활동을 하였으며, 또한 열악한 아프리카 아이들의 교육을 위해 학교를 세우기도 하였다. 이 사람은 헌신적인 봉사정신을 인정받아 2009년 한미 자랑스러운 의사상을 수상하기도 하였다. 이 사람은 누구인가?

배 점   ❶ 10점

디지털정보활용능력 - 인터넷정보검색 시험시간 : 40분

문제 06

이 대회는 1946년에 프로골프협회가 창설한 여자 메이저 대회 중 가장 전통 있고 권위 있는 대회로 1953년부터는 미국골프협회가 주최하고 있다. 이 대회는 지역 예선을 통과한 150명의 선수에게만 출전권이 주어져 우승하기 어려운 것으로 알려져 있으며, 우승자에게는 금메달을 수여하고 챔피언 트로피를 1년간 보관하게 하며, 10년간 이 대회의 출전권을 받게 된다. 이 대회에서 1998년 우리나라 박세리 선수가 20홀 연장이라는 기록적인 승부를 통해 우승하면서 물속 맨발 투혼이란 명장면을 연출한 바 있다. 이 대회의 명칭은?

배점 ❶ 10점

문제 07

(①)은/는 조지아의 수도인 트빌리시의 북쪽에 위치하고 있는 작은 마을로, 카즈베키 지역의 행정 중심지이다. (①)은/는 마을 전체가 산으로 둘러싸여 있으며, 수도사였던 스테판의 이름에서 지명이 유래하였다. 마을의 서쪽으로는 세계에서 가장 아름다운 고봉 중 하나인 (②)이/가 위치하고 있다. (②)의 해발 3,300m 이상에는 두꺼운 빙하로 뒤덮여 있으며, 산기슭의 완만한 지역은 방목지로도 이용된다. (②)은/는 안산암과 유문암 등의 용암으로 이루어져 있으며, 1868년에 최초로 영국인이 등정에 성공하였다.

배점 ❶ 10점 ❷ 10점

문제 08

이것은 방향을 조종할 수 있는 특수 썰매를 타고 얼음으로 만든 트랙을 활주하는 경기로, 1924년 제1회 동계올림픽대회부터 정식종목으로 채택되었으며 여자 대회는 1990년 초에 시작되었다. 이것은 출발선에서 50~60m까지는 썰매를 밀어 가속한 뒤 차례로 올라탄 후 맨 앞의 조종사가 핸들로 방향을 조종하여 결승점까지 가장 빠르게 내려오는 팀이 우승하게 된다. 2016년 캐나다에서 열린 IBSF 월드컵 5차 대회에서 우리나라의 원윤종과 서영우 선수가 아시아 국가 중에서는 최초로 금메달을 수상하기도 하였다. 이것의 명칭은?

배점 ❶ 10점

제 06 회 실전모의고사

- 시험과목 : 인터넷정보검색
- 시험일자 : 20XX. X. X(X)
- 수검자 기재사항 및 감독자 확인

수 검 번 호	DII - XXXX -	감독관 확인
성 명		

응시자 유의사항

1. 응시자는 신분증을 지참하여야 시험에 응시할 수 있으며, 시험이 종료될 때까지 신분증을 제시하지 못 할 경우 해당 시험은 0점 처리됩니다.
2. 시스템(PC작동여부, 네트워크 상태 등)의 이상여부를 반드시 확인하여야 하며, 시스템 이상이 있을시 감독위원에게 조치를 받으셔야 합니다.
3. 시험 중 부주의 또는 고의로 시스템을 파손한 경우는 응시자 부담으로 합니다.
4. 답안 전송 프로그램을 통해 다운로드 받은 파일을 이용하여 답안파일을 작성하시기 바랍니다.
5. 작성한 답안 파일은 답안 전송 프로그램을 통하여 전송됩니다. 감독위원의 지시에 따라 주시기 바랍니다.
6. 다음사항의 경우 실격(0점) 혹은 부정행위 처리됩니다.
    1) 답안파일을 저장하지 않았거나, 저장한 파일이 손상되었을 경우
    2) 답안파일을 지정된 폴더(바탕화면 – "KAIT" 폴더)에 저장하지 않았을 경우
        ※ 답안 전송 프로그램 로그인 시 바탕화면에 자동 생성됨
    3) 답안파일을 다른 보조 기억장치(USB) 혹은 네트워크(메신저, 게시판 등)로 전송할 경우
    4) 휴대용 전화기 등 통신기기를 사용할 경우
7. 시험지에 제시된 글꼴이 응시 프로그램에 없는 경우, 반드시 감독위원에게 해당 내용을 통보한 뒤 조치를 받아야 합니다.
8. 시험의 완료는 작성이 완료된 답안을 저장하고, 답안 전송이 완료된 상태를 확인한 것으로 합니다.
    답안 전송 확인 후 문제지는 감독위원에게 제출한 후 퇴실하여야 합니다.
9. 답안전송이 완료된 경우에는 수정 또는 정정이 불가능합니다.
10. 시험시행 후 결과는 홈페이지(www.ihd.or.kr)에서 확인하시기 바랍니다.
    1) 문제 및 모범답안 공개 : 20XX. XX. XX(X)
    2) 성적 공개 : 20XX. XX. XX(X)

디지털정보활용능력 - 인터넷정보검색 시험시간 : 40분

유의사항
- 답안지 파일에 수검번호, 성명을 정확히 기재하여 주십시오.
- 답안지의 URL란에는 반드시 정답의 내용이 나타나는 웹 페이지의 절대경로를 기재하고, 한 개의 URL만 기재하십시오.
  (만일 프레임구조의 웹 페이지에서 주소 표시줄에 나타나는 URL만으로는 정답이 위치한 하부의 페이지를 찾을 수 없을 경우 정답으로 인정하지 않음)
  ※ **절대경로란?** : 해당 웹 페이지에서 마우스 오른쪽 버튼을 클릭한 후 [등록 정보] 또는 [속성] 항목을 선택한 화면에 나타나는 주소(URL)
- 검색엔진의 '웹페이지' 검색에서 [미리보기]에 해당하는 URL을 기재한 경우 오답 처리됩니다.
- 회원가입 및 등업 후 내용 확인이 가능한 포털의 카페, 블로그, 지식검색, 댓글, 소셜 네트워크 등의 URL은 정답으로 인정되지 않습니다.
- 첨부파일에서 답안을 찾은 경우 첨부파일까지의 URL을 정확히 기재하지 않은 경우 오답 처리됩니다.
  (예 : http://www.ihd.or.kr/aa.hwp – 정답)

문제 01

(①)은/는 대기업 등에서 무사안일에 빠져 주체성 없이 로봇처럼 행동하는 사람을 일컫는 용어로 무사안일주의로 살아가는 현대 화이트칼라를 비꼬는 용어로 사용된다. (①)은/는 관료화된 현대 사회조직에서 처세술만 터득하여 무사히 지내려는 소극적인 사원을 가리키며 대기업의 관료화된 현상을 비유하기도 한다. 반면 (②)은/는 젊고 기업가적이며, 기술에 바탕을 둔 인터넷 엘리트의 머리글자에서 유래된 신세대 인간형을 말하는 것으로 민첩하고 유연하며 일에 있어서는 주말과 야간근무도 열심인 20~30대를 지칭하는 것으로 자신을 하나의 상품으로 팔기 위해 끊임없는 자기 개발에 전념한다.

배점   ❶ 10점   ❷ 10점

문제 02

이것은 영국에서 절대 다수당이 없는 의회를 가리키는 용어로 어떠한 정당도 과반수 의석을 차지하지 못한 상황을 말한다. 영국은 보수당과 노동당을 주축으로 한 양당제가 정착되어 있으며, 보수당과 노동당 중 하나가 총선에서 과반수 이상의 의석을 차지하여 단독으로 정권을 잡는 것이 일반적이다. 20세기 이후 한 정당이 과반수 의석을 확보하지 못했던 총선은 1910년을 포함하여 4차례에 불과했다. 이것의 명칭은?

배점   ❶ 10점

문제 03

전자음악은 전자장치의 힘을 이용하여 소리를 제작, 변형, 녹음, 재생시켜 음악을 만드는 현대 음악을 가리키며, 신호 처리 기술의 발달과 함께 거의 무한한 소리를 마음대로 만들어 낼 수 있는 음악 합성기가 널리 사용되고 있다. 반면에 이것은 악기 본연의 울림을 살린 소리를 말하며, 록이나 팝의 용어로는 앰프 등의 전자장치를 사용하지 않고 라이브로 들려주는 악기나 연주를 말한다. 최근에는 이것을 이용한 음악도 많이 만들어지고 있으며, 전자음악과는 상반된 개념으로 많이 사용되고 있다. 이것의 명칭은?

배점 ❶ 10점

문제 04

이것은 상품이나 서비스 등을 구매하지 않아 기업의 수익에는 도움이 되지 않는 얌체 고객이지만 소비자 입장에서는 기업의 각종 부가 혜택 서비스를 최대한 활용하는 똑똑한 소비자를 일컫는 말이다. 이것은 그릇에 체리와 신포도가 담겨져 있다면 이중 맛있는 체리만을 쏙쏙 빼먹는 사람을 뜻하는 용어로, 자신의 이익을 이기적으로 취하려고만 하는 사람을 뜻하기도 한다. 최근 들어 점차 고도화되는 이것의 수법과 이를 막기 위한 기업들의 두뇌싸움이 치열해지고 있다. 이것의 명칭은?

배점 ❶ 10점

문제 05

이것은 비스테로이드성 소염진통제의 대표적 성분 중 하나이다. 해열제로 많이 알려져 있지만 가벼운 신경통의 진통제로도 사용되고 있으며, 또한 염증을 가라앉히는 소염제 작용도 한다. 다른 소염진통제와 동시에 복용하거나 장기 복용 또는 복용 중 음주를 하는 경우에는 위장 출혈이 일어날 가능성이 높은 것으로 알려져 있으며, 뇌졸증이나 심장병을 예방할 목적으로 아스피린을 복용하는 사람이 진통제로 이것을 복용하면 오히려 심장병 발생 확률을 높인다는 보고도 있다. 이것의 명칭은?

배점 ❶ 10점

디지털정보활용능력 - 인터넷정보검색 시험시간 : 40분

문제 06

이것은 조선 후기에 임금의 언동 및 정사 등 국정 운영 전반에 걸쳐 하루하루를 기록한 책으로, 임금이 자신의 통치에 대하여 성찰하고 국정 운영에 참고할 목적으로 기록되었다. 이것은 일기 형식을 갖추고 있으나 실질적으로 나라의 공식 기록물에 해당하며, 세계적으로 유례가 거의 없는 고유한 가치를 지닌 기록 유산이라 할 수 있다. 이것은 1973년에 국보로 지정되었으며, 서울대학교 규장각에 소장되어 있다. 또한 2011년에는 형식의 독창성, 역사적 중요성을 인정받아 유네스코 세계기록유산에 등재되었다. 이것의 명칭은?

배점 ❶ 10점

문제 07

(①)은/는 1969년 제정된 세계 3대 문학상 중 하나로, 해마다 영국과 아일랜드 등 영국 연방국가 내에서 영어로 쓰인 소설 중에서 수상작을 선정하는 영국 최고 권위를 자랑하는 문학상이다. (①)은/는 영어권 출판업자들의 추천을 받은 소설 작품을 후보작으로 하여 신망받는 평론가와 소설가, 학자들로 구성된 심사위원회에서 수상작을 선정한다. 1999년에는 일반 독자들의 관심과 참여의 기회를 주기 위해 심사위원회의 선정과는 별개로 일반 독자들이 인터넷 투표를 통해 선정하는 (②)을/를 제정하기도 하였다.

배점 ❶ 10점 ❷ 10점

문제 08

이것은 조선 제26대 왕이자, 대한제국 제1대 황제 고종의 외교 고문을 지낸 미국인이 본국으로 돌아갈 때 가져갔던 것으로, 그의 후손에 의해 다시 우리나라에 기증되었다. 그는 외교 고문을 지내는 동안 각종 책들을 통해 조선에 대한 청나라의 간섭을 신랄하게 비판하기도 하였다. 이것은 제작 당시의 것으로 보이는 끈이 오른쪽에 남아있어 봉에 매달았다는 것을 알 수 있으며, 보존 상태가 매우 양호하여 국기 변천사 연구에 중요한 자료로 여겨지고 있다. 이것은 현재 국립중앙박물관에 소장되어 있다. 이것의 명칭은?

배점 ❶ 10점

각 문제의 설명을 읽고 가로·세로에 알맞은 단어로 표를 만들어 보세요.

①			②	
③				⑤
	④			

문제 1 **가로 |** 조선 시대 임금이 거둥할 때에 겸내취를 영솔하던 선전관의 이름은 무엇인가?

문제 2 **세로 |** '남이 싫어하는지는 아랑곳하지 아니하고 제가 좋아하는 것만 자꾸 짓궂게 요구하는 모양'을 이르는 우리말은 무엇인가?

문제 3 **가로 |** '겨우 송곳을 꽂을 정도의 좁은 땅'을 의미하는 사자성어는 무엇인가?

문제 4 **가로 |** '백성과 즐거움을 함께하다'라는 뜻으로, 백성과 동고동락하는 통치자의 자세를 비유하는 사자성어는 무엇인가?

문제 5 **세로 |** '배당기준일이 경과하여 배당금을 받을 권리가 없어지는 것'을 무엇이라 하는가?

제 07 회 실전모의고사

- 시험과목 : 인터넷정보검색
- 시험일자 : 20XX. X. X(X)
- 수검자 기재사항 및 감독자 확인

수검번호	DII - XXXX -	감독관 확인
성 명		

응시자 유의사항

1. 응시자는 신분증을 지참하여야 시험에 응시할 수 있으며, 시험이 종료될 때까지 신분증을 제시하지 못 할 경우 해당 시험은 0점 처리됩니다.
2. 시스템(PC작동여부, 네트워크 상태 등)의 이상여부를 반드시 확인하여야 하며, 시스템 이상이 있을시 감독위원에게 조치를 받으셔야 합니다.
3. 시험 중 부주의 또는 고의로 시스템을 파손한 경우는 응시자 부담으로 합니다.
4. 답안 전송 프로그램을 통해 다운로드 받은 파일을 이용하여 답안파일을 작성하시기 바랍니다.
5. 작성한 답안 파일은 답안 전송 프로그램을 통하여 전송됩니다. 감독위원의 지시에 따라 주시기 바랍니다.
6. 다음사항의 경우 실격(0점) 혹은 부정행위 처리됩니다.
   1) 답안파일을 저장하지 않았거나, 저장한 파일이 손상되었을 경우
   2) 답안파일을 지정된 폴더(바탕화면 - "KAIT" 폴더)에 저장하지 않았을 경우
      ※ 답안 전송 프로그램 로그인 시 바탕화면에 자동 생성됨
   3) 답안파일을 다른 보조 기억장치(USB) 혹은 네트워크(메신저, 게시판 등)로 전송할 경우
   4) 휴대용 전화기 등 통신기기를 사용할 경우
7. 시험지에 제시된 글꼴이 응시 프로그램에 없는 경우, 반드시 감독위원에게 해당 내용을 통보한 뒤 조치를 받아야 합니다.
8. 시험의 완료는 작성이 완료된 답안을 저장하고, 답안 전송이 완료된 상태를 확인한 것으로 합니다.
   답안 전송 확인 후 문제지는 감독위원에게 제출한 후 퇴실하여야 합니다.
9. 답안전송이 완료된 경우에는 수정 또는 정정이 불가능합니다.
10. 시험시행 후 결과는 홈페이지(www.ihd.or.kr)에서 확인하시기 바랍니다.
    1) 문제 및 모범답안 공개 : 20XX. XX. XX(X)
    2) 성적 공개 : 20XX. XX. XX(X)

식별CODE

디지털정보활용능력 - 인터넷정보검색

시험시간 : 40분

유의사항
- 답안지 파일에 수검번호, 성명을 정확히 기재하여 주십시오.
- 답안지의 URL란에는 반드시 정답의 내용이 나타나는 웹 페이지의 절대경로를 기재하고, 한 개의 URL만 기재하십시오.
  (만일 프레임구조의 웹 페이지에서 주소 표시줄에 나타나는 URL만으로는 정답이 위치한 하부의 페이지를 찾을 수 없을 경우 정답으로 인정하지 않음)
  ※ **절대경로란?** : 해당 웹 페이지에서 마우스 오른쪽 버튼을 클릭한 후 [등록 정보] 또는 [속성] 항목을 선택한 화면에 나타나는 주소(URL)
- 검색엔진의 '웹페이지' 검색에서 [미리보기]에 해당하는 URL을 기재한 경우 오답 처리됩니다.
- 회원가입 및 등업 후 내용 확인이 가능한 포털의 카페, 블로그, 지식검색, 댓글, 소셜 네트워크 등의 URL은 정답으로 인정되지 않습니다.
- 첨부파일에서 답안을 찾은 경우 첨부파일까지의 URL을 정확히 기재하지 않은 경우 오답 처리됩니다.
  (예 : http://www.ihd.or.kr/aa.hwp – 정답)

문제 01

(①)은/는 취업이 어려운 현실을 뜻하는 신조어로 입사한 회사에 만족하지 못하고 다시 취업 시장으로 돌아오는 이들을 가리키는 말로서, 직무에 대한 고민 부족과 복리후생이나 연봉 등과 같은 회사에 대한 정확한 정보 부족으로 인해 입사한 회사에서 퇴사하고 다시 취업준비생 신분으로 돌아오는 이들을 말한다. (①)은/는 20대에 취업을 했다가 회사를 그만두고 다시 취업준비생 신분이 되는 것을 뜻하는 (②)와/과 비슷한 용어로 쓰인다. (②)은/는 20대에 스스로 퇴직한 백수를 가리키는 말로 취업을 위해 먼저 아무 회사에 취직하고 적성에 맞지 않으면 퇴사해 백수가 된다는 뜻을 담고 있다.

배점 ❶ 10점   ❷ 10점

문제 02

이것은 모피와 비슷하게 해서 만든 직물이나 니트를 통틀어 말하는 것으로, 가격이 저렴하고 털의 길이를 자유롭게 활용할 수 있으며 디자인과 색깔을 다양하게 연출할 수 있다. 주로 의류, 액세서리, 가방, 완구 등에 사용되며, 합성섬유 제품과 마찬가지로 동물 학대 논란에서 자유롭고, 가공과 보관이 용이한 것은 물론 환경 친화적이고 사계절 시장 공략이 가능하다는 장점이 있어 세계적으로 주목받고 있는 첨단 소재이다. 하지만 이것은 정전기가 심하여 먼지가 타기 쉬운 것이 단점으로 알려져 있기도 하다. 이것은 무엇인가?

배점 ❶ 10점

디지털정보활용능력 - 인터넷정보검색 시험시간 : 40분

이 용어는 처음에는 아무 일이 없이 순조롭게 일이 진행되다가 어느 순간이 되었을 때 갑자기 폭발적으로 극적인 변화가 시작되는 시점 또는 순간을 뜻하는 것으로, 어떤 것이 균형을 깨고 한순간에 전파되는 극적인 순간을 말한다. 인기가 없던 제품이 폭발적으로 인기를 끌거나 잘 알려지지 않았던 책이 극적으로 베스트셀러가 되는 현상 등을 예로 들 수 있다. 이 용어는 원래 미국의 어느 도시에 살던 백인들이 교외로 탈주하는 현상을 표현하기 위해 사용된 것으로 알려졌다. 이 용어는 무엇인가?

배점 ❶ 10점

노벨문학상을 수상한 미국의 작가로, 제1차 세계대전 후 특파원으로 파리에 있으면서 평론가이자 시인인 파운드(E.L. Pound)의 영향을 받아 문학 활동을 시작하게 되었다. 1923년부터 '3편의 단편과 10편의 시', '우리들의 시대에', '봄의 분류' 등을 발표하였으며, 1926년에는 장편소설인 '해는 또다시 떠오른다'를 발표하여 문단에서 명성을 얻게 되었다. 또한 이탈리아 전선의 체험과 배경을 묘사한 장편소설 '무기여 잘 있거라'를 발표하여 작가로서의 지위를 확립하게 되었다. 이 작가의 이름은?

배점 ❶ 10점

이것의 분포 지역은 일본, 중국 남부 등이며, 우리나라는 울릉도, 제주도 등에 분포하고 해변에 가까운 낮은 지역에 서식한다. 이것은 높이 20m 정도까지 자라는 상록 활엽수로, 잎은 서로 어긋나게 자리 잡고 있지만 일반적으로는 가지 끝에 모여서 붙어 있는 것처럼 보인다. 잎의 몸은 윤기가 나고 두꺼우며 생김새는 계란형의 타원 모양이다. 잎의 끝은 동그랗고 꼬리처럼 길게 뻗어 있으며 표면은 짙은 파란색을 띠지만 뒷면은 회녹색이다. 이것의 개화 시기는 5월~6월이며, 수피와 열매는 장제 등으로 사용된다. 이것의 명칭은?

배점 ❶ 10점

디지털정보활용능력 - 인터넷정보검색   시험시간 : 40분

문제 06

미국의 심리학자가 명명한 이것은 연령이나 육체적으로는 이미 성년이지만 사고나 행동은 어린아이에 머물러 있는 심리적인 현상을 말한다. 이것은 성장하는 것을 두려워하고 성인들의 사회에 적응하지 못하며 어린아이처럼 언제까지나 보호받고 싶어 하는 인간 본능의 단면을 보여준다. 정부 주도형 경제개발시대(1960~70년대)에 급성장한 기업들이 정부에 규제완화와 자율화 등을 외치면서 정작 고비를 맞게 되면 정부의 보호를 요구하는 것도 이것의 또 다른 형태라고 할 수 있다. 이것의 명칭은?

배점 ❶ 10점

문제 07

(①)은/는 소장 및 대장에 만성적이며 재발성이 강한 염증을 일으키는 질환을 말한다. (①)은/는 소화기관의 어느 부위에서도 염증을 일으킬 수 있으나 주로 소장의 끝 부위인 회장과 대장의 시작 부위인 우측 대장에 질환을 일으킨다. (①)의 증상으로는 설사, 체중감소, 하복통, 직장 출혈 등이 있다. 합병증으로 (②)은 크론병 환자의 15~20%에서 발생하는데 복강 내 어디에나 생길 수 있으며, 특히 회장 말단부에서 잘 생긴다. (②)이 있으면 복통이 심해지고, 고열이 나며, 누르면 아픈 압통이 현저하게 나타난다.

배점 ❶ 10점   ❷ 10점

문제 08

이것은 영국 소설가 제임스 힐턴의 소설에 등장하는 '늙지 않고 영원히 젊음을 누릴 수 있다'는 가상의 낙원을 묘사한 것에서 유래된 말이다. 이것은 중장년층을 중심으로 노화를 최대한 늦추고, 나이에 비해 젊게 살아가려는 욕구가 확산되는 사회적 현상을 가리킨다. 이러한 사회적 현상으로 각종 노화방지 비즈니스가 성장하였으며, 기업들은 이런 현상을 마케팅에 활용하고 있다. 우리나라 역시 평균 수명이 길어지면서 외모뿐만 아니라 행동, 의식까지 젊은이를 닮아가려는 중장년층이 늘고 있다. 이것의 명칭은?

배점 ❶ 10점

제 08 회 실전모의고사

- 시험과목 : 인터넷정보검색
- 시험일자 : 20XX. X. X(X)
- 수검자 기재사항 및 감독자 확인

수 검 번 호	DII - XXXX -	감독관 확인
성 명		

응시자 유의사항

1. 응시자는 신분증을 지참하여야 시험에 응시할 수 있으며, 시험이 종료될 때까지 신분증을 제시하지 못 할 경우 해당 시험은 0점 처리됩니다.
2. 시스템(PC작동여부, 네트워크 상태 등)의 이상여부를 반드시 확인하여야 하며, 시스템 이상이 있을시 감독위원에게 조치를 받으셔야 합니다.
3. 시험 중 부주의 또는 고의로 시스템을 파손한 경우는 응시자 부담으로 합니다.
4. 답안 전송 프로그램을 통해 다운로드 받은 파일을 이용하여 답안파일을 작성하시기 바랍니다.
5. 작성한 답안 파일은 답안 전송 프로그램을 통하여 전송됩니다. 감독위원의 지시에 따라 주시기 바랍니다.
6. 다음사항의 경우 실격(0점) 혹은 부정행위 처리됩니다.
   1) 답안파일을 저장하지 않았거나, 저장한 파일이 손상되었을 경우
   2) 답안파일을 지정된 폴더(바탕화면 – "KAIT" 폴더)에 저장하지 않았을 경우
      ※ 답안 전송 프로그램 로그인 시 바탕화면에 자동 생성됨
   3) 답안파일을 다른 보조 기억장치(USB) 혹은 네트워크(메신저, 게시판 등)로 전송할 경우
   4) 휴대용 전화기 등 통신기기를 사용할 경우
7. 시험지에 제시된 글꼴이 응시 프로그램에 없는 경우, 반드시 감독위원에게 해당 내용을 통보한 뒤 조치를 받아야 합니다.
8. 시험의 완료는 작성이 완료된 답안을 저장하고, 답안 전송이 완료된 상태를 확인한 것으로 합니다.
   답안 전송 확인 후 문제지는 감독위원에게 제출한 후 퇴실하여야 합니다.
9. 답안전송이 완료된 경우에는 수정 또는 정정이 불가능합니다.
10. 시험시행 후 결과는 홈페이지(www.ihd.or.kr)에서 확인하시기 바랍니다.
    1) 문제 및 모범답안 공개 : 20XX. XX. XX(X)
    2) 성적 공개 : 20XX. XX. XX(X)

식별CODE 인

디지털정보활용능력 - 인터넷정보검색

시험시간 : 40분

유의사항
- 답안지 파일에 수검번호, 성명을 정확히 기재하여 주십시오.
- 답안지의 URL란에는 반드시 정답의 내용이 나타나는 웹 페이지의 절대경로를 기재하고, 한 개의 URL만 기재하십시오. (만일 프레임구조의 웹 페이지에서 주소 표시줄에 나타나는 URL만으로는 정답이 위치한 하부의 페이지를 찾을 수 없을 경우 정답으로 인정하지 않음)
  ※ 절대경로란? : 해당 웹 페이지에서 마우스 오른쪽 버튼을 클릭한 후 [등록 정보] 또는 [속성] 항목을 선택한 화면에 나타나는 주소(URL)
- 검색엔진의 '웹페이지' 검색에서 [미리보기]에 해당하는 URL을 기재한 경우 오답 처리됩니다.
- 회원가입 및 등업 후 내용 확인이 가능한 포털의 카페, 블로그, 지식검색, 댓글, 소셜 네트워크 등의 URL은 정답으로 인정되지 않습니다.
- 첨부파일에서 답안을 찾은 경우 첨부파일까지의 URL을 정확히 기재하지 않은 경우 오답 처리됩니다.
  (예 : http://www.ihd.or.kr/aa.hwp - 정답)

문제 01

명목소득은 화폐 소득이라고도 하며 측정할 당시의 화폐액으로 표시된 소득을 말한다. 이것은 물가 변동에 따라 영향을 받으므로, 물가 수준이 서로 다른 연도나 지역 간 소득을 비교할 경우에는 명목소득에서 물가 변동으로 나타나는 영향을 제거해야 한다. 명목소득에 비해 (①)은/는 물가 상승률을 감안한 소득으로 시장에서 구입할 수 있는 생활필수품의 질과 양으로 이러한 물가 변동의 영향을 제거한 소득이다. 통계청에서 발표한 2016년 연간 가계 동향에 따르면 2016년 연간 가구당 월평균 소득은 전년대비 0.6% 증가하였고, 물가 상승을 제외한 (①)은/는 2015년 대비 (②)% 감소한 것으로 나타났다.

배점 ❶ 10점   ❷ 10점

문제 02

이것은 1943년 첫 운항을 시작하였으며, 내부 공간은 360㎡이고 전화 87대와 침실 6개, 응급 수술대 등이 갖춰져 있는 항공기이다. 또한 수백 명의 식사를 저장할 수 있으며, 공중에서도 연료 보급을 할 수 있어 일주일 이상 하늘에 떠 있을 수 있다. 더욱이 이것은 핵무기 폭발에도 잘 견딜 수 있도록 설계되어 있으며, 공격해 오는 대상을 요격하는 첨단 미사일 시스템도 장착되어 있다. 이것은 기종과 관계없이 부여되는 항공 교통관제 호출 부호이기도 하다. 이것의 명칭은?

배점 ❶ 10점

디지털정보활용능력 - 인터넷정보검색 시험시간 : 40분

문제 03

이것은 국가나 민족에 구애받지 않고 이를 초월함으로써 인류 전체를 하나의 시민으로 생각하고 전 세계를 하나의 세계 국가로 보며, 개인을 세계사회의 일원으로 파악하는 사상이다. 또한 이 사상은 개인이 속한 국가나 민족의 특유한 가치, 편견 등을 초월하여 하나의 세계 국가와 세계시민을 적극적인 원리로 구성하는 사상이라 할 수 있으며, BC 4세기 그리스의 시노페의 디오게네스의 행동과 스토아 철학에서 연유된 것으로 알려져 있다. 이 사상의 명칭은?

배점 ❶ 10점

문제 04

이것은 전달하려는 중요한 기밀 정보를 이미지나 오디오 파일 등의 다양한 디지털 매체에 숨겨 전송하는 암호 기술의 총칭으로, 비밀정보를 매체에 은닉하여 그 정보의 존재 자체를 숨기는 보안 기술이라 할 수 있다. 이것은 그리스의 일화에서도 등장하는데, 인질로 잡혀 있던 그리스의 왕이 자신의 양아들에게 밀서를 전달하기 위해 노예의 머리를 깎고 그 머리에 문신을 남긴 후 머리카락이 자라서 문신이 보이지 않게 되자 그 노예를 양아들에게 보내 메시지를 전달하였다는 기록이 남아있기도 하다. 이것의 명칭은?

배점 ❶ 10점

문제 05

모바일 소액 결제 이용자들을 대상으로 한 신종 사기 범죄가 지속적으로 발생하고 있어 이에 이동통신 회사들은 피해 재발 방지를 위해 이것을 통한 불법적인 결제를 차단할 수 있는 조치를 취하기로 하였다. 이것은 휴대폰을 이용한 신종 해킹 기법으로, 사용자에게 문자메시지를 보내거나 어플을 다운받게 한 후 악성코드가 설치되어 있는 웹사이트로 접속하도록 유도하고 사용자가 접속하는 순간 악성 프로그램을 주입해 휴대폰을 통제하며 개인정보 등을 유출해 가는 신종 사기 범죄이다. 이것의 명칭은?

배점 ❶ 10점

문제 06

이 경기는 영국에서 만들어진 것으로, 야구의 시초로 알려져 있을 만큼 야구 경기와 비슷한 방식을 가지고 있으나 그라운드의 넓이에는 별도의 규정이 없어 넓은 공간만 있으면 자유롭게 경기를 즐길 수 있다. 13세기경에는 비신사적 동작들이 많다는 이유와 도박 경기가 성행한다고 하여 귀족들의 비난을 받기도 하였으며, 백년전쟁에서 패한 후 무술 수업에 방해가 된다고 하여 경기가 금지되기도 하였다. 하지만 이 경기는 영국인의 국민성과 밀착된 특수한 민족 스포츠로 여겨져 1748년 공식적인 경기로 인정되었다. 이 경기의 명칭은?

배 점   ❶ 10점

문제 07

(①)은/는 러일전쟁에서 승리한 일본이 우리나라를 억압하여 외교권을 박탈하기 위해 강압적으로 체결한 것으로, 우리나라의 재정과 외교 부문에 있어서 일본이 선정한 고문을 둔다는 내용을 담고 있다. (②)은/는 (①) 체결에 가장 큰 역할을 한 일본의 정치가로 우리나라의 식민지화를 주도한 원흉으로 알려져 있으며, (①)의 부당함을 알리기 위해 노력한 고종 황제를 강제로 퇴위시킨 인물이기도 하다. (②)은/는 1909년 중국을 방문하였다가 우리나라의 독립운동가에 의한 저격으로 사망하였다.

배 점   ❶ 10점   ❷ 10점

문제 08

이것은 항공기 운항에 없어서는 안 되는 중요한 항공 정보로 항공사, 조종사 등의 운항 관계자들에게 각 국가에서 전달하는 항공 고시를 말한다. 예를 들어, "언제 어느 지역에서 공군 훈련이 계획되어 있다"라는 정보를 다른 운항 관계자들에게 미리 알려주어 해당 지역의 상공을 피해 갈 수 있도록 한다는 것이다. 이것을 완벽히 숙지해 항공기를 운항하는 것은 조종사의 중요한 책무라 할 수 있으며, 조종사는 항공기 운항 전에 반드시 이것을 체크하여 운행 여부, 코스 변경 등의 자료로 삼아야 한다. 이것의 명칭은?

배 점   ❶ 10점

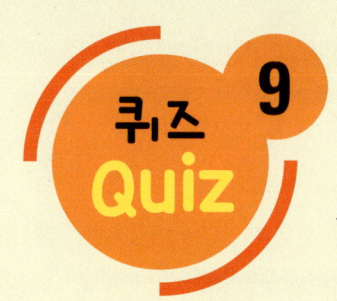

각 문제의 설명을 읽고 가로·세로에 알맞은 단어로 표를 만들어 보세요.

문제 1 가로 | '지독한 어려움과 힘겨운 고통'을 이르는 사자성어는 무엇인가?

문제 2 세로 | '중국 신(新)나라 때 도량형의 기준을 표시하기 위한 구리로 만든 되'를 무엇이라 하는가?

문제 3 세로 | '벼락이 칠 때에 번득이는 불빛'의 뜻으로, 몹시 사납고 엄한 명령을 비유적으로 이르는 우리말은 무엇인가?

문제 4 가로 | '바다에 파도가 일지 않는다'라는 뜻으로, 태평성대를 비유하는 사자성어는 무엇인가?

문제 5 세로 | 악무의 하나로 죽간자와 무기 각 두 사람이 풍악과 박에 맞추어, 구호와 가사를 부르며 춤을 추며 들어갔다 나갔다를 반복하는 이 무용의 이름은 무엇인가?

제09회 실전모의고사

- 시험과목 : 인터넷정보검색
- 시험일자 : 20XX. X. X(X)
- 수검자 기재사항 및 감독자 확인

수검번호	DII - XXXX -	감독관 확인
성 명		

응시자 유의사항

1. 응시자는 신분증을 지참하여야 시험에 응시할 수 있으며, 시험이 종료될 때까지 신분증을 제시하지 못 할 경우 해당 시험은 0점 처리됩니다.
2. 시스템(PC작동여부, 네트워크 상태 등)의 이상여부를 반드시 확인하여야 하며, 시스템 이상이 있을시 감독위원에게 조치를 받으셔야 합니다.
3. 시험 중 부주의 또는 고의로 시스템을 파손한 경우는 응시자 부담으로 합니다.
4. 답안 전송 프로그램을 통해 다운로드 받은 파일을 이용하여 답안파일을 작성하시기 바랍니다.
5. 작성한 답안 파일은 답안 전송 프로그램을 통하여 전송됩니다. 감독위원의 지시에 따라 주시기 바랍니다.
6. 다음사항의 경우 실격(0점) 혹은 부정행위 처리됩니다.
   1) 답안파일을 저장하지 않았거나, 저장한 파일이 손상되었을 경우
   2) 답안파일을 지정된 폴더(바탕화면 – "KAIT" 폴더)에 저장하지 않았을 경우
      ※ 답안 전송 프로그램 로그인 시 바탕화면에 자동 생성됨
   3) 답안파일을 다른 보조 기억장치(USB) 혹은 네트워크(메신저, 게시판 등)로 전송할 경우
   4) 휴대용 전화기 등 통신기기를 사용할 경우
7. 시험지에 제시된 글꼴이 응시 프로그램에 없는 경우, 반드시 감독위원에게 해당 내용을 통보한 뒤 조치를 받아야 합니다.
8. 시험의 완료는 작성이 완료된 답안을 저장하고, 답안 전송이 완료된 상태를 확인한 것으로 합니다.
   답안 전송 확인 후 문제지는 감독위원에게 제출한 후 퇴실하여야 합니다.
9. 답안전송이 완료된 경우에는 수정 또는 정정이 불가능합니다.
10. 시험시행 후 결과는 홈페이지(www.ihd.or.kr)에서 확인하시기 바랍니다.
    1) 문제 및 모범답안 공개 : 20XX. XX. XX(X)
    2) 성적 공개 : 20XX. XX. XX(X)

디지털정보활용능력 - 인터넷정보검색　시험시간 : 40분

유의사항
- 답안지 파일에 수검번호, 성명을 정확히 기재하여 주십시오.
- 답안지의 URL란에는 반드시 정답의 내용이 나타나는 웹 페이지의 절대경로를 기재하고, 한 개의 URL만 기재하십시오.
  (만일 프레임구조의 웹 페이지에서 주소 표시줄에 나타나는 URL만으로는 정답이 위치한 하부의 페이지를 찾을 수 없을 경우 정답으로 인정하지 않음)
  ※ **절대경로란?** : 해당 웹 페이지에서 마우스 오른쪽 버튼을 클릭한 후 [등록 정보] 또는 [속성] 항목을 선택한 화면에 나타나는 주소(URL)
- 검색엔진의 '웹페이지' 검색에서 [미리보기]에 해당하는 URL을 기재한 경우 오답 처리됩니다.
- 회원가입 및 등업 후 내용 확인이 가능한 포털의 카페, 블로그, 지식검색, 댓글, 소셜 네트워크 등의 URL은 정답으로 인정되지 않습니다.
- 첨부파일에서 답안을 찾은 경우 첨부파일까지의 URL을 정확히 기재하지 않은 경우 오답 처리됩니다.
  (예 : http://www.ihd.or.kr/aa.hwp - 정답)

문제 01

(①)은/는 채소, 해산물, 쌀과 고기 등의 여러 가지 재료를 넣어 만드는 요리이다. 18세기 초 미국 남부 루이지애나 주에 거주하는 크리올들이 스페인의 전통요리인 파에야를 변형하여 만들어내었으며 (①)(이)라는 이름은 1872년 6월, 지역 신문인 뉴올리언스 타임스에 처음 등장하였다. 한편 이 음식의 조리법 중, 투박하고 향신료를 많이 사용하여 자극적인 맛이 나는 것은 캐나다의 (②)에서 살다가 1755년 영국인들에게 쫓겨난 프랑스인들의 것이다. (②)은/는 위트레흐트 조약에 따라 영국령이 되었다가 1867년 캐나다 연방에 편입되었다.

배점　❶ 10점　　❷ 10점

문제 02

미국에서 발달한 이 제도는 선거에서 승리한 정당이 선거운동원과 그 정당의 전폭적인 지원군에게 승리에 대한 대가로 관직에 임명하거나 다른 혜택을 주는 관행으로 1832년 뉴욕 주 상원의원 윌리엄 마시가 한 연설로 유명해졌다. 이 제도는 민의에 충실한 것뿐만 아니라 자기의 지지자들로 공약을 실현할 수 있다는 성격을 가진 반면 정실에 따라 관직이 좌우되어 공정하고 안정된 행정 능률의 저하, 행정 질서의 교란 등의 폐단이 발생하여 행정의 계속성과 전문성이 훼손된다는 비판도 있다. 이 제도의 명칭은?

배점　❶ 10점

문제 03

이 증후군은 유전자의 이상으로 인하여 빠르게 노화가 진행되는 유전자 질환을 말하는 것으로, 독일의 한 과학자가 자신의 박사학위 논문에 기술하면서 이 증후군의 이름을 사용하게 되었다. 이 증후군의 환자는 사춘기까지는 정상적으로 성장하지만 사춘기가 시작되면서 급격히 노화가 진행되어 머리카락이 희거나 빠진다. 또한 백내장, 당뇨병, 골다공증, 강피증적 피부변화, 혈관의 석회화 등과 같은 질병이 동반되어 40~50대에 사망에 이른다. 이 증후군의 명칭은 무엇인가?

배점 ❶ 10점

문제 04

이 민족은 중국 정부가 공식적으로 인정한 56개 민족의 하나로, 고대 중국 북서부 황허, 황수이 계곡에 살았던 민족이다. 처음에는 유목 생활과 이주를 반복하다가 진사강 상류의 동서쪽 유역에 정착하였으며, 현재는 약 30만 명이 윈난성과 쓰촨성 일대, 티베트 접경에 살고 있다. 이 민족은 모계 중심의 부족으로 일처다부제의 전통을 가지고 있어, 가정 등에서 여성의 지위가 높은 민족이다. 이 민족은 오늘날까지 상형문자를 사용하고 있으며, 이 민족의 상형문자를 우리나라 박물관에 전시하기도 하였다. 이 민족의 명칭은?

배점 ❶ 10점

문제 05

이것은 북아메리카 남부지방에서 남아메리카에 이르는 초원이나 반사막 지역에 20여 종이 분포하여 서식하고 있는 포유류이다. 이것의 몸 등 부분은 갑옷 모양의 딱딱한 딱지로 덮여 있으며, 사지는 짧지만 튼튼한 발톱이 있어 굴을 파고 숨는 데 유리하다. 또한 이것의 일부 종은 갑작스러운 적의 습격으로 도망칠 기회를 잃거나 구멍을 파고 숨을 여유가 없을 때 몸을 둥글게 하여 몸을 보호하기도 한다. 또한, 이것의 일부 종은 사람에게 한센병을 전염시키는 것으로 알려졌다. 이것의 명칭은?

배점 ❶ 10점

디지털정보활용능력 - 인터넷정보검색 시험시간 : 40분

문제 06

이것은 인체에 유익한 효과를 주는 살아있는 미생물을 총칭하는 말로, 장에서 젖산을 생성해 유해균이 생육할 수 없도록 하고 유익한 균은 더욱 증식하여 장을 건강하게 만들어 주는 균주를 말한다. 결장암 예방, 면역기능 개선, 스트레스로 인한 유해 세균 억제 등의 역할을 하며 유산균을 비롯한 세균들이 이것으로 인정받기 위해서는 체내에 들어간 뒤 살아서 소장까지 도달하여 장에서 증식하고 정착해 인체에 유익한 효과를 주어야 한다. 또한 비병원성이며 독성을 갖지 않아야 한다. 이것의 명칭은?

배점   ❶ 10점

문제 07

(①)은/는 일정 기간에 한 나라의 국민이 국내외에서 생산한 최종 생산물(재화와 용역)을 시장 가격으로 평가하여 합산한 것을 말한다. (②)은/는 일정 기간에 한 나라 안에서 생산되어 최종적으로 사용되는 모든 생산물(재화와 용역)의 가치를 합산한 것을 말한다. (②)은/는 자국민이든 외국인이든 국적을 불문하고 한 나라의 국경 내에서 이루어진 생산 활동을 모두 포함하는 개념이다. 즉, (①)이/가 국민을 기준으로 한 통계라면 (②)은/는 영토와 국경을 기준으로 경제 활동을 파악한 것이라 할 수 있다.

배점   ❶ 10점   ❷ 10점

문제 08

마이크로블로그란 두 줄 정도의 짧은 글을 올리는 블로그를 지칭하는 것으로, 그 중 하나인 이것은 소셜 네트워크 서비스와 일반 블로그의 중간 형태의 플랫폼을 말한다. 이것은 빠르고 쉽게 문자, 사진, 소리 등을 게재할 수 있는 블로그로 이용하거나 페이스북, 카카오스토리 등과 같은 용도로도 이용할 수 있다. 이것은 2007년 미국의 웹 개발자에 의해 설립되었으며, 2013년에 야후가 이것을 인수하여 현재까지 운영하고 있다. 또한 이것은 영어, 독일어, 프랑스어, 일본어, 한국어 등을 지원한다. 이것의 명칭은?

배점   ❶ 10점

제10회 실전모의고사

- 시험과목 : 인터넷정보검색
- 시험일자 : 20XX. X. X(X)
- 수검자 기재사항 및 감독자 확인

수 검 번 호	DII - XXXX -	감독관 확인
성 명		

응시자 유의사항

1. 응시자는 신분증을 지참하여야 시험에 응시할 수 있으며, 시험이 종료될 때까지 신분증을 제시하지 못 할 경우 해당 시험은 0점 처리됩니다.
2. 시스템(PC작동여부, 네트워크 상태 등)의 이상여부를 반드시 확인하여야 하며, 시스템 이상이 있을시 감독위원에게 조치를 받으셔야 합니다.
3. 시험 중 부주의 또는 고의로 시스템을 파손한 경우는 응시자 부담으로 합니다.
4. 답안 전송 프로그램을 통해 다운로드 받은 파일을 이용하여 답안파일을 작성하시기 바랍니다.
5. 작성한 답안 파일은 답안 전송 프로그램을 통하여 전송됩니다. 감독위원의 지시에 따라 주시기 바랍니다.
6. 다음사항의 경우 실격(0점) 혹은 부정행위 처리됩니다.
    1) 답안파일을 저장하지 않았거나, 저장한 파일이 손상되었을 경우
    2) 답안파일을 지정된 폴더(바탕화면 – "KAIT" 폴더)에 저장하지 않았을 경우
        ※ 답안 전송 프로그램 로그인 시 바탕화면에 자동 생성됨
    3) 답안파일을 다른 보조 기억장치(USB) 혹은 네트워크(메신저, 게시판 등)로 전송할 경우
    4) 휴대용 전화기 등 통신기기를 사용할 경우
7. 시험지에 제시된 글꼴이 응시 프로그램에 없는 경우, 반드시 감독위원에게 해당 내용을 통보한 뒤 조치를 받아야 합니다.
8. 시험의 완료는 작성이 완료된 답안을 저장하고, 답안 전송이 완료된 상태를 확인한 것으로 합니다.
    답안 전송 확인 후 문제지는 감독위원에게 제출한 후 퇴실하여야 합니다.
9. 답안전송이 완료된 경우에는 수정 또는 정정이 불가능합니다.
10. 시험시행 후 결과는 홈페이지(www.ihd.or.kr)에서 확인하시기 바랍니다.
    1) 문제 및 모범답안 공개 : 20XX. XX. XX(X)
    2) 성적 공개 : 20XX. XX. XX(X)

디지털정보활용능력 - 인터넷정보검색

시험시간 : 40분

유의사항

- 답안지 파일에 수검번호, 성명을 정확히 기재하여 주십시오.
- 답안지의 URL란에는 반드시 정답의 내용이 나타나는 웹 페이지의 절대경로를 기재하고, 한 개의 URL만 기재하십시오.
  (만일 프레임구조의 웹 페이지에서 주소 표시줄에 나타나는 URL만으로는 정답이 위치한 하부의 페이지를 찾을 수 없을 경우 정답으로 인정하지 않음)
  ※ **절대경로란?** : 해당 웹 페이지에서 마우스 오른쪽 버튼을 클릭한 후 [등록 정보] 또는 [속성] 항목을 선택한 화면에 나타나는 주소(URL)
- 검색엔진의 '웹페이지' 검색에서 [미리보기]에 해당하는 URL을 기재한 경우 오답 처리됩니다.
- 회원가입 및 등업 후 내용 확인이 가능한 포털의 카페, 블로그, 지식검색, 댓글, 소셜 네트워크 등의 URL은 정답으로 인정되지 않습니다.
- 첨부파일에서 답안을 찾은 경우 첨부파일까지의 URL을 정확히 기재하지 않은 경우 오답 처리됩니다.
  (예 : http://www.ihd.or.kr/aa.hwp - 정답)

문제 01

(①)은/는 연기와 같이 사라진다는 뜻의 이탈리아어에서 유래되었다. 이것은 여러 가지 선 또는 색채로 평면에 형상을 그리는 조형 미술에서 매우 부드럽고 섬세한 색의 변화를 나타내고자 할 때 쓰는 기법이다. (①)은/는 이탈리아 르네상스의 거장이었던 레오나르도 다 빈치에 의해 처음 도입되었는데, 공간감을 느낄 수 있으며 심오한 깊이를 화면 전체에 더해주는 효과를 낳았다. 한편 이 기법이 사용된 대표적 작품인 (②)은/는 파리의 루브르 박물관에 소장되어 있는데, 세계에서 가장 유명한 초상화임에도 불구하고 누구를 모델로 하여 그려진 것인지 정확히 알려지지 않았으며 조르조 바사리의 미술가 열전에 기록된 내용을 토대로 피렌체의 부유한 상인의 부인이었다고 추정된다.

배점 ❶ 10점 ❷ 10점

문제 02

1901년에 제정된 노벨상은 매년 물리학을 포함한 6개 부문에서 인류 문명의 발달에 공헌한 사람이나 단체를 선정하여 상을 수여하고 있다. 2015년 노벨생리·의학상의 공동 수상자 중 한 명인 이 사람은 항말라리아 활성을 갖는 약물을 찾아내기 위해 중국 전통 고서에서 2000개의 처방 등을 조사하여 이 중 개똥쑥 추출물의 효능이 가장 탁월한 것을 밝혀내었고, 1972년에 학질에 사용되는 개똥쑥에서 말라리아 치료의 특효 성분인 아르테미시닌을 개발하여 기생충 감염 질환의 치료에 새로운 전기를 마련하였다. 이 사람은 누구인가?

배점 ❶ 10점

문제 03

하늘과 맞닿은 도시라고 불리는 이곳은 사암 봉우리로 이루어져 있으며 바위 꼭대기에 지어진 뛰어난 수도원 건축 양식을 보여준다. 16세기에는 이곳에 20여 개의 수도원이 세워져 있었으나 2차 세계대전 이후 파손된 것을 복원하여 현재는 5개의 수도원과 1개의 수녀원만이 남아 있다. 이곳은 관광객들의 방문을 제한적인 범위에서 허용하고 있으며, 유네스코에서는 이곳의 자연경관과 경이로운 건축물에 대한 보존가치를 인정하여 1988년 세계복합유산으로 지정하기도 하였다. 이곳의 명칭은?

배점 ❶ 10점

문제 04

이것은 국민을 대신하여 공공조직의 행정권을 결제할 목적으로 1809년 스웨덴에서 처음 창안된 제도이다. 시민이 제소한 사안에 대해 입법부에서 임명한 감찰관이 독자적으로 조사하여 잘못된 행정에 대해 관련자에게 설명을 요구하고 필요한 사항을 민원인에게 알려주는 등의 업무를 처리한다. 우리나라는 이 제도의 형식을 빌려 국민고충처리위원회가 설치되었으나 실질적으로 이와 같다고 볼 수는 없다. 이 제도의 명칭은?

배점 ❶ 10점

문제 05

이것은 독일의 통계학자가 근로자의 가계조사를 통해 발견한 법칙이다. 벨기에 근로자 153가구의 수입과 지출을 조사하던 중 소득이 적은 가정에서는 수입 중 식료품이 차지하는 비율이 높고, 소득이 높은 가정에서는 수입 중 식료품이 차지하는 비율이 낮은 대신 문화생활 등의 지출이 높다는 것을 발견하였다. 이런 점을 착안하여 생활수준의 정도를 나타내기 위한 지표로 이것이 개발되었고, 이것은 한 가구당 총지출에서 식료품비가 차지하는 비율을 나타낸다. 이것의 명칭은?

배점 ❶ 10점

디지털정보활용능력 - 인터넷정보검색　시험시간 : 40분

문제 06

이 용어는 스포츠 경기에서 선수 포지션 중 수비수를 나타내는 말이다. 축구 경기에서는 최후방 중앙 수비수이지만 공격을 전개할 경우에는 포지션에 얽매이지 않고 자유롭게 공격에 가담하여 팀의 공격력에 도움을 주는 선수를 뜻한다. 이 포지션은 경기의 흐름을 종합적으로 판단할 수 있는 능력과 리더십이 강한 선수가 주로 맡는다. 배구 경기에서는 팀 내 선수들과 다른 색의 유니폼을 입고 수비를 전문으로 하는 선수를 지칭하는 말로, 경기의 묘미를 더하기 위해 1997년 국제월드리그대회에서 처음 도입되었다. 이 용어의 명칭은?

배점　❶ 10점

문제 07

(①)은/는 특정 작품의 주요 대사나 장면 등을 자신의 작품에 인용하여 존경의 의미를 표시하는 것을 말한다. (①)은/는 선배 영화인의 기술적 재능 및 업적을 기리기 위해 영화 속의 특정 장면을 그대로 삽입하거나 유사한 형태로 모방하기도 하며, 감독의 특정 스타일을 따라하는 등의 다양한 방법이 있다. (①)은/는 (②)와/과 구분되기도 하지만 그 기준이 모호하여 도덕적 문제나 표절 시비 등에 휘말리는 경우도 있다. (②)은/는 주로 풍자를 목적으로 특정 작품을 모방하여 재창조하는 것을 말한다.

배점　❶ 10점　　❷ 10점

문제 08

이것은 웹 상에서 웹 서비스 업체들이 제공하는 다양한 정보와 서비스를 혼합하여 새로운 서비스를 개발하는 것을 의미하는 용어로, 서로 다른 웹 사이트의 콘텐츠를 조합하여 새로운 콘텐츠와 서비스를 만들어내는 것을 말한다. 이것으로 가장 유명한 것은 구글 지도와 부동산 정보 사이트인 크레이그 리스트를 결합시킨 하우징 맵 사이트로 지도 정보에서 특정 지역을 선택하면 해당 지역의 부동산 매물정보를 보여주는 서비스를 제공하고 있다. 이것은 기존의 자원을 활용하여 만들기 때문에 새로운 서비스를 구축하기 위하여 투자되는 비용이 적게 드는 것이 특징이다. 이것의 명칭은?

배점　❶ 10점

각 문제의 설명을 읽고 가로·세로에 알맞은 단어로 표를 만들어 보세요.

문제 1 가로 | '묵은 것은 없애고 새 것을 펼치라'는 뜻의 사자성어는 무엇인가?

문제 2 세로 | '병에 마개를 꼭 막듯이 입을 다문다'라는 뜻으로, 남에게 비밀을 말하지 말라는 의미의 사자성어는 무엇인가?

문제 3 가로 | '정상적인 상태로 순탄하다'를 이르는 우리말은 무엇인가?

문제 4 세로 | 신라 초기 복속된 주변에 있었던 소국으로 신라 파사왕 29년에 신라에 병합되었다. 이 나라의 이름은 무엇인가?

문제 5 가로 | 1922년 중국 상해에서 조직되었던 독립운동단체로 김구, 여운형 등이 10년간 1만명 이상의 군인양성 양성과 독립군의 사기진작, 독립군자금 확보, 조달을 목적으로 하였다. 이 단체의 이름은 무엇인가?

제11회 실전모의고사

- 시험과목 : 인터넷정보검색
- 시험일자 : 20XX. X. X(X)
- 수검자 기재사항 및 감독자 확인

수검번호	DII - XXXX -	감독관 확인
성 명		

응시자 유의사항

1. 응시자는 신분증을 지참하여야 시험에 응시할 수 있으며, 시험이 종료될 때까지 신분증을 제시하지 못 할 경우 해당 시험은 0점 처리됩니다.
2. 시스템(PC작동여부, 네트워크 상태 등)의 이상여부를 반드시 확인하여야 하며, 시스템 이상이 있을시 감독위원에게 조치를 받으셔야 합니다.
3. 시험 중 부주의 또는 고의로 시스템을 파손한 경우는 응시자 부담으로 합니다.
4. 답안 전송 프로그램을 통해 다운로드 받은 파일을 이용하여 답안파일을 작성하시기 바랍니다.
5. 작성한 답안 파일은 답안 전송 프로그램을 통하여 전송됩니다. 감독위원의 지시에 따라 주시기 바랍니다.
6. 다음사항의 경우 실격(0점) 혹은 부정행위 처리됩니다.
    1) 답안파일을 저장하지 않았거나, 저장한 파일이 손상되었을 경우
    2) 답안파일을 지정된 폴더(바탕화면 – "KAIT" 폴더)에 저장하지 않았을 경우
        ※ 답안 전송 프로그램 로그인 시 바탕화면에 자동 생성됨
    3) 답안파일을 다른 보조 기억장치(USB) 혹은 네트워크(메신저, 게시판 등)로 전송할 경우
    4) 휴대용 전화기 등 통신기기를 사용할 경우
7. 시험지에 제시된 글꼴이 응시 프로그램에 없는 경우, 반드시 감독위원에게 해당 내용을 통보한 뒤 조치를 받아야 합니다.
8. 시험의 완료는 작성이 완료된 답안을 저장하고, 답안 전송이 완료된 상태를 확인한 것으로 합니다.
    답안 전송 확인 후 문제지는 감독위원에게 제출한 후 퇴실하여야 합니다.
9. 답안전송이 완료된 경우에는 수정 또는 정정이 불가능합니다.
10. 시험시행 후 결과는 홈페이지(www.ihd.or.kr)에서 확인하시기 바랍니다.
    1) 문제 및 모범답안 공개 : 20XX. XX. XX(X)
    2) 성적 공개 : 20XX. XX. XX(X)

디지털정보활용능력 - 인터넷정보검색 시험시간 : 40분

유의사항
- 답안지 파일에 수검번호, 성명을 정확히 기재하여 주십시오.
- 답안지의 URL란에는 반드시 정답의 내용이 나타나는 웹 페이지의 절대경로를 기재하고, 한 개의 URL만 기재하십시오.
  (만일 프레임구조의 웹 페이지에서 주소 표시줄에 나타나는 URL만으로는 정답이 위치한 하부의 페이지를 찾을 수 없을 경우 정답으로 인정하지 않음)
  ※ **절대경로란?** : 해당 웹 페이지에서 마우스 오른쪽 버튼을 클릭한 후 [등록 정보] 또는 [속성] 항목을 선택한 화면에 나타나는 주소(URL)
- 검색엔진의 '웹페이지' 검색에서 [미리보기]에 해당하는 URL을 기재한 경우 오답 처리됩니다.
- 회원가입 및 등업 후 내용 확인이 가능한 포털의 카페, 블로그, 지식검색, 댓글, 소셜 네트워크 등의 URL은 정답으로 인정되지 않습니다.
- 첨부파일에서 답안을 찾은 경우 첨부파일까지의 URL을 정확히 기재하지 않은 경우 오답 처리됩니다.
  (예 : http://www.ihd.or.kr/aa.hwp - 정답)

문제 01

(①)은/는 스콧 애덤스가 쓴 저서에서 유래된 용어로 무능력하고 비효율적인 직원일수록 경쟁 과정을 거치지 않고 중책을 맡는 간부로 승진할 수 있다는 것으로 변화되는 것을 두려워하고 현실에 안주하는 조직의 특성을 나타낸 것을 의미한다. 반면에 (②)은/는 위계 조직에서는 자신의 무능력이 드러날 때까지 승진한다는 것으로 미국 컬럼비아대학 교수가 1969년에 발표한 이론이다. (②)은/는 능력 있는 사람이 승진한다는 전제 하에 직급이 올라갈수록 새로운 능력이 필요하고 해당 능력을 갖지 못하면 신분 보장으로 그 자리에 머물게 되는 관료제의 병리현상을 지적한 이론이다.

배점 ❶ 10점   ❷ 10점

문제 02

이것은 의회 안에서의 소수파가 다수파의 독주를 막기 위해 합법적으로 진행되는 행위를 말하는 것으로, 처음에는 서인도의 스페인 식민지와 함선을 공격하는 사람들을 가리키는 말에서 유래되었다. 이것은 1854년 미국 상원에서 특정 주의 신설 법안을 막기 위해 반대파 의원들이 의사진행을 방해하면서부터 정치적 의미로 사용되었고, 장시간 연설, 각종 동의안과 수정안의 연속적인 제의 등의 다양한 방법이 사용되고 있다. 이것은 미국, 영국 등의 나라에서 시행되고 있으며 우리나라에서는 1964년에 처음 시행하였다. 이것의 명칭은?

배점 ❶ 10점

디지털정보활용능력 - 인터넷정보검색 시험시간 : 40분

문제 03

이것은 손으로 어떤 물건을 만져보는 것만으로 그 물건의 소유자에 대한 정보를 읽어낼 수 있는 능력을 뜻하는 용어이다. 이것을 소재로 다룬 영화가 2013년에 개봉되면서 관심을 받게 되었는데 한 실험 결과에 따르면 남성은 10명 중 1명, 여성은 4명 중 1명이 이 능력을 가졌다고 한다. 인간의 기억이 냄새처럼 주위의 사물에 남는다는 초심리학적 가설에 의거한 이것은 투시의 일종으로 보기도 하며, 미국의 유명한 지질학자는 이것에 관한 연구 결과를 책으로 발간하기도 하였다. 이것의 명칭은?

배점 ❶ 10점

문제 04

이 사람은 미국 메이저리그 선수로, 1947년 브루클린 다저스에 입단하자마자 타율 0.297, 도루 29개 등의 뛰어난 활약으로 내셔널리그 신인왕을 차지하였으며, 1949년에는 내셔널리그 타격왕과 최우수선수로 선정되기도 하였다. 그는 데뷔 초기부터 흑인이라는 이유로 극심한 인종차별을 겪었으나 이에 적극적으로 저항하여 인종차별 위헌 결정과 민권법 제정에 크게 공헌하였다. 은퇴 후에도 흑인들의 인권신장 운동에 매진하는 등 왕성한 활동을 하였으며 영화 '42'의 실제 주인공이기도 한 이 사람은 누구인가?

배점 ❶ 10점

문제 05

이것은 정치적으로 서로 이념이 다른 정파가 대통령과 총리를 나누어 맡아 국정을 함께 수행하는 정치제도를 말한다. 이것에 대해 정치평론가들은 '갈등과 긴장 속의 조화와 균형'이라고 표현하기도 한다. 이것은 대통령 중심제와 내각 책임제가 절충된 제도인 이원집정부제를 시행하는 국가에서 가능한 정부 형태이며, 여소야대 정국이 형성될 경우 의회 다수당에서 총리와 행정부 구성을 맡음으로써 나타난다. 이것이 구성되면 대통령의 권한은 국방과 외교에 국한되고, 총리가 경제 등 나머지 모든 권한을 갖게 된다. 이것의 명칭은?

배점 ❶ 10점

디지털정보활용능력 - 인터넷정보검색 시험시간 : 40분

문제 06

이것은 스마트폰에 탑재된 GPS 기능을 활용하여 위치 정보를 수집하고 이를 쇼핑 관광 등에 이용하는 위치기반 소셜 네트워크 서비스로, 이용자 스스로 자신의 위치를 입력해 정보를 제공하는 체크인 기능을 활용하여 기록을 남기고, 글과 그림을 첨부해 친구들과 정보를 공유한다. 이용자는 게임을 하듯이 재미를 느낄 수 있으며 이용자가 방문한 식당이나 상점 입장에서는 광고효과를 얻을 수 있는 이점이 있다. 기업은 이것의 특성을 신규 매장 오픈이나 배달 전문 매장의 마케팅에 적극 활용하고 있다. 이것의 명칭은?

배점 ❶ 10점

문제 07

(①)은/는 정보를 매우 짧은 시간 동안 저장하는 기억으로 청각, 시각 등의 기관에 따라 각각의 (①)을/를 갖는 것으로 알려져 있다. 이것에 저장된 정보들은 바로 사라지거나 그 정보의 의미가 해석되는 형태 재인의 단계를 거친다. (①) 중 일부가 선택적으로 단기 기억과 (②)로/으로 저장된다. (②)은/는 인지과정에 대한 체계적인 구분을 통해 학습과 기억의 원리에 관한 통찰을 제공하며, 언어, 사고, 추리 등의 구체적인 학습활동에 활용될 수 있으며, (②) 모델을 응용한 ADHD 및 정신지체, 읽기 장애 아동의 기억과 학습에 대한 치료에 적용될 수 있다.

배점 ❶ 10점   ❷ 10점

문제 08

이것은 현금을 받는 대신, 채권을 양도하거나 포기하는 것을 뜻하는 이것은 프랑스어에서 유래된 용어이다. 수출 거래에 따른 어음 등을 고정금리로 할인하여 매입하는 금융거래를 말한다. 이것의 장점으로는 수출업자가 대금을 미리 받아 투자를 새롭게 할 수 있으며, 이후 발생되는 수입자의 대금지급 거절 혹은 연기로 인한 손해는 부담하지 않아도 된다는 것이다. 그러나 높은 수수료와 금융비용의 증가로 수입물품의 가격을 상승시키는 단점이 있다. 이것의 명칭은?

배점 ❶ 10점

제 12회 실전모의고사

- 시험과목 : 인터넷정보검색
- 시험일자 : 20XX. X. X(X)
- 수검자 기재사항 및 감독자 확인

수 검 번 호	DII - XXXX -	감독관 확인
성 명		

응시자 유의사항

1. 응시자는 신분증을 지참하여야 시험에 응시할 수 있으며, 시험이 종료될 때까지 신분증을 제시하지 못 할 경우 해당 시험은 0점 처리됩니다.
2. 시스템(PC작동여부, 네트워크 상태 등)의 이상여부를 반드시 확인하여야 하며, 시스템 이상이 있을시 감독위원에게 조치를 받으셔야 합니다.
3. 시험 중 부주의 또는 고의로 시스템을 파손한 경우는 응시자 부담으로 합니다.
4. 답안 전송 프로그램을 통해 다운로드 받은 파일을 이용하여 답안파일을 작성하시기 바랍니다.
5. 작성한 답안 파일은 답안 전송 프로그램을 통하여 전송됩니다. 감독위원의 지시에 따라 주시기 바랍니다.
6. 다음사항의 경우 실격(0점) 혹은 부정행위 처리됩니다.
    1) 답안파일을 저장하지 않았거나, 저장한 파일이 손상되었을 경우
    2) 답안파일을 지정된 폴더(바탕화면 – "KAIT" 폴더)에 저장하지 않았을 경우
        ※ 답안 전송 프로그램 로그인 시 바탕화면에 자동 생성됨
    3) 답안파일을 다른 보조 기억장치(USB) 혹은 네트워크(메신저, 게시판 등)로 전송할 경우
    4) 휴대용 전화기 등 통신기기를 사용할 경우
7. 시험지에 제시된 글꼴이 응시 프로그램에 없는 경우, 반드시 감독위원에게 해당 내용을 통보한 뒤 조치를 받아야 합니다.
8. 시험의 완료는 작성이 완료된 답안을 저장하고, 답안 전송이 완료된 상태를 확인한 것으로 합니다.
    답안 전송 확인 후 문제지는 감독위원에게 제출한 후 퇴실하여야 합니다.
9. 답안전송이 완료된 경우에는 수정 또는 정정이 불가능합니다.
10. 시험시행 후 결과는 홈페이지(www.ihd.or.kr)에서 확인하시기 바랍니다.
    1) 문제 및 모범답안 공개 : 20XX. XX. XX(X)
    2) 성적 공개 : 20XX. XX. XX(X)

디지털정보활용능력 - 인터넷정보검색

시험시간 : 40분

유의사항

- 답안지 파일에 수검번호, 성명을 정확히 기재하여 주십시오.
- 답안지의 URL란에는 반드시 정답의 내용이 나타나는 웹 페이지의 절대경로를 기재하고, 한 개의 URL만 기재하십시오.
  (만일 프레임구조의 웹 페이지에서 주소 표시줄에 나타나는 URL만으로는 정답이 위치한 하부의 페이지를 찾을 수 없을 경우 정답으로 인정하지 않음)
  ※ 절대경로란? : 해당 웹 페이지에서 마우스 오른쪽 버튼을 클릭한 후 [등록 정보] 또는 [속성] 항목을 선택한 화면에 나타나는 주소(URL)
- 검색엔진의 '웹페이지' 검색에서 [미리보기]에 해당하는 URL을 기재한 경우 오답 처리됩니다.
- 회원가입 및 등업 후 내용 확인이 가능한 포털의 카페, 블로그, 지식검색, 댓글, 소셜 네트워크 등의 URL은 정답으로 인정되지 않습니다.
- 첨부파일에서 답안을 찾은 경우 첨부파일까지의 URL을 정확히 기재하지 않은 경우 오답 처리됩니다.
  (예 : http://www.ihd.or.kr/aa.hwp - 정답)

문제 01

(①)은/는 핵심이나 구심점을 뜻하는 것으로 사전적 의미로는 수레나 자동차의 바퀴가 빠지지 않도록 축에 꽂는 핀을 나타내며, 외교적으로는 공동의 정책 목표를 달성하는 데 꼭 필요한 동반자라는 의미로 쓰이고 있다. (②)은/는 초석이라는 뜻으로 외교적인 의미는 (①)과/와 같으며, 2010년 이후 미국은 한·미동맹을 (①)에, 미·일 동맹을 (②)에 비유해 사용하고 있다. 그러나 (①)나/이나 (②)은/는 외교적인 수사에 불과할 뿐 모두 높은 수준의 신뢰를 나타내는 표현이라는 점에서는 차이가 없다.

배점 ❶ 10점 ❷ 10점

문제 02

이것은 원시시대 사람들이 강가에서 뗏목을 타고 다니면서 수렵과 이동을 하던 것이 효시라고 할 수 있다. 오늘날과 같은 형태의 보트가 선을 보인 것은 세계 2차 대전이 끝난 후 부산물로 남은 군사용 보트를 사용하여 강 하류로 내려간 사실이 전해지면서 부터이다. 이것은 재미와 스릴을 즐기려는 대학생 및 전문 동호인 클럽을 중심으로 크게 보급되어 왔으며, 보다 안전하고 다루기 쉬운 장비가 개발되어 기업체나 학교 단체의 야외 교육으로 적극 활용되는 등 현대인의 수상레저의 중심으로 자리 잡고 있다. 이것의 명칭은?

배점 ❶ 10점

디지털정보활용능력 - 인터넷정보검색   시험시간 : 40분

문제 03

이것은 1990년대 중반부터 서유럽 국가들을 중심으로 농촌의 자연환경과 전원풍경, 지역의 수공예품과 공동체 문화 등 다양한 방면에서 사람들에게 만족감을 주는 요소를 통틀어 일컫는 것으로 어떤 장소나 기후 등에서 느끼는 쾌적함을 지칭하는 용어이다. 이것은 농촌개발에만 한정하지 않고 현재는 어촌개발이나 각종 경제 분야에서도 활용되면서 쾌적성만을 의미하는 단순한 추상명사에서 쾌적함과 만족감을 주는 모든 요소들을 함축하는 용어로 의미가 확대되어 사용되고 있다. 이것의 명칭은?

배점 ❶ 10점

문제 04

이것은 사람과 동물 사이에 상호 전염되는 질병을 말하는 것으로, 이중에서도 동물로부터 사람에게 전염되는 질병을 지칭하기도 한다. 이 질병은 전 세계적으로 약 200여종이 있으며, 대부분은 직접적인 접촉이 있거나 공기를 통해서 감염되는 경우이지만 질병에 따라 파리나 모기를 통해서 전염되기도 한다. 세균성으로는 탄저, 살모넬라증, 이질 등이 있으며, 일본 뇌염, 공수병 등의 바이러스성인 것도 있다. 이 밖에 리케차성, 진균성, 내부 기생충성, 외부 기생충성인 것에 따라 질병의 종류도 다양하다. 이 질병의 명칭은?

배점 ❶ 10점

문제 05

이 합성 기법은 각각 촬영된 배경이나 인물 등의 두 가지 화상 화면을 하나의 화상 화면으로 만들어내는 것으로, 일기 예보, 역사 스페셜, 영화 제작, 선거 방송 등의 분야에 널리 활용되고 있다. 이 합성 기법은 촬영 대상이 되는 사람이나 물체의 배경을 사람의 피부색과 다른 특정한 색(파랑이나 녹색) 등을 이용해 제작한 후 다른 영상과 합성할 때 배경에 있던 색상을 제거하여 두 가지 화상 화면이 마치 하나로 촬영된 화상 화면처럼 보이도록 한다. 이 합성 기법의 명칭은?

배점 ❶ 10점

디지털정보활용능력 - 인터넷정보검색 | 시험시간 : 40분

문제 06

이것은 소비자들이 완성된 제품을 구입하는 것보다 조립이 필요한 제품을 스스로 구매하여 조립하는 것이 보다 더 높은 만족감을 얻게 해준다는 것을 의미하는 말이다. 이것은 미국의 경영대학원 교수들이 스웨덴의 한 가구업체의 이름을 따 명명한 것인데, 직접 노동을 하여 어떤 것을 조립하면 스스로 자신의 역량이나 자긍심이 커졌다는 느낌을 받는다는 것이다. 특히 자신감이 결여된 사람이 이것의 영향을 크게 받는다고 지적하기도 하였다. 이것의 명칭은?

배 점 ❶ 10점

문제 07

(①)은/는 동물의 모든 체내 조직에 흩어져 퍼져 있다. 우리 몸에서 가장 활동성이 높은 세포 중 하나인 (①)은/는 세포를 제거하거나 활성화하고, 염증을 유도하기도 한다. 특히 그 이름처럼 침입한 세균 등을 잡아먹은 후 소화하고, 그에 대행하는 면역 정보를 림프구에 전달하기도 한다. 한편 심장의 대혈관 앞쪽에 있는 림프기관에서 분화되는 (②)은/는 외부에서 침입한 병원체의 방어에 중요한 작용을 하는데, 예를 들면 바이러스 병에 대한 면역기능이나 알레르기 등에 관여하며 또한 예방접종 이후 면역력을 획득하게 하는 기전에도 관여한다.

배 점 ❶ 10점   ❷ 10점

문제 08

이것은 2008년 미국 하버드대 교수가 처음으로 사용한 용어다. 제품을 소유의 개념이 아닌 대여하거나 차용해 사용하는 개념으로 인식하여 경제활동을 하는 것으로, 한번 생산된 제품을 여러 사람이 공유하여 사용하는 협력 소비를 기본으로 한 경제 방식을 말한다. 이것은 20세기 자본주의 경제의 특징인 대량생산 및 대량소비의 경제 구조에 대비해 생겨났으며, 자본주의 폐해의 해결책으로도 주목받고 있다. 이것은 자동차, 가재도구, 빈방, 책 등의 유형 자원을 넘어 지식, 기술, 서비스 등의 무형 자원까지 포함한다. 이것의 명칭은?

배 점 ❶ 10점

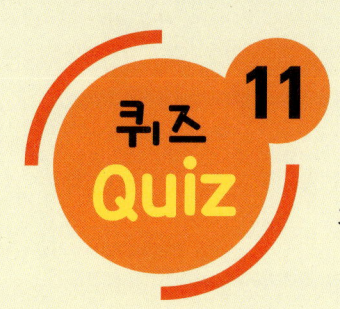

각 문제의 설명을 읽고 가로·세로에 알맞은 단어로 표를 만들어 보세요.

문제 1 세로 | 농악놀이의 진법 중 하나로 진중(陣中)에서 구름과 안개를 일으키는 놀이의 이름은 무엇인가?

문제 2 가로 | '잘못이나 사고가 없는 데도 벼슬을 빼앗아 버린다'라는 사자성어는 무엇인가?

문제 3 세로 | '산기슭으로 내리는 소나기'를 이르는 우리말은 무엇인가?

문제 4 가로 | '애만 쓰고 애쓴 보람이 없는 것'을 이르는 말의 사자성어는 무엇인가?

문제 5 세로 | 양녕대군의 후손으로 선조때 무과에 급제하였으며, 임진왜란이 일어나자 충무공 이순신의 휘하에서 옥포, 합포, 한산도, 부산포 해전 등에서 활약하였다. 이 장수의 시호는 무엇인가?

제13회 실전모의고사

- 시험과목 : 인터넷정보검색
- 시험일자 : 20XX. X. X(X)
- 수검자 기재사항 및 감독자 확인

수 검 번 호	DII - XXXX -	감독관 확인
성 명		

응시자 유의사항

1. 응시자는 신분증을 지참하여야 시험에 응시할 수 있으며, 시험이 종료될 때까지 신분증을 제시하지 못 할 경우 해당 시험은 0점 처리됩니다.
2. 시스템(PC작동여부, 네트워크 상태 등)의 이상여부를 반드시 확인하여야 하며, 시스템 이상이 있을시 감독위원에게 조치를 받으셔야 합니다.
3. 시험 중 부주의 또는 고의로 시스템을 파손한 경우는 응시자 부담으로 합니다.
4. 답안 전송 프로그램을 통해 다운로드 받은 파일을 이용하여 답안파일을 작성하시기 바랍니다.
5. 작성한 답안 파일은 답안 전송 프로그램을 통하여 전송됩니다. 감독위원의 지시에 따라 주시기 바랍니다.
6. 다음사항의 경우 실격(0점) 혹은 부정행위 처리됩니다.
    1) 답안파일을 저장하지 않았거나, 저장한 파일이 손상되었을 경우
    2) 답안파일을 지정된 폴더(바탕화면 – "KAIT" 폴더)에 저장하지 않았을 경우
        ※ 답안 전송 프로그램 로그인 시 바탕화면에 자동 생성됨
    3) 답안파일을 다른 보조 기억장치(USB) 혹은 네트워크(메신저, 게시판 등)로 전송할 경우
    4) 휴대용 전화기 등 통신기기를 사용할 경우
7. 시험지에 제시된 글꼴이 응시 프로그램에 없는 경우, 반드시 감독위원에게 해당 내용을 통보한 뒤 조치를 받아야 합니다.
8. 시험의 완료는 작성이 완료된 답안을 저장하고, 답안 전송이 완료된 상태를 확인한 것으로 합니다.
    답안 전송 확인 후 문제지는 감독위원에게 제출한 후 퇴실하여야 합니다.
9. 답안전송이 완료된 경우에는 수정 또는 정정이 불가능합니다.
10. 시험시행 후 결과는 홈페이지(www.ihd.or.kr)에서 확인하시기 바랍니다.
    1) 문제 및 모범답안 공개 : 20XX. XX. XX(X)
    2) 성적 공개 : 20XX. XX. XX(X)

식별CODE

디지털정보활용능력 - 인터넷정보검색 시험시간 : 40분

유의사항

- 답안지 파일에 수검번호, 성명을 정확히 기재하여 주십시오.
- 답안지의 URL란에는 반드시 정답의 내용이 나타나는 웹 페이지의 절대경로를 기재하고, 한 개의 URL만 기재하십시오.
  (만일 프레임구조의 웹 페이지에서 주소 표시줄에 나타나는 URL만으로는 정답이 위치한 하부의 페이지를 찾을 수 없을 경우 정답으로 인정하지 않음)
  ※ **절대경로란?** : 해당 웹 페이지에서 마우스 오른쪽 버튼을 클릭한 후 [등록 정보] 또는 [속성] 항목을 선택한 화면에 나타나는 주소(URL)
- 검색엔진의 '웹페이지' 검색에서 [미리보기]에 해당하는 URL을 기재한 경우 오답 처리됩니다.
- 회원가입 및 등업 후 내용 확인이 가능한 포털의 카페, 블로그, 지식검색, 댓글, 소셜 네트워크 등의 URL은 정답으로 인정되지 않습니다.
- 첨부파일에서 답안을 찾은 경우 첨부파일까지의 URL을 정확히 기재하지 않은 경우 오답 처리됩니다.
  (예 : http://www.ihd.or.kr/aa.hwp – 정답)

문제 01

(①)은/는 정보기관에서 정보를 수집하는 활동이나 얻은 정보를 뜻하는 용어 중 하나로, 레이더나 감청 등의 수단을 활용하는 것을 통칭한다. 이것의 대표적 사례로는 1947년 미국·영국이 독일의 통신을 도청하기 위해 처음 만들었고, 캐나다·오스트레일리아·뉴질랜드 3국이 가입한 도청망 시스템이 있다. 한편, (②)에서는 (①)와/과 더불어 정보수집의 양대 축을 이루는 정보 및 정보수집 방법을 인적 요소에 의해 수집하고 제공된 정보로부터 이끌어낸 첩보의 범주로 분류한 바 있다. (②)은/는 1949년 창설된 기구로, 주요 활동으로 서유럽에 대한 군사적·경제적 원조 등이 있다.

배점 ❶ 10점 ❷ 10점

문제 02

2010년 8월 16일~19일에 시행된 이것은 국가 비상시를 대비하여 민, 관, 군이 합동으로 나라를 지키기 위해 실시하는 연습이다. 살수대첩의 영웅이자 고구려의 명장인 이 장군을 널리 기리기 위하여 그 이름을 따서 명명하였으며, 북한 무장공비 청와대 침투사건인 '김신조 사건'을 계기로 처음 시작되었다. 2010년 이것에서는 약 3만명의 미군과 우리나라의 약 5만 6천명의 군인이 참가하였다. 이것의 명칭은?

배점 ❶ 10점

문제 03

이들은 일반 고객으로 가장하여 상품 구매나 서비스를 이용하면서 매장 직원의 친절도, 청결 상태, 판매 기술 등을 평가하고 개선점을 제안하는 일을 한다. 이들은 매장을 방문하기 전에 해당 매장의 위치, 직원 수, 상품 등의 사전 정보를 파악하고 평가할 목록을 미리 체크하여 실제 고객의 입장에서의 느낀 점을 평가하게 된다. 이들의 활동은 기업의 매출에도 다양한 영향을 미치고 있으며, 이들의 활동 영역은 백화점, 외식업체, 관공서, 병원, 금융회사 등의 다양한 분야로 확산되고 있다. 이들의 명칭은?

배점 ❶ 10점

문제 04

영국의 음악가인 이 사람은 음악의 혁신가로서 테크노, 펑크, 전자음악 등의 다양한 하위 장르를 넘나들며 음악계에 뛰어난 업적을 남겼으며, 세계적으로 가장 성공한 음반 프로듀서 중 한 사람으로 알려져 있다. 이 사람은 윈체스터예술학교에 입학하여 개념 회화와 사운드 조각을 공부하였으나 전자 악기와 음성 이론에 관심을 갖으면서 음악에 심취하게 된다. 또한 1969년에는 런던으로 이주해 록시 뮤직에 가입한 후 유명한 록 밴드에서 전자 악기 중 하나인 신시사이저를 연주하여 음악 스타일을 주목받게 된다. 이 사람은 누구인가?

배점 ❶ 10점

문제 05

이것은 생물체를 이루는 유전자와 단백질 등이 어떠한 상호작용으로 생명현상을 유지하는지 등을 종합적으로 연구하고, 이를 위해 컴퓨터 상에 가상세포와 가상장기, 더 나아가 가상 인체 등을 제작하여 이용한다는 개념이다. 실제 살아 움직이는 것 같은 세포 모델을 만들면 신약을 개발할 때 세포에 약물 정보를 넣어 어떤 반응이 나타나는지를 알아볼 수 있어 실험용 쥐나 동물에 행해지던 임상실험이나 인체를 대상으로 한 임상시험 등의 기간 및 비용 등을 획기적으로 줄일 수 있는 장점이 있다. 이것의 명칭은?

배점 ❶ 10점

디지털정보활용능력 - 인터넷정보검색 시험시간 : 40분

문제 06

이것은 미국에서 개발한 온라인 감시 프로그램으로, 우리나라는 2012년 11월에 이것을 도입하였다. 이것은 디지털 증거의 지문으로 통하는 해시 값으로 P2P를 실시간으로 체크하여 전 세계 아동 음란물 유포자를 국가별로 찾아내는 사이버 수사기법 중 하나다. 인터넷 파일에는 사람의 지문처럼 고유의 값이 존재하는데, 이것을 해시 값이라고 한다. 179개 국가의 수사기관은 자체 적발한 아동 음란물의 해시 값을 추출하여 인터폴에 제공하고 이것은 해시 값이 등록된 음란물의 이동경로를 24시간 실시간으로 추적한다. 이것의 명칭은?

배점 ❶ 10점

문제 07

(①)은/는 지하 암석이 용해되거나 지하수가 빠져나가면서 생긴 빈 공간 등으로 땅이 주저앉으면서 생기는 현상을 말한다. (①)은/는 지반이 석회암으로 이루어진 지역에서 주로 발생하며, 세계적으로 지역 구분 없이 다양한 크기와 모양으로 나타난다. (②)은/는 지하 암석이 빗물과 지하수에 쉽게 용해되면서 나타나는 지형을 말하는 것으로, 석회암 지역에서 잘 나타난다. (②)의 가장 큰 특징은 지하에 하천이 흐르는 곳이 많다는 점이며, 때때로 대규모의 석회암 동굴이 형성되기도 한다.

배점 ❶ 10점 ❷ 10점

문제 08

이것은 런던 금융가에 있는 주요 은행 간의 자금 거래에 적용하는 대표적인 단기금리를 말한다. 유로달러 시장이 국제금융에 커다란 역할을 하고 있어 이것은 세계 각국의 주택 담보대출 등 국제간 금융거래의 기준금리로 활용되고 있으며, 또한 세계 금융시장의 상태를 판단할 수 있는 자료이기도 하다. 영국의 은행연합회가 주요 은행들로부터 보고받은 금리 자료를 바탕으로 특정 금융정보회사에서 계산해 배포하고 있으며, 금융기관, 대부업체, 신용카드 회사의 금리가 이것을 기반으로 운영되고 있다. 이것의 명칭은?

배점 ❶ 10점

제 14회 실전모의고사

- 시험과목 : 인터넷정보검색
- 시험일자 : 20XX. X. X(X)
- 수검자 기재사항 및 감독자 확인

수검번호	DII - XXXX -	감독관 확인
성 명		

응시자 유의사항

1. 응시자는 신분증을 지참하여야 시험에 응시할 수 있으며, 시험이 종료될 때까지 신분증을 제시하지 못 할 경우 해당 시험은 0점 처리됩니다.
2. 시스템(PC작동여부, 네트워크 상태 등)의 이상여부를 반드시 확인하여야 하며, 시스템 이상이 있을시 감독위원에게 조치를 받으셔야 합니다.
3. 시험 중 부주의 또는 고의로 시스템을 파손한 경우는 응시자 부담으로 합니다.
4. 답안 전송 프로그램을 통해 다운로드 받은 파일을 이용하여 답안파일을 작성하시기 바랍니다.
5. 작성한 답안 파일은 답안 전송 프로그램을 통하여 전송됩니다. 감독위원의 지시에 따라 주시기 바랍니다.
6. 다음사항의 경우 실격(0점) 혹은 부정행위 처리됩니다.
    1) 답안파일을 저장하지 않았거나, 저장한 파일이 손상되었을 경우
    2) 답안파일을 지정된 폴더(바탕화면 – "KAIT" 폴더)에 저장하지 않았을 경우
        ※ 답안 전송 프로그램 로그인 시 바탕화면에 자동 생성됨
    3) 답안파일을 다른 보조 기억장치(USB) 혹은 네트워크(메신저, 게시판 등)로 전송할 경우
    4) 휴대용 전화기 등 통신기기를 사용할 경우
7. 시험지에 제시된 글꼴이 응시 프로그램에 없는 경우, 반드시 감독위원에게 해당 내용을 통보한 뒤 조치를 받아야 합니다.
8. 시험의 완료는 작성이 완료된 답안을 저장하고, 답안 전송이 완료된 상태를 확인한 것으로 합니다.
   답안 전송 확인 후 문제지는 감독위원에게 제출한 후 퇴실하여야 합니다.
9. 답안전송이 완료된 경우에는 수정 또는 정정이 불가능합니다.
10. 시험시행 후 결과는 홈페이지(www.ihd.or.kr)에서 확인하시기 바랍니다.
    1) 문제 및 모범답안 공개 : 20XX. XX. XX(X)
    2) 성적 공개 : 20XX. XX. XX(X)

식별CODE

디지털정보활용능력 - 인터넷정보검색 시험시간 : 40분

유의사항
- 답안지 파일에 수검번호, 성명을 정확히 기재하여 주십시오.
- 답안지의 URL란에는 반드시 정답의 내용이 나타나는 웹 페이지의 절대경로를 기재하고, 한 개의 URL만 기재하십시오.
  (만일 프레임구조의 웹 페이지에서 주소 표시줄에 나타나는 URL만으로는 정답이 위치한 하부의 페이지를 찾을 수 없을 경우 정답으로 인정하지 않음)
  ※ **절대경로란?** : 해당 웹 페이지에서 마우스 오른쪽 버튼을 클릭한 후 [등록 정보] 또는 [속성] 항목을 선택한 화면에 나타나는 주소(URL)
- 검색엔진의 '웹페이지' 검색에서 [미리보기]에 해당하는 URL을 기재한 경우 오답 처리됩니다.
- 회원가입 및 등업 후 내용 확인이 가능한 포털의 카페, 블로그, 지식검색, 댓글, 소셜 네트워크 등의 URL은 정답으로 인정되지 않습니다.
- 첨부파일에서 답안을 찾은 경우 첨부파일까지의 URL을 정확히 기재하지 않은 경우 오답 처리됩니다.
  (예 : http://www.ihd.or.kr/aa.hwp - 정답)

문제 01

미국 듀폰사 소속의 화학자 월리스 흄 캐러더스가 1935년 2월에 처음 만든 (①)은/는 합성 플라스틱 물질로 고분자량의 폴리아미드로 이루어져 있다. 일반적으로 천연 섬유보다 색상이 곱고 탄력성이 좋고 내마모성이 우수하여 카페트와 로프, 라켓의 줄 등으로 널리 사용되고 있다. 습기를 흡수하는 능력이 약하지만 20세기 최고의 발명품이라고 불릴 정도로 지금도 사용 용도가 매우 다양하다. 평생 우울증으로 고생하였던 월리스 흄 캐러더스는 (②)년에 사망하였다.

배점 ❶ 10점   ❷ 10점

문제 02

이 악기는 하와이의 전통악기에 속하는 4현 악기로 국내에서 약 6만명이 취미생활로 즐길 정도로 사랑받고 있는 악기이다. '뛰는 벼룩'을 뜻하는 하와이어인 이 악기는 약 50cm의 길이로 우리나라의 경우 여성고객이 대부분이며 가벼워서 이동성이 좋고 배우기 쉽고 재미있어 찾는 사람이 폭발적으로 늘고 있다. 2011년 6월 파주 헤이리 예술마을에서 국내 최초로 이 악기의 페스티벌이 개최되기도 하였다. 이 악기의 명칭은?

배점 ❶ 10점

문제 03

희유금속이란 보통 금속의 반대되는 개념으로 우라늄, 베릴륨 등과 같이 세계적으로 매장량이 아주 적거나 물리, 화학적으로 추출하기 힘든 특성을 가진 금속을 말한다. 이중에서도 이 금속은 세계 1위인 우리 디스플레이 산업의 필수 재료이며 박막 태양전지의 소재이기도 한 희유금속이다. 1863년 라이크와 리히터가 아연광석에서 처음 발견하였으며 비중은 7.31이고 녹는점은 156.6℃이다. 이 금속의 명칭은?

배점 ❶ 10점

문제 04

이것은 국방부에서 관리하며, 국가안보상 항공기 관제를 하기 위해 설정한 책임구역을 말한다. 우리나라는 군사분계선을 기준으로 하여 남해, 서해, 동해 상공에 일정한 공역을 설정하여 항적 탐지 및 식별 등의 임무를 수행하고 있으며, 항적의 침투나 포착될 때에는 반드시 식별하여 필요한 전술조치를 취하고 있다. 최근 중국에서 일방적으로 이것을 선포하여 동북아 갈등이 고조된 가운데 우리나라 정부에서도 이것의 확대를 결정한 것으로 알려져 주변국들의 반응에 관심이 모아지고 있다. 이것의 명칭은?

배점 ❶ 10점

문제 05

북아프리카 중앙부와 지중해 연안에 위치하고 있는 이 국가는 25개 자치시로 행정구역이 구성되어 있다. 한때 테러국으로 지정되어 경제 제재를 받았으나 서방국가들과 관계가 개선되었으며, 우리나라와는 한국전 참전으로 양국 관계가 시작되었다. 사회주의 인민공화제로 공용어는 아랍어이며 통화는 디나르를 사용한다. 2011년 시민군에 의하여 카다피 정권이 무너졌다. 이 국가의 이름은?

배점 ❶ 10점

디지털정보활용능력 - 인터넷정보검색 　시험시간 : 40분

문제 06

이것은 일반 대중에게 잘 알려져 있지는 않지만 각 분야에서 세계시장을 지배하고 있는 우량 중소기업을 뜻하는 용어이다. 이것은 틈새시장을 적절히 공략하고 파고들어 세계시장의 지배자 자리에 오른 기업이라는 뜻도 지니고 있으며, 작지만 강한 기업이라는 말과도 상통한다. 이것에 속한 기업들의 공통적인 특징은 장기적 전망과 기업의 집중력, 그리고 세계시장을 중시하며 독보적인 자체 기술을 갖추고 있다는 것이다. 또한 훌륭한 인재, 독특한 기업 문화를 갖추고 있다는 특징도 있다. 이것의 명칭은?

배점　❶ 10점

문제 07

프랑스 화가인 (①)은/는 일찍부터 그림에 뛰어난 재능을 발휘하여 1774년에 로마 상을 받기도 하였으며, 단순한 형태와 어두운 색조, 그리고 현실과 이상의 우아한 결합을 창조해내며 고전주의와 이전 작가들의 전례를 완벽하게 결합하였다. (①)의 대표 작품 중 하나인 (②)은/는 나폴레옹이 이탈리아를 정복하기 위해 알프스 산맥을 넘었던 사건을 기념하기 위해 그린 작품으로, (①)은/는 (②)을/를 그릴 때 나폴레옹이 한 번도 모델로 서지 않아 결국 나폴레옹의 흉상을 바탕으로 얼굴을 묘사하였다.

배점　❶ 10점　　❷ 10점

문제 08

이것은 DNA의 구성 염기인 퓨린과 피리미딘 사이의 양적 관계가 어떠한 규칙성을 나타낸다는 이론으로, 이것을 통해 퓨린과 피리미딘은 일대일의 일정한 비율을 가지고 있음이 밝혀졌다. 퓨린은 아데닌과 구아닌을, 피리미딘은 시토신과 티민을 각각 포함한다. 아데닌은 티민과 같은 양을 가지고 있으며, 구아닌은 시토신과 같은 양을 가지고 있다는 것이 실험을 통해 밝혀졌으며, 퓨린의 총량은 피리미딘의 총량과 같다는 이것을 통해 DNA의 구조와 관련된 모델들을 구축하는 데 많은 도움을 주었다. 이것의 명칭은?

배점　❶ 10점

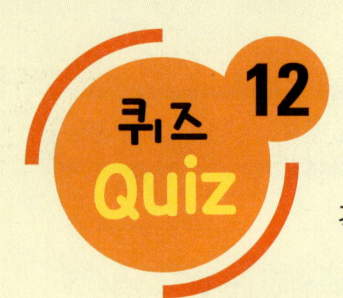

각 문제의 설명을 읽고 가로·세로에 알맞은 단어로 표를 만들어 보세요.

문제 1 **세로 |** 중국 송나라에서 관리들의 성적을 매기던 제도는 무엇인가?

문제 2 **가로 |** '실제라고 가정하고 하는 말'을 뜻하는 우리말은 무엇인가?

문제 3 **세로 |** '아주 엉망이 되어서 어찌할 도리가 없음'을 의미하는 사자성어는 무엇인가?

문제 4 **가로 |** 지붕의 추녀 끝에 사용되는 대표적인 기와로 수키와 끝에 원형 드림새가 부착된 수막새와 암키와 끝에 장방형의 드림새를 부착한 암막새로 구분되고 있는 이 기와의 이름은 무엇인가?

문제 5 **세로 |** '실력에 있어서 우열의 차가 없음'을 나타내는 사자성어는 무엇인가?

제 15회 실전모의고사

- 시험과목 : 인터넷정보검색
- 시험일자 : 20XX. X. X(X)
- 수검자 기재사항 및 감독자 확인

수검번호	DII - XXXX -	감독관 확인
성 명		

응시자 유의사항

1. 응시자는 신분증을 지참하여야 시험에 응시할 수 있으며, 시험이 종료될 때까지 신분증을 제시하지 못 할 경우 해당 시험은 0점 처리됩니다.
2. 시스템(PC작동여부, 네트워크 상태 등)의 이상여부를 반드시 확인하여야 하며, 시스템 이상이 있을시 감독위원에게 조치를 받으셔야 합니다.
3. 시험 중 부주의 또는 고의로 시스템을 파손한 경우는 응시자 부담으로 합니다.
4. 답안 전송 프로그램을 통해 다운로드 받은 파일을 이용하여 답안파일을 작성하시기 바랍니다.
5. 작성한 답안 파일은 답안 전송 프로그램을 통하여 전송됩니다. 감독위원의 지시에 따라 주시기 바랍니다.
6. 다음사항의 경우 실격(0점) 혹은 부정행위 처리됩니다.
    1) 답안파일을 저장하지 않았거나, 저장한 파일이 손상되었을 경우
    2) 답안파일을 지정된 폴더(바탕화면 – "KAIT" 폴더)에 저장하지 않았을 경우
        ※ 답안 전송 프로그램 로그인 시 바탕화면에 자동 생성됨
    3) 답안파일을 다른 보조 기억장치(USB) 혹은 네트워크(메신저, 게시판 등)로 전송할 경우
    4) 휴대용 전화기 등 통신기기를 사용할 경우
7. 시험지에 제시된 글꼴이 응시 프로그램에 없는 경우, 반드시 감독위원에게 해당 내용을 통보한 뒤 조치를 받아야 합니다.
8. 시험의 완료는 작성이 완료된 답안을 저장하고, 답안 전송이 완료된 상태를 확인한 것으로 합니다.
답안 전송 확인 후 문제지는 감독위원에게 제출한 후 퇴실하여야 합니다.
9. 답안전송이 완료된 경우에는 수정 또는 정정이 불가능합니다.
10. 시험시행 후 결과는 홈페이지(www.ihd.or.kr)에서 확인하시기 바랍니다.
    1) 문제 및 모범답안 공개 : 20XX. XX. XX(X)
    2) 성적 공개 : 20XX. XX. XX(X)

식별CODE
인

디지털정보활용능력 - 인터넷정보검색 시험시간 : 40분

유의사항

- 답안지 파일에 수검번호, 성명을 정확히 기재하여 주십시오.
- 답안지의 URL란에는 반드시 정답의 내용이 나타나는 웹 페이지의 절대경로를 기재하고, 한 개의 URL만 기재하십시오. (만일 프레임구조의 웹 페이지에서 주소 표시줄에 나타나는 URL만으로는 정답이 위치한 하부의 페이지를 찾을 수 없을 경우 정답으로 인정하지 않음)
  ※ **절대경로란?** : 해당 웹 페이지에서 마우스 오른쪽 버튼을 클릭한 후 [등록 정보] 또는 [속성] 항목을 선택한 화면에 나타나는 주소(URL)
- 검색엔진의 '웹페이지' 검색에서 [미리보기]에 해당하는 URL을 기재한 경우 오답 처리됩니다.
- 회원가입 및 등업 후 내용 확인이 가능한 포털의 카페, 블로그, 지식검색, 댓글, 소셜 네트워크 등의 URL은 정답으로 인정되지 않습니다.
- 첨부파일에서 답안을 찾은 경우 첨부파일까지의 URL을 정확히 기재하지 않은 경우 오답 처리됩니다.
  (예 : http://www.ihd.or.kr/aa.hwp - 정답)

문제 01

정부 서무기능 및 지방자치와 관련된 사무를 총괄하는 중앙행정기관으로 2017년 7월 안전에 대한 국가와 지자체간 유기적 연계가 가능하도록 국민안전처와 행정자치부를 통합해 (①)를 신설하였다. (①)는 국민 생활이 편리해지는 정부3.0 맞춤형 원스톱 서비스 등을 확대하고, 저출산·고령화 등에 따른 지방소멸 위기에 선제적으로 대비하는 정책을 추진하고 있다. 또 4차 산업혁명 시대 '지능형 전자정부' 구현, 공공부문 일자리 (②) 이상 확대, 지방재정 안정과 지역경제 현안 대응 강화 등의 정책을 펼치고 있다.

배점   10점   ❷ 10점

문제 02

완전식품이라고 불리기도 하는 우유는 칼슘과, 비타민 B2, 콜라겐의 함유량이 풍부하여 성장기 어린이와 갱년기 여성의 골다공증 예방에 좋다. 그러나 우유를 마셨을 때 소화가 잘 안되어 설사와 복부 팽만감을 느끼는 사람들이 있는데, 이 현상은 유당의 분해효소인 이것이 몸 안에 부족하기 때문이다. 특히 연세가 지긋하신 어르신들에게 이러한 현상이 주로 많이 나타나는데 이를 유당 불내증이라고 한다. 이것의 명칭은?

배점  10점

디지털정보활용능력 - 인터넷정보검색 시험시간 : 40분

문제 03

이 시대 최고의 지성인으로 손꼽히는 이 인물은 1934년 충남 아산에서 출생하였다. 지금까지 100여권의 책을 출간하였으며 주요 저서로는 '흙속에 저 바람 속에', '지성에서 영성으로' 등이 있다. 고령에도 불구하고 지금도 소설과 시, 수필 등을 활발히 집필하고 있다. 현재 중앙일보 고문과 경기 디지로그 창조학교 명예교장으로 위촉되어 있으며 초대 문화부 장관을 역임하였다. 이 인물은 누구인가?

배점 ❶ 10점

문제 04

이것은 1896년 프랑스의 한 의사에 의해 보고된 것으로, 발바닥의 바깥쪽을 가볍게 긁으면 엄지발가락은 위로 치켜지고 다른 발가락은 부채꼴로 펼쳐지는 반사 현상을 말한다. 이것은 신생아의 선천적 반사로, 아기들에게서는 흔히 볼 수 있으며 성장 과정에서 중추신경계의 발달이 이루어지면 그 후로는 자연스럽게 소멸되는 현상이다. 하지만 이것이 사라지지 않는다면 중추신경계의 이상을 의심해 볼 수 있다. 또한 성인의 경우에는 척추의 운동 신경이 아래로 내려오는 통로에 이상이 있을 때 볼 수 있는 병적 반사이다. 이것의 명칭은?

배점 ❶ 10점

문제 05

감압병 또는 벤즈라고 불리기도 하는 케이슨 병은 장시간 동안 물속의 기압이 높은 곳에서 있다가 갑자기 기압이 낮은 곳으로 나올 때 생기는 병이다. 해녀들의 잠수병으로 알려져 있으며 혈액속의 이것으로 인해 생기는 기포가 케이슨 병의 원인이다. 심한 피로감을 유발하여 심할 경우 사망에 이르기도 한다. 예방법은 물속에서 수면으로 천천히 올라와야 하며, 케이슨 병이 발병한 경우에는 재압챔버를 이용하여 치료해야 한다. 이것의 명칭은?

배점 ❶ 10점

디지털정보활용능력 - 인터넷정보검색 시험시간 : 40분

이 물고기는 4억년 전에 존재하다가 약 5천만년 전에 멸종한 것으로 알려졌으나 1938년 남아프리카의 마다가스카르 근해에서 포획되어 전 세계적으로 큰 화제가 되었다. '살아 있는 화석', '환상의 물고기' 등으로 평가받고 있는 이 물고기는 무려 100년 이상을 생존하는 것으로 추정되고 있다. 2013년 미국의 매사추세츠공과대학교와 스웨덴의 웁살라 대학 연구진은 이 물고기의 모든 유전 정보인 '게놈' 해독을 통해 폐어류가 사지동물의 유전자와 가깝다는 놀라운 연구 결과를 밝히기도 하였다. 이 물고기의 명칭은?

배점 ❶ 10점

(①)은/는 남아메리카 에콰도르에서 약 960km 떨어진 곳에 큰 섬, 작은 섬, 암초 등으로 이루어진 화산제도로, 영국의 생물학자 (②)이/가 (①)에서 희귀한 동식물을 조사하고 진화론의 실마리를 발견한 곳이기도 하다. (①)은/는 육지에서 멀리 떨어져 있으며 해류와 바람이 장벽 역할을 하여 독특한 생태계를 지니고 있다. (②)은/는 진화론을 주장한 대표적인 생물학자로, 1831년 탐사선 비글호에 박물학자로서 승선하여 세계 각지를 탐사하였고, 탐사기록을 책으로 출판하여 진화론의 기초를 확립하였다.

배점 ❶ 10점 ❷ 10점

연령이 증가함에 따라 안구(눈)의 유리체의 변화에 의해 발생하는 이 병은 40대에서부터 주로 발생하기 시작한다. 먼지나 날파리 등의 부유물이 눈앞에서 떠다니는 것처럼 보이면 이 병을 의심해봐야 한다. 시력에는 특별한 영향을 주지 않는 것으로 알려져 있으나 아주 심할 경우에는 시력이 상실될 수 있으니 조심해야 한다. 특히 시야 확보에 어려움이 생기는 병이므로 정신적인 스트레스를 매우 많이 받는다. 이 병의 명칭은?

배점 ❶ 10점

라이트 형제는 어릴 때부터 손재주가 아주 뛰어 났습니다.

평소에 독서를 좋아해 어렸을 때 직접 인쇄기를 만들어 신문을 제작하고 이후 장난감과 자전거 제작 회사를 설립해 판매까지 하면서 지내오다가 1896년 글라이더를 타고 세계 최초로 하늘을 나는데 성공한 독일의 오토 릴리엔탈이 사망했다는 소식을 라디오에 접하면서 어린 시절 관심을 가졌던 하늘을 비행하는 꿈을 다시 꾸면서 자전거 회사를 하면서 얻은 수익으로 글라이더를 제작하기로 합니다.

형제는 항공관련 서적을 읽고 하늘을 나는 새들을 관찰하면서 글라이더에 만족하지 않고 동력을 이용해 하늘을 나는 기계에 대해 관심을 갖게 됩니다. 무수한 실험을 하고 글라이더에 동력기계를 합쳐 1903년 12월 플라이어호라고 이름을 지은 최초의 동력 비행기를 만들어 첫 비행을 시도하였으나 이륙도 하지 못하고 형인 윌버가 부상을 당하게 됩니다. 3일 후 두 번째 비행을 동생인 오빌이 시도하여 12초를 비행하여 36.5미터를 이동한 후 착륙하게 됩니다.

이 기록이 최초의 비행기록으로 남아 있습니다. 이후 몇 차례 비행을 시도해 최고 기록으로는 59초 동안 약250미터를 비행하는데 성공한 라이트 형제는 플라이어 1호를 발전시켜 2호를 개발하여 1904년 기자들을 초청하여 비행시범을 보였으나 비행은 완전히 실패하게 됩니다. 기자들은 라이트 형제가 비행을 한 것이 거짓이고 관심을 받기 위해 이런 일을 꾸민 일이라고 생각을 가지게 됩니다.

라이트 형제는 기자들의 의심을 없애기 위해 플라이어 2호의 비행 실패원인을 찾아내고 분석해서 얻은 결론은 바람이 원인이라고 생각했습니다. 뒤에서 부는 바람의 힘이 약해서 플라이어 2호가 날지 못한 것으로 생각하고 원인을 해결하기 위해 다시 연구에 매진해 해결 방법을 찾아 플라이어 3호에 적용하여 1905년에 비행을 시도하여 38분 동안 38킬로미터를 날았으며 선회비행과 8자 비행까지 성공하면서 더 이상 라이트 형제를 의심하는 사람은 없었습니다.

라이트 형제는 미국 국방부와 비행기 계약을 성사키고 1908년에는 유럽에 건너가 시범 비행을 선보여 유럽 사람들을 놀라게 했습니다.

이후 여러 나라에서 비행 기계가 제작 되면서 여러 건의 특허관련 소송을 진행하다가 1912년 형이 병으로 세상을 떠나고 비행 기계 제작에 흥미를 잃게 되었습니다. 이들의 꿈이 많은 이들이 꿈꾼 것을 대신 이루어 주었으며 꿈을 위해 엄청난 노력과 실패가 존재한다는 것을 알 수 있습니다.

알아두면 좋아요

랜섬웨어(Ransomware)란?

- '몸값'(Ransom)과 '소프트웨어'(Software)의 합성어이다.

- 시스템을 잠그거나 데이터를 암호화해 사용할 수 없도록 만든 뒤, 이를 인질로 금전을 요구하는 악성 프로그램을 일컫는다.

- 이메일, 웹사이트, P2P 사이트 등을 통해 주로 퍼진다.

- 사용자 눈에 띄는 게 아니라 파일 또는 오피스 문서파일에 숨어 빈틈을 노린다.

- PC만 랜섬웨어에 감염되는 것은 아니라 안드로이드 스마트폰 데이터까지 위협하고 있다.

PC가 랜섬웨어에 감염되었을 때 조치 방법

01. 랜섬웨어 감염 시 외장하드나 공유폴더도 함께 암호화되므로 신속히 연결을 차단한다.

02. 인터넷선과 PC 전원을 차단한다.

03. 증거 보존 상태에서 신속하게 경찰에 신고한다.

04. 증거조사 후 하드 디스크는 분리해 믿을 수 있는 전문 보안업체를 통해 치료한다.

05. 감염된 PC는 포맷 후 백신 등 주요 프로그램을 최신버전으로 설치하여 사용한다.

06. 평소 해킹 상담, 피해 신고, 원격 점검 등은 한국인터넷진흥원 인터넷침해대응센터(http://www.krcert.or.kr, 전화 118)에서 서비스를 제공 받는다.

출저 : [네이버 지식백과]

최신기출문제

제 01 회 최신기출문제   제 06 회 최신기출문제

제 02 회 최신기출문제   제 07 회 최신기출문제

제 03 회 최신기출문제   제 08 회 최신기출문제

제 04 회 최신기출문제   제 09 회 최신기출문제

제 05 회 최신기출문제   제 10 회 최신기출문제

제 01 회 최신기출문제

- 시험과목 : 인터넷정보검색
- 시험일자 : 20XX. X. X(X)
- 수검자 기재사항 및 감독자 확인

수검번호	DII - XXXX -	감독관 확인
성 명		

응시자 유의사항

1. 응시자는 신분증을 지참하여야 시험에 응시할 수 있으며, 시험이 종료될 때까지 신분증을 제시하지 못 할 경우 해당 시험은 0점 처리됩니다.
2. 시스템(PC작동여부, 네트워크 상태 등)의 이상여부를 반드시 확인하여야 하며, 시스템 이상이 있을시 감독위원에게 조치를 받으셔야 합니다.
3. 시험 중 부주의 또는 고의로 시스템을 파손한 경우는 응시자 부담으로 합니다.
4. 답안 전송 프로그램을 통해 다운로드 받은 파일을 이용하여 답안파일을 작성하시기 바랍니다.
5. 작성한 답안 파일은 답안 전송 프로그램을 통하여 전송됩니다. 감독위원의 지시에 따라 주시기 바랍니다.
6. 다음사항의 경우 실격(0점) 혹은 부정행위 처리됩니다.
    1) 답안파일을 저장하지 않았거나, 저장한 파일이 손상되었을 경우
    2) 답안파일을 지정된 폴더(바탕화면 – "KAIT" 폴더)에 저장하지 않았을 경우
        ※ 답안 전송 프로그램 로그인 시 바탕화면에 자동 생성됨
    3) 답안파일을 다른 보조 기억장치(USB) 혹은 네트워크(메신저, 게시판 등)로 전송할 경우
    4) 휴대용 전화기 등 통신기기를 사용할 경우
7. 시험지에 제시된 글꼴이 응시 프로그램에 없는 경우, 반드시 감독위원에게 해당 내용을 통보한 뒤 조치를 받아야 합니다.
8. 시험의 완료는 작성이 완료된 답안을 저장하고, 답안 전송이 완료된 상태를 확인한 것으로 합니다.
    답안 전송 확인 후 문제지는 감독위원에게 제출한 후 퇴실하여야 합니다.
9. 답안전송이 완료된 경우에는 수정 또는 정정이 불가능합니다.
10. 시험시행 후 결과는 홈페이지(www.ihd.or.kr)에서 확인하시기 바랍니다.
    1) 문제 및 모범답안 공개 : 20XX. XX. XX(X)
    2) 성적 공개 : 20XX. XX. XX(X)

디지털정보활용능력 - 인터넷정보검색

시험시간 : 40분

유의사항

- 답안지 파일에 수검번호, 성명을 정확히 기재하여 주십시오.
- 답안지의 URL란에는 반드시 정답의 내용이 나타나는 웹 페이지의 절대경로를 기재하고, 한 개의 URL만 기재하십시오.
  (만일 프레임구조의 웹 페이지에서 주소 표시줄에 나타나는 URL만으로는 정답이 위치한 하부의 페이지를 찾을 수 없을 경우 정답으로 인정하지 않음)
  ※ 절대경로란? : 해당 웹 페이지에서 마우스 오른쪽 버튼을 클릭한 후 [등록 정보] 또는 [속성] 항목을 선택한 화면에 나타나는 주소(URL)
- 검색엔진의 '웹페이지' 검색에서 [미리보기]에 해당하는 URL을 기재한 경우 오답 처리됩니다.
- 회원가입 및 등업 후 내용 확인이 가능한 포털의 카페, 블로그, 지식검색, 댓글, 소셜 네트워크 등의 URL은 정답으로 인정되지 않습니다.
- 첨부파일에서 답안을 찾은 경우 첨부파일까지의 URL을 정확히 기재하지 않은 경우 오답 처리됩니다.
  (예 : http://www.ihd.or.kr/aa.hwp – 정답)

문제 01

(①)은/는 영화 주인공의 이름을 따온 것으로 맑은 날에 갑자기 소나기가 쏟아질 때 우산을 가져 나와 비를 맞지 않은 경우나 벼락치기 시험공부로 높은 점수를 받은 경우 등 자신에게 발생하는 일이 유리하게 진행됨을 뜻하는 용어이다. 반면에 미국의 한 군인 이름에서 따온 (②)은/는 (①)과는/와는 반대로 매일 버스를 자주 이용하는 회사원이 택시를 타고 간 날에 교통사고가 발생한 경우나 시험공부를 열심히 하였지만 그냥 지나친 부분에서 시험문제가 출제되는 경우 등 일이 좀처럼 풀리지 않고 갈수록 낭패를 당하는 경우에 쓰는 용어이다.

배점 ❶ 10점   ❷ 10점

문제 02

이것은 합성어로 정치적 홍보나 선동을 할 목적으로 인터넷과 소셜 네트워크 서비스 등을 통해 무차별적으로 정보를 배포하는 사람들을 지칭하는 용어이다. 이것은 단순 메시지나 패러디, 동영상 등의 다양한 정보와 콘텐츠를 배포하는 과정에서 정치인을 홍보하거나 반대로 정치인이나 정부에 대해 비난하기도 한다. 이것은 유언비어를 퍼뜨려 여론을 왜곡하여 정치를 멀리 하게 하는 역할도 하는데, 정치적 편가르기와 진영 논리를 앞세우는 사회일수록 이것이 기승을 부릴 가능성이 크다는 견해도 나오고 있다. 이것의 명칭은?

배점 ❶ 10점

문제 03

이것은 항상 밝은 모습을 유지해야 한다는 생각에 사로잡혀 심리적으로 심하게 압박을 받으며, 슬픔과 분노 같은 감정을 제대로 표현하지 못해 심리적으로 불안정한 상태를 의미하는 것이다. 실제 감정을 억제한 채 언제나 웃는 얼굴로 고객에게 서비스하는 감정노동자들이나 경쟁에 내몰리는 직장인들에게서 흔히 보이는 스트레스 증상으로, 이것을 극복하기 위해서 국가와 기업은 감정노동자들이 경험하는 고통을 미리 예방하는 교육을 하고 복지시설을 마련하는 등의 적극적인 노력을 해야 한다. 일본의 한 교수가 처음 사용한 이것의 명칭은?

배 점 ❶ 10점

문제 04

이것은 영국의 한 학생이 개발한 뉴스 요약 앱으로 인공지능을 이용해 세계 주요 언론사 수백 곳의 인터넷 사이트를 검색한 후 자연어 처리 방식으로 각 뉴스를 매우 빠르게 요약하여 제공해주는 서비스이다. 이것을 통해 사용자는 특정 매체별이나 주제별로 기사 요약을 신속하게 볼 수 있으며, 내용을 저장할 수도 있고, 간단한 터치 기능을 이용하여 해당 기사의 원문을 읽어볼 수도 있다. 이것은 애플 앱 스토어에서 약 100만 건 다운로드 기록을 하여 2012 베스트 아이폰 앱에 선정되기도 하였으며, 2013년에는 야후에 인수되었다. 이것의 명칭은?

배 점 ❶ 10점

문제 05

이것은 18번 염색체가 3개가 되어 발생하는 선천적 기형 증후군으로 흔하게 발생하는 상염색체 삼체성 증후군을 말한다. 이것은 생식세포의 감수분열 과정에서 쌍을 이루는 18번 염색체가 분리되지 않고 하나의 생식세포 내에 총 2개의 18번 염색체가 들어가면서 생기게 된다. 이것은 심장과 신장 등의 장기 기형과 정신 지체를 유발하며, 치명적인 증상이 많기 때문에 대부분 출생 후 10주 이내 사망하는 것으로 알려져 있다. 드물게는 10세 이상 생존하는 경우도 있으나 이 경우에도 매우 심한 정신 지체를 겪게 된다. 이 질환의 명칭은?

배 점 ❶ 10점

디지털정보활용능력 - 인터넷정보검색 시험시간 : 40분

문제 06

이것은 처음에 LED 전구의 밝기를 조절하기 위한 기술로 개발되었으나 반도체 소자를 이용한 프로그래밍을 통해 통신기술로 진화된 것으로 2011년에 영국의 한 대학 교수가 제안한 기술이다. 이것은 LED 전구에서 나오는 파장을 이용하여 빠른 무선통신 속도를 구현하는 기술로 현재 많이 활용하고 있는 와이파이를 대체할 미래 통신기술로 주목받고 있다. 이것은 맨눈으로 볼 수 없는 LED 밝기에서도 통신할 수 있고 주파수 신호가 섞여 들리는 등 무선통신이 불가능한 환경에서도 쓸 수 있다는 장점이 있으나, 장비를 작게 만드는 것이 어렵고 빛을 직접 수신할 수 있는 환경에서만 사용할 수 있는 한계가 있다. 이 기술의 명칭은?

배점 ❶ 10점

문제 07

(①)은/는 자신이 부딪치는 모든 상황에서 정보 혹은 시간이 충분하지 못하여 합리적인 판단을 내릴 수 없거나, 합리적이고 체계적인 판단이 불필요한 상황에서 빠르게 사용하는 어림짐작을 말하는 것이다. 이성과 합리성보다는 직감이나 직관으로 문제를 해결하는 방식을 의미하는데, (①)은/는 많은 노력이 없이도 단시간 내에 대부분의 상황에서 만족할 만한 정답을 도출해 낸다는 점에서 긍정적이나 때로는 전혀 뜻하지 않은 결과를 초래할 수도 있다. '하나를 보면 열을 안다'라는 속담으로 표현되는 (②)은/는 (①)의 한 종류로 어떤 사건이 전체를 대표한다고 보고 이를 통해 확률과 빈도를 판단하는 것을 의미한다.

배점 ❶ 10점   ❷ 10점

문제 08

이것의 이름은 오프라인 공간인 사무실 벽이나 냉장고 등에 할인 쿠폰이나 맛있는 음식의 레시피 등을 핀으로 고정해놓는 소비자들의 일상생활에서 유래되었다. 이것은 미술관이나 박물관의 큐레이터처럼 온라인상에서 자신이 관심 있는 여러 가지 이미지를 큐레이터가 되어 포스팅하고, 이를 소셜 네트워크 사이트와 연계해 지인들과 공유하는 이미지 기반의 소셜 네트워크 서비스로 이용자 활동의 중심이 콘텐츠 수집에 있기 때문에 글을 쓰는 기능이 없는 것이 특징이다. 이것의 명칭은?

배점 ❶ 10점

제 02 회 최신기출문제

- 시험과목 : 인터넷정보검색
- 시험일자 : 20XX. X. X(X)
- 수검자 기재사항 및 감독자 확인

수 검 번 호	DII - XXXX -	감독관 확인
성 명		

응시자 유의사항

1. 응시자는 신분증을 지참하여야 시험에 응시할 수 있으며, 시험이 종료될 때까지 신분증을 제시하지 못 할 경우 해당 시험은 0점 처리됩니다.
2. 시스템(PC작동여부, 네트워크 상태 등)의 이상여부를 반드시 확인하여야 하며, 시스템 이상이 있을시 감독위원에게 조치를 받으셔야 합니다.
3. 시험 중 부주의 또는 고의로 시스템을 파손한 경우는 응시자 부담으로 합니다.
4. 답안 전송 프로그램을 통해 다운로드 받은 파일을 이용하여 답안파일을 작성하시기 바랍니다.
5. 작성한 답안 파일은 답안 전송 프로그램을 통하여 전송됩니다. 감독위원의 지시에 따라 주시기 바랍니다.
6. 다음사항의 경우 실격(0점) 혹은 부정행위 처리됩니다.
   1) 답안파일을 저장하지 않았거나, 저장한 파일이 손상되었을 경우
   2) 답안파일을 지정된 폴더(바탕화면 – "KAIT" 폴더)에 저장하지 않았을 경우
      ※ 답안 전송 프로그램 로그인 시 바탕화면에 자동 생성됨
   3) 답안파일을 다른 보조 기억장치(USB) 혹은 네트워크(메신저, 게시판 등)로 전송할 경우
   4) 휴대용 전화기 등 통신기기를 사용할 경우
7. 시험지에 제시된 글꼴이 응시 프로그램에 없는 경우, 반드시 감독위원에게 해당 내용을 통보한 뒤 조치를 받아야 합니다.
8. 시험의 완료는 작성이 완료된 답안을 저장하고, 답안 전송이 완료된 상태를 확인한 것으로 합니다. 답안 전송 확인 후 문제지는 감독위원에게 제출한 후 퇴실하여야 합니다.
9. 답안전송이 완료된 경우에는 수정 또는 정정이 불가능합니다.
10. 시험시행 후 결과는 홈페이지(www.ihd.or.kr)에서 확인하시기 바랍니다.
    1) 문제 및 모범답안 공개 : 20XX. XX. XX(X)
    2) 성적 공개 : 20XX. XX. XX(X)

한국정보통신진흥협회 KAIT
Korea Association for ICT promotion

디지털정보활용능력 - 인터넷정보검색 시험시간 : 40분

유의사항

- 답안지 파일에 수검번호, 성명을 정확히 기재하여 주십시오.
- 답안지의 URL란에는 반드시 정답의 내용이 나타나는 웹 페이지의 절대경로를 기재하고, 한 개의 URL만 기재하십시오.
  (만일 프레임구조의 웹 페이지에서 주소 표시줄에 나타나는 URL만으로는 정답이 위치한 하부의 페이지를 찾을 수 없을 경우 정답으로 인정하지 않음)
  ※ 절대경로란? : 해당 웹 페이지에서 마우스 오른쪽 버튼을 클릭한 후 [등록 정보] 또는 [속성] 항목을 선택한 화면에 나타나는 주소(URL)
- 검색엔진의 '웹페이지' 검색에서 [미리보기]에 해당하는 URL을 기재한 경우 오답 처리됩니다.
- 회원가입 및 등업 후 내용 확인이 가능한 포털의 카페, 블로그, 지식검색, 댓글, 소셜 네트워크 등의 URL은 정답으로 인정되지 않습니다.
- 첨부파일에서 답안을 찾은 경우 첨부파일까지의 URL을 정확히 기재하지 않은 경우 오답 처리됩니다.
  (예 : http://www.ihd.or.kr/aa.hwp - 정답)

문제 01

(①)은/는 (②)의 제자로 현실세계를 초개인적인 이데아 및 본원적인 우주적 정신으로 나타내고자 하는 관념론의 일종을 창시한 고대 그리스의 철학자이다. 아테네 교외에 학교를 열어 교육에 임하였으며, (①)의 철학은 피타고라스, 파르메니데스, 헤라클레이토스 등의 영향을 받았다. 한편 그의 스승인 (②)은/는 실천지(實踐知)를 중시하며 참된 지(知)를 얻기 위한 방법을 귀납법에서 찾으며, 문답법에서 독단적인 잘못된 지식을 비판하고 배제하며 일반적인 진리에 도달할 수 있다고 하였다.

배점 ❶ 10점 ❷ 10점

문제 02

이것은 일정한 주거 없이 여러 곳을 떠돌며 서민의 애환을 예술로 표현하던 예인 단체의 한국 전통 민속공연 중 하나이다. 이 공연의 이름을 풀이하면 남자들로 이루어진 유랑광대극이란 뜻인데, 이 공연의 여섯 마당 중에서 노골적인 사회적 메시지가 있는 가면극과 꼭두각시놀음은 눈여겨볼 가치가 있다. 이 희극의 등장인물을 살펴보면, 여러 사회계층의 전형적인 한국 사람들을 대표하는 늙은 부부와 첩, 속세의 쾌락에 빠져 버린 승려, 양반 주인과 저항하는 하인, 착취로 고통받는 민중 등으로 구성되어 있다. 이 극들은 단지 흥만 주는 것이 아닌, 다양한 사회적 메시지를 전달하며 목소리를 낼 방법이 없었던 민중을 대신해서 문제제기를 하도록 만들어졌다. 이것은 무엇인가?

배점 ❶ 10점

문제 03

이 사람은 네덜란드에서 태어나 주로 프랑스에서 작품 활동을 하였다. 어학 교사, 서점의 점원 등의 여러 일을 하다가 1880년 화가가 되기로 결심하였다. 그의 첫 작품은 농촌 생활상을 적나라하게 묘사하였는데, 어둡고 칙칙한 색조는 그의 초기 작품에서 보이는 특징 중 하나이다. 그 이후 인상파의 밝은 그림과 일본의 우키요에라는 회화 양식을 접하며 그때까지의 어두운 화풍에서 밝은 화풍으로 바뀌며, 정열적인 작품 활동을 이어갔다. 프랑스에 위치한 아를로 이주하여 '노란집'을 예술가 공동체로 만들려고 하였으나, 정신병 발작으로 자신의 귀를 자르는 등 비극적인 삶을 살았다. 이 사람의 이름은?

배 점 ❶ 10점

문제 04

이것은 미국 흑인들 사이에서 시작되어 1939년 무렵부터 크게 유행한 라틴 아메리카 댄스 중 하나이다. 원래 '넌센스' 혹은 '헛소리'라는 의미의 속어였으나, 스윙 재즈와 같은 경쾌한 연주나 그에 맞추는 춤을 의미하게 되었다. 이것은 격렬하면서도 선정적인 춤인데, 어떤 방향에서나 자유롭게 진행되는 춤이기도 하다. 이것의 음악은 4분의 4박자로 이루어지며 템포는 1분에 42~44소절 정도의 속도를 가지는데 빠른 곡부터 로큰롤, 디스코까지 폭넓은 리듬에 모두 적용이 가능하다. 이것의 이름은?

배 점 ❶ 10점

문제 05

이것은 엽서나 퍼즐, 광고는 물론 유명한 애니메이션에 모델로 등장하여 한눈에 알아볼 수 있는 성이다. 이것을 세운 왕은 프로이센과 벌인 전쟁에서 패하여 주권을 잃었으며, 이 때문에 독일의 한 작곡가의 음악을 열정적으로 숭배하게 되었는데 이러한 관심이 이 성에 집대성 되었다. 성 안에는 이 작곡가의 작품인 트리스탄과 이졸데의 이야기가 그림으로 묘사되어 있다. 한편, 점점 현실에서 도피하던 이 왕은 왕위에서 물러나게 되었고 이후 수수께끼 같은 상황에서 죽은 채로 발견되었다. 알프스에 위치한 이 성의 아름다운 모습과 로맨틱한 이야기로 이 성은 독일에서 가장 유명한 관광 명소 중 하나가 되었다. 이 성의 이름은?

배 점 ❶ 10점

문제 06

이것은 조선 전기의 화가가 그린 산수화로 일본에 위치한 한 대학의 도서관에 소장되어 있다. 현실과 이상이 공존하는 꿈속의 낙원을 그린 이 그림은 3일 만에 완성되었다고 하며, 여기에는 왕을 비롯하여 신숙주, 박팽년, 김종서 등과 같은 고사(高士)들이 쓴 20여 편의 찬문이 수록되어 있다. 이들 시문은 각 인물의 친필로 쓴 것이라 문학적인 특징은 물론, 서풍(書風)까지 파악할 수 있어서 서예사적으로도 큰 가치를 지니고 있다. 이 그림의 가장 큰 특징 중 하나는, 전체적인 경관이 따로 떨어져 있으면서도 여러 개의 산 무더기가 합쳐져 하나의 통일된 전경을 형성한다는 것이다. 이것은 무엇인가?

배점 ❶ 10점

문제 07

(①)은/는 스스로 자기의 목숨을 끊는 일에 대한 부정적 측면을 강조하여 이를 모방하는 일이 발생하지 않도록 유도하며, 언론의 보도 자제를 통하여 이를 예방하는 것이다. (①)의 유래는 모차르트의 오페라에 등장하는 인물인데, 연인과의 이룰 수 없는 사랑을 비관하여 스스로 목숨을 끊으려고 하던 도중, 세 명의 요정 소년의 도움으로 죽음의 유혹을 극복하게 된다. 한편 (②)은/는 반대로 유명인 혹은 자신이 선망하던 사람이 스스로 목숨을 끊은 경우, 이를 동일시하여 목숨을 끊는 현상을 말하는데 괴테가 출간한 소설의 주인공에서 유래되었다.

배점 ❶ 10점   ❷ 10점

문제 08

이 도시의 역사를 보면, 이 도시를 중심으로 한 극동 시베리아는 한때 한(韓)민족의 정통국가인 발해가 지배했던 지역이다. 이곳은 중국 청나라 길림부도통에 속해 있다가 러시아와 영토분쟁이 일어나자 중국이 베이징조약을 맺고, 이곳을 포함한 우수리(Ussuri)강 이동 지역의 땅을 러시아에 내주었다. 그 후 이 도시는 동방을 지배한다는 뜻을 가진 도시가 되었으며 러시아의 태평양 진출을 위한 교역 항구를 겸한 군항으로 개항되었고 시베리아 횡단철도의 시발점이 되었다. 이 도시의 이름은?

배점 ❶ 10점

각 문제의 설명을 읽고 가로·세로에 알맞은 단어로 표를 만들어 보세요.

①	④	⑤		
②				
③				

문제 1 　**가로 |** '돈은 귀신과도 통할 수 있다'라는 뜻으로, 무엇이든지 할 수 있게 만드는 돈의 위력을 비유하는 사자성어는 무엇인가?

문제 2 　**세로 |** '음식물에 생긴 구더기'를 의미하는 우리말은 무엇인가?

문제 3 　**가로 |** 가톨릭에서 성덕이 높은 이가 선종하면 일정한 심사를 거쳐 성인의 전 단계인 복자로 추대하는 것을 무엇이라 하는가?

문제 4 　**세로 |** 고려 말부터 조선 초기 역대의 그림, 서적, 문서를 보관하던 관청의 이름은 무엇인가?

문제 5 　**세로 |** '염려가 되어 마음을 놓지 못하고 조바심하며 자다'를 이르는 우리말은 무엇인가?

제 03회 최신기출문제

- 시험과목 : 인터넷정보검색
- 시험일자 : 20XX. X. X(X)
- 수검자 기재사항 및 감독자 확인

수 검 번 호	DII - XXXX -	감독관 확인
성 명		

응시자 유의사항

1. 응시자는 신분증을 지참하여야 시험에 응시할 수 있으며, 시험이 종료될 때까지 신분증을 제시하지 못 할 경우 해당 시험은 0점 처리됩니다.
2. 시스템(PC작동여부, 네트워크 상태 등)의 이상여부를 반드시 확인하여야 하며, 시스템 이상이 있을시 감독위원에게 조치를 받으셔야 합니다.
3. 시험 중 부주의 또는 고의로 시스템을 파손한 경우는 응시자 부담으로 합니다.
4. 답안 전송 프로그램을 통해 다운로드 받은 파일을 이용하여 답안파일을 작성하시기 바랍니다.
5. 작성한 답안 파일은 답안 전송 프로그램을 통하여 전송됩니다. 감독위원의 지시에 따라 주시기 바랍니다.
6. 다음사항의 경우 실격(0점) 혹은 부정행위 처리됩니다.
    1) 답안파일을 저장하지 않았거나, 저장한 파일이 손상되었을 경우
    2) 답안파일을 지정된 폴더(바탕화면 – "KAIT" 폴더)에 저장하지 않았을 경우
        ※ 답안 전송 프로그램 로그인 시 바탕화면에 자동 생성됨
    3) 답안파일을 다른 보조 기억장치(USB) 혹은 네트워크(메신저, 게시판 등)로 전송할 경우
    4) 휴대용 전화기 등 통신기기를 사용할 경우
7. 시험지에 제시된 글꼴이 응시 프로그램에 없는 경우, 반드시 감독위원에게 해당 내용을 통보한 뒤 조치를 받아야 합니다.
8. 시험의 완료는 작성이 완료된 답안을 저장하고, 답안 전송이 완료된 상태를 확인한 것으로 합니다. 답안 전송 확인 후 문제지는 감독위원에게 제출한 후 퇴실하여야 합니다.
9. 답안전송이 완료된 경우에는 수정 또는 정정이 불가능합니다.
10. 시험시행 후 결과는 홈페이지(www.ihd.or.kr)에서 확인하시기 바랍니다.
    1) 문제 및 모범답안 공개 : 20XX. XX. XX(X)
    2) 성적 공개 : 20XX. XX. XX(X)

식별CODE

디지털정보활용능력 - 인터넷정보검색
시험시간 : 40분

유의사항
- 답안지 파일에 수검번호, 성명을 정확히 기재하여 주십시오.
- 답안지의 URL란에는 반드시 정답의 내용이 나타나는 웹 페이지의 절대경로를 기재하고, 한 개의 URL만 기재하십시오.
  (만일 프레임구조의 웹 페이지에서 주소 표시줄에 나타나는 URL만으로는 정답이 위치한 하부의 페이지를 찾을 수 없을 경우 정답으로 인정하지 않음)
  ※ 절대경로란? : 해당 웹 페이지에서 마우스 오른쪽 버튼을 클릭한 후 [등록 정보] 또는 [속성] 항목을 선택한 화면에 나타나는 주소(URL)
- 검색엔진의 '웹페이지' 검색에서 [미리보기]에 해당하는 URL을 기재한 경우 오답 처리됩니다.
- 회원가입 및 등업 후 내용 확인이 가능한 포털의 카페, 블로그, 지식검색, 댓글, 소셜 네트워크 등의 URL은 정답으로 인정되지 않습니다.
- 첨부파일에서 답안을 찾은 경우 첨부파일까지의 URL을 정확히 기재하지 않은 경우 오답 처리됩니다.
  (예 : http://www.ihd.or.kr/aa.hwp - 정답)

문제 01

(①)은/는 바람직하지 못한 모습으로 낙인찍히면 실제로 그 대상이 점점 안 좋게 행동하는 양상을 나타내며, 대상에 대한 좋지 않은 인식이 계속되는 것을 가리키는 말로 사회심리학에서 부적응 행동 및 일탈행동을 설명할 때 주로 사용한다. (①)은/는 구직 활동이나 선별적 무상 급식 과정에서 나타날 수 있다. (①)과는/와는 정반대로 (②)은/는 긍정적인 기대나 관심이 사람에게 좋은 영향을 미치는 효과를 말하는 것으로 1968년 하버드의 한 교수가 초등학교 학생들을 대상으로 한 지능검사에서 (②)로/으로 교사의 기대와 격려가 학생의 성적 향상에 실제로 영향을 미친다는 사실을 증명했다.

배점 ❶ 10점　　❷ 10점

문제 02

이것은 소비자 운동의 한 가지로 함부로 내보이지 않던 자신만의 뜻인 취향이나 사회·정치적 소신 등을 나타내는 것을 가리킨다. 전통적인 불매운동이나 구매운동과 차원이 다른 이것은 시민과 소비자 개개인의 내적 효능감이 높아지고 있는 상황에서 소셜 미디어 중심의 온라인 커뮤니케이션의 발달로 혼자서도 얼마든지 여론을 모으고 변화를 꾀할 수 있어 점차 활성화 되고 있는 추세이다. 소셜 미디어에 자신의 관심사를 해시태그로 붙이고 축제 같은 집회에 나들이 가듯 참석하며, 메시지를 담은 슬로건 패션을 통해 이것을 실천한다. 이것의 명칭은?

배점 ❶ 10점

디지털정보활용능력 - 인터넷정보검색   시험시간 : 40분

문제 03

이것은 배를 타고 다니며, 다른 배나 해안 지방을 약탈하는 강도와 맞닥뜨리는 등의 긴급 상황이나 선박 내부의 비상 상황 등에 선원들이 안전한 곳으로 몸을 숨길 수 있는 대피소로 외부에서는 문을 열 수 없도록 내부 잠금장치가 설치되어 있고 두꺼운 강철로 만들어져 외부에서 부수고 들어올 수 없도록 되어 있으며, 통신장비와 3일분의 먹을 것 등이 구비되어 있다. 우리나라 한 선적회사가 2011년 4월에 인도양에서 납치를 노린 소말리아 해적의 공격을 받았으나 선원들이 이것으로 피해 위기를 모면한 것으로 밝혀져 주목을 받기도 하였다. 이것의 명칭은?

배 점   ❶ 10점

문제 04

닭에서 최초로 발견된 이것은 포유류 및 조류에서 호흡기와 소화기에 질병을 발생시키는 바이러스로 유전물질로 단일가닥의 RNA를 가지고 있으며 외피로 둘러싸여 있다. 이것은 숙주에 들어가 자신의 RNA를 복제하고 필요한 단백질을 만들어 낸다. 사람이 이것에 감염되면 콧물, 기침, 열 등 코감기 증상이 나타나고 기침이나 재채기를 통해 공기로 전염되며, 악수 등의 신체접촉을 통해서도 전염될 수 있다. 2015년 5월 우리나라에서 중동호흡기증후군을 일으킨 MERS-CoV도 이것 중의 하나로 알려져 있다. 이 바이러스의 명칭은?

배 점   ❶ 10점

문제 05

이것은 대상이 접속할 가능성이 높거나 빈번하게 사용하는 웹 사이트를 감염시킨 후, 드러나지 않게 숨어 피해자의 PC에 악성코드를 설치하는 것을 가리키는 것으로 최근엔 상대적으로 보안 위협에 취약한 중소기업 컴퓨터나 네트워크를 감염시켜 기밀정보를 빼내는 산업스파이 활동에서 사용한다. 이것은 공격자의 웹 사이트에서 자동으로 돌연변이 악성코드를 생성해 매번 기존 유형과 조금씩 다른 형태로 공격하는 서버 측 다형성 공격 기법을 이용하기 때문에 방어하기가 어렵다. 시만텍은 2013년에 발생한 해킹으로 인해 페이스북, 애플, 트위터가 악성코드 배포지로 전락한 사건을 이것으로 규정하기도 하였다. 이것의 명칭은?

배 점   ❶ 10점

문제 06

이것은 1976년 Glass에 의해 최초로 소개된 용어로 동일하거나 유사한 주제로 연구되어진 누적된 연구물들의 결과를 객관적이고 계량적으로 종합하여 고찰하는 연구방법을 말한다. 이것은 기존의 문헌 연구가 갖는 제한적인 한계를 넘어서 개별 연구결과들을 통계적으로 통합하거나 포괄적인 연구 결론에 따른 연구의 편파성을 극복하고 선행연구들의 결과를 객관적으로 요약하기 위한 통계적 방법이다. 이것은 표본의 크기 차이를 포함하여 다양한 연구 설계의 조건과 표본으로 추출된 모집단들의 여러 가지 특징들이 연구마다 다른 경우와 같이 서로 다른 특징과 조건들을 가진 연구 결과들 속에서 타당성 있는 일반화된 결론을 이끌어낸다. 이것의 명칭은?

배점 ❶ 10점

문제 07

(①)은/는 실제로 판매가 이루어지는 매장 내에서 판매를 활성화하여 맞춤형 서비스를 제공하기 위한 마케팅 기법으로 계산대 앞에 생활용품, 초콜릿 등을 진열해 놓거나 판매대 앞에 작은 모니터를 설치해 광고 영상을 내보내는 방식이 있다. (①)과는/와는 반대인 (②)은/는 사람과의 접촉을 최소화하는 등 비대면 형태로 정보를 제공하는 마케팅으로 서비스와 상품 등을 판매하는 마케팅 기법으로 키오스크, 가상현실 쇼핑 등 첨단기술을 활용해 판매 직원이 소비자와 직접적으로 대면하지 않고 상품이나 서비스를 제공한다. (②)은/는 2018년 10대 소비 트렌드 중의 하나로 선정되었다.

배점 ❶ 10점   ❷ 10점

문제 08

이것은 스피드스케이팅의 세부 종목 중 하나로 3명 이상의 선수가 동시에 출발하여 레인 구분 없이 순위를 정하는 경기로 2018 평창 동계올림픽대회에서 새롭게 추가된 종목이다. 이것은 자리싸움이 치열한 종목으로 중간중간 선수들의 순위가 매겨지고 그에 따라 점수가 부과된다. 이것은 남녀 모두 16바퀴를 돌며 4바퀴, 8바퀴, 12바퀴를 돌 때마다 5점을 최대로 2점씩 감하여 순위별로 부여하고 마지막 16바퀴를 돌 때는 60점을 최대로 20점씩 감하여 순위별로 부여하여 최종 순위를 결정한다. 이 경기의 명칭은?

배점 ❶ 10점

제 **04** 회 최신기출문제

- 시험과목 : 인터넷정보검색
- 시험일자 : 20XX. X. X(X)
- 수검자 기재사항 및 감독자 확인

수 검 번 호	DII - XXXX -	감독관 확인
성 명		

응시자 유의사항

1. 응시자는 신분증을 지참하여야 시험에 응시할 수 있으며, 시험이 종료될 때까지 신분증을 제시하지 못 할 경우 해당 시험은 0점 처리됩니다.
2. 시스템(PC작동여부, 네트워크 상태 등)의 이상여부를 반드시 확인하여야 하며, 시스템 이상이 있을시 감독위원에게 조치를 받으셔야 합니다.
3. 시험 중 부주의 또는 고의로 시스템을 파손한 경우는 응시자 부담으로 합니다.
4. 답안 전송 프로그램을 통해 다운로드 받은 파일을 이용하여 답안파일을 작성하시기 바랍니다.
5. 작성한 답안 파일은 답안 전송 프로그램을 통하여 전송됩니다. 감독위원의 지시에 따라 주시기 바랍니다.
6. 다음사항의 경우 실격(0점) 혹은 부정행위 처리됩니다.
    1) 답안파일을 저장하지 않았거나, 저장한 파일이 손상되었을 경우
    2) 답안파일을 지정된 폴더(바탕화면 – "KAIT" 폴더)에 저장하지 않았을 경우
        ※ 답안 전송 프로그램 로그인 시 바탕화면에 자동 생성됨
    3) 답안파일을 다른 보조 기억장치(USB) 혹은 네트워크(메신저, 게시판 등)로 전송할 경우
    4) 휴대용 전화기 등 통신기기를 사용할 경우
7. 시험지에 제시된 글꼴이 응시 프로그램에 없는 경우, 반드시 감독위원에게 해당 내용을 통보한 뒤 조치를 받아야 합니다.
8. 시험의 완료는 작성이 완료된 답안을 저장하고, 답안 전송이 완료된 상태를 확인한 것으로 합니다.
    답안 전송 확인 후 문제지는 감독위원에게 제출한 후 퇴실하여야 합니다.
9. 답안전송이 완료된 경우에는 수정 또는 정정이 불가능합니다.
10. 시험시행 후 결과는 홈페이지(www.ihd.or.kr)에서 확인하시기 바랍니다.
    1) 문제 및 모범답안 공개 : 20XX. XX. XX(X)
    2) 성적 공개 : 20XX. XX. XX(X)

식별CODE
인

한국정보통신진흥협회 KAIT
Korea Association for ICT promotion

디지털정보활용능력 - 인터넷정보검색

시험시간 : 40분

유의사항
- 답안지 파일에 수검번호, 성명을 정확히 기재하여 주십시오.
- 답안지의 URL란에는 반드시 정답의 내용이 나타나는 웹 페이지의 절대경로를 기재하고, 한 개의 URL만 기재하십시오.
  (만일 프레임구조의 웹 페이지에서 주소 표시줄에 나타나는 URL만으로는 정답이 위치한 하부의 페이지를 찾을 수 없을 경우 정답으로 인정하지 않음)
  ※ 절대경로란? : 해당 웹 페이지에서 마우스 오른쪽 버튼을 클릭한 후 [등록 정보] 또는 [속성] 항목을 선택한 화면에 나타나는 주소(URL)
- 검색엔진의 '웹페이지' 검색에서 [미리보기]에 해당하는 URL을 기재한 경우 오답 처리됩니다.
- 회원가입 및 등업 후 내용 확인이 가능한 포털의 카페, 블로그, 지식검색, 댓글, 소셜 네트워크 등의 URL은 정답으로 인정되지 않습니다.
- 첨부파일에서 답안을 찾은 경우 첨부파일까지의 URL을 정확히 기재하지 않은 경우 오답 처리됩니다.
  (예 : http://www.ihd.or.kr/aa.hwp – 정답)

문제 01

(①)은/는 영리기업과 비영리기업의 중간 형태로 사회적 목적을 우선적으로 추구하면서 재화와 서비스의 생산과 판매 등의 영업활동을 수행하는 기업을 의미한다. (①)은/는 사회서비스를 제공하고 취약계층에게 일자리를 창출하는 등 사회적 목적을 조직의 주된 목적으로 추구한다는 점에서 이윤 추구를 목적으로 하는 영리기업과는 다르다. 유럽, 미국 등 선진국에서는 1970년대부터 (①)이/가 활동하기 시작하였으며 우리나라에서는 2007년 7월 당시 노동부가 주관하여 처음으로 시행하였다. 한편 (①)에 대한 지원제도 중, 인증 후 최초 지원 개시일로부터 5년이내 최대지원기간은 (②)년 이다.

배점 ❶ 10점 ❷ 10점

문제 02

이것은 경제 불황이 이어지던 2000년대 초반 일본에서 발생한 신조어로 비용 대비 효용을 최고 가치로 삼는 소비 행태를 말한다. 이것으로 인해 일본에서는 무한리필 식당이 인기를 끌었으며 노브랜드 전략 브랜드와 할인 매장이 다수 생겨났다. 우리나라에서도 인터넷을 통해 대용량 포장 과자가 널리 인기를 끌었으며, 노브랜드 전략의 등장, 창고형 할인매장의 성장 등 일본과 유사한 현상이 나타났다. 우리나라에서 사용하는 가성비나 가용비와도 유사한 뜻을 지닌 이것의 명칭은?

배점 ❶ 10점

| 디지털정보활용능력 - 인터넷정보검색 | 시험시간 : 40분 |

문제 03

이것은 증거물이라는 의미의 라틴어에서 유래된 단어로 선거와 관련하여 유권자에 대한 계약으로써의 공약을 의미하는 것으로 1834년 영국 보수당 당수인 로버트 필이 선거에서 구체화된 공약의 필요성을 강조하면서 처음으로 도입하였다. 1997년 영국 노동당의 토니 블레어가 이것을 제시해 집권에 성공하였고 우리나라에서는 2006년 5월 지방선거를 계기로 후보자들이 내세운 공약이 구체성을 띠고 있으며 실현 가능한지 여부를 평가하자는 이것이 시민단체를 중심으로 전개되었다. 이것의 명칭은?

배점 ❶ 10점

문제 04

이것은 이안 해킹 교수가 발표한 논문에서 유래된 용어로 사람들이 평소 관심을 갖지 않던 특정 사실이 언론을 통해 보도되면서 관심이 집중되고 새로운 사실로 받아들이면서 확대 재생산시킨다는 현상을 말한다. 언론이 보도한 현실이 또 다른 현실을 만들어낸다는 점에서 언론의 신중한 보도 태도와 책임 의식이 강조되는 것도 이것 때문이다. 언론을 통해 사회 문제가 되었던 베르테르 효과를 지속적인 보도로 인하여 간접적으로 이 사실을 접한 사람들이 이를 인식하게 됨으로써 더욱 확산되었던 것도 이것의 한 사례이다. 이것의 명칭은?

배점 ❶ 10점

문제 05

이것은 오염된 음식이나 물을 섭취하거나 또는 바이러스가 묻어있는 물건을 접촉함으로써 바이러스가 입을 통해 몸 속으로 들어오면 쉽게 감염을 일으킬 수 있다. 전염성이 높은 바이러스로 전염성은 증상이 나타나는 시기에 가장 강하고 회복 후 3일에서 2주까지 전염성이 유지된다. 이것은 환자의 토사물 등의 검체에서 중합효소연쇄반응을 실시하여 바이러스 핵산을 검출하거나 효소면역법으로 바이러스 유사입자를 검출하여 확인한다. 사람이 이것에 감염되면 평균 24시간에서 48시간까지 잠복기를 거친 후에 구토나 설사 증상이 발생하며, 48시간에서 72시간 동안 지속되다가 빠르게 회복된다. 소아에서는 구토가, 성인에서는 설사가 흔하게 나타난다. 이 바이러스의 명칭은?

배점 ❶ 10점

문제 06

이것은 영국에서 개최되는 테니스 대회에서 우승자는 영국 선수보다 외국선수가 더 많은 것처럼 영국이 다국적 금융사에 거래 장소만 제공한다는 뜻으로 사용되는 것을 비유한 용어로 국내 시장에서 외국 기업보다 자국 기업의 활동이 부진한 현상이나 시장을 개방한 이후 국내 시장을 외국계 자금이 대부분 차지하는 것을 말한다. 이것은 선진국의 헤지펀드들이 개발도상국에서 기업을 인수하거나 금리차를 이용하여 이익을 취하는 등 외국자본이 자국 시장을 지배하는 현상을 비유할 때도 사용되고 있다. 우리나라에서도 1997년 IMF 이후 금융시장에서 자국민보다 외국인이 더 많은 상황을 비유하는 말로 인용되기도 하였다. 이것의 명칭은?

배점 ❶ 10점

문제 07

(①)은/는 트로이목마와 같은 웜 바이러스 형태로 네트워크 취약점이나 다운로드된 파일을 통해서 전파되는 악성코드로 1989년에 최초로 조셉 팝에 의해 대칭형 암호방식을 사용하는 형태로 만들어졌다. (①)에 감염되면 컴퓨터는 시스템에 대한 접근을 제한하거나 모든 파일을 가장 복잡한 형태로 암호화하여 악성코드 제작자가 이를 해제하는 대가로 금전을 요구한다. (②)은/는 해킹한 개인정보를 온라인에 공개하는 것을 의미하는 단어와 이를 이용하여 금전적 이득을 취하는 (①)을/를 합친 용어로 개인에게 피해를 줄 수 있는 파일을 암호화하고 대화 기록이나 고객 정보 등의 공개를 미끼로 금전을 요구하는 악성코드이다.

배점 ❶ 10점   ❷ 10점

문제 08

이것은 미국의 랜드 회사가 기술의 미래를 예측하기 위해 사용했던 것으로 집단의 의견들을 조정하고 통합하거나 개선시키기 위한 방법을 말한다. 이것은 형성적 평가에서 유용하게 쓸 수 있어 목표 설정, 목표와 측정 가능한 목적의 연결 및 규준을 설정할 수 있으며, 다양한 의견이 있는 경우 욕구나 우선순위를 확인하거나 서열화하는데 사용한다. 근본적으로는 중요 문제에 대하여 설문지를 통해서 전문가들에게 집중적인 질문을 하는 것이다. 반면 이것으로 도출된 의견의 합치는 최상의 것은 아니며, 도표 작성에도 어려움이 있는 단점이 있다. 이것의 명칭은?

배점 ❶ 10점

각 문제의 설명을 읽고 가로·세로에 알맞은 단어로 표를 만들어 보세요.

①②				
③				⑤
	④			

문제 1 세로 | '재원을 늘리고 지출을 줄인다'는 뜻으로, 부를 이루기 위하여 반드시 지켜야 할 원칙을 비유한 사자성어는 무엇인가?

문제 2 가로 | '쓸데없는 이야기로 이러쿵저러쿵하는 모양'을 이르는 우리말은 무엇인가?

문제 3 가로 | 하천의 쟁탈 작용으로 상류 부분이 다른 하천으로 흡수되어 버린 하천의 이름은 무엇인가?

문제 4 가로 | '글만 읽어 얼굴이 창백한 사람'이라는 뜻으로, 글만 읽어 세상 물정에 어둡고 경험이 없는 사람을 이르는 말의 사자성어는 무엇인가?

문제 5 세로 | '지긋지긋하게 말을 듣지 아니하는 모양'을 이르는 우리말은 무엇인가?

제 05회 최신기출문제

- 시험과목 : 인터넷정보검색
- 시험일자 : 20XX. X. X(X)
- 수검자 기재사항 및 감독자 확인

수 검 번 호	DII - XXXX -	감독관 확인
성 명		

응시자 유의사항

1. 응시자는 신분증을 지참하여야 시험에 응시할 수 있으며, 시험이 종료될 때까지 신분증을 제시하지 못 할 경우 해당 시험은 0점 처리됩니다.
2. 시스템(PC작동여부, 네트워크 상태 등)의 이상여부를 반드시 확인하여야 하며, 시스템 이상이 있을시 감독위원에게 조치를 받으셔야 합니다.
3. 시험 중 부주의 또는 고의로 시스템을 파손한 경우는 응시자 부담으로 합니다.
4. 답안 전송 프로그램을 통해 다운로드 받은 파일을 이용하여 답안파일을 작성하시기 바랍니다.
5. 작성한 답안 파일은 답안 전송 프로그램을 통하여 전송됩니다. 감독위원의 지시에 따라 주시기 바랍니다.
6. 다음사항의 경우 실격(0점) 혹은 부정행위 처리됩니다.
    1) 답안파일을 저장하지 않았거나, 저장한 파일이 손상되었을 경우
    2) 답안파일을 지정된 폴더(바탕화면 – "KAIT" 폴더)에 저장하지 않았을 경우
        ※ 답안 전송 프로그램 로그인 시 바탕화면에 자동 생성됨
    3) 답안파일을 다른 보조 기억장치(USB) 혹은 네트워크(메신저, 게시판 등)로 전송할 경우
    4) 휴대용 전화기 등 통신기기를 사용할 경우
7. 시험지에 제시된 글꼴이 응시 프로그램에 없는 경우, 반드시 감독위원에게 해당 내용을 통보한 뒤 조치를 받아야 합니다.
8. 시험의 완료는 작성이 완료된 답안을 저장하고, 답안 전송이 완료된 상태를 확인한 것으로 합니다.
    답안 전송 확인 후 문제지는 감독위원에게 제출한 후 퇴실하여야 합니다.
9. 답안전송이 완료된 경우에는 수정 또는 정정이 불가능합니다.
10. 시험시행 후 결과는 홈페이지(www.ihd.or.kr)에서 확인하시기 바랍니다.
    1) 문제 및 모범답안 공개 : 20XX. XX. XX(X)
    2) 성적 공개 : 20XX. XX. XX(X)

한국정보통신진흥협회 KAIT

디지털정보활용능력 - 인터넷정보검색

시험시간 : 40분

유의사항
- 답안지 파일에 수검번호, 성명을 정확히 기재하여 주십시오.
- 답안지의 URL란에는 반드시 정답의 내용이 나타나는 웹 페이지의 절대경로를 기재하고, 한 개의 URL만 기재하십시오.
  (만일 프레임구조의 웹 페이지에서 주소 표시줄에 나타나는 URL만으로는 정답이 위치한 하부의 페이지를 찾을 수 없을 경우 정답으로 인정하지 않음)
  ※ 절대경로란? : 해당 웹 페이지에서 마우스 오른쪽 버튼을 클릭한 후 [등록 정보] 또는 [속성] 항목을 선택한 화면에 나타나는 주소(URL)
- 검색엔진의 '웹페이지' 검색에서 [미리보기]에 해당하는 URL을 기재한 경우 오답 처리됩니다.
- 회원가입 및 등업 후 내용 확인이 가능한 포털의 카페, 블로그, 지식검색, 댓글, 소셜 네트워크 등의 URL은 정답으로 인정되지 않습니다.
- 첨부파일에서 답안을 찾은 경우 첨부파일까지의 URL을 정확히 기재하지 않은 경우 오답 처리됩니다.
  (예 : http://www.ihd.or.kr/aa.hwp - 정답)

문제 01

(①)은/는 미국 넷스케이프 커뮤니케이션즈사가 개발한 스크립트 언어 중 하나이며 1996년 2월에 발매한 넷스케이프 내비게이터 2.0에 사용되었으며 웹 브라우저에서 실행하는 스크립트 언어를 기술한다. 스크립트는 HTML 문서 속에 직접 기술하며, 'script'라는 꼬리표를 사용한다.
(①)와/과 같은 기능을 갖기 위하여 (②)은/는 'Virtual Basic Scripting Edition'을 개발하였다.
(②)은/는 폴 앨런과 빌 게이츠가 설립한 미국의 소프트웨어 개발 전문 회사이며, MS-DOS와 윈도즈를 개발하였다.

배점 ❶ 10점 ❷ 10점

문제 02

이것은 자신의 현실 세계를 부정하고 허구의 세계만을 진실로 믿으며 습관적으로 거짓된 말과 행동을 일삼는 반사회적 인격 장애를 말한다. 이것은 미국의 여류 작가 패트리샤 하이스미스(Patricia Highsmith)가 1955년에 쓴 범죄 소설에서 유래하였다. 반항아적 기질의 주인공이 친구이자 재벌의 아들인 디키 그린리프를 살해한 뒤, 대담한 거짓말과 행동으로 그린리프의 인생을 가로챈다. 즉 주인공이 디키 그린리프의 삶을 살아간 것이다. 그러나 그린리프의 시체가 발견되면서 그의 연극은 막을 내린다. 이것의 명칭은?

배점 ❶ 10점

디지털정보활용능력 - 인터넷정보검색   시험시간 : 40분

문제 03

이것은 모든 주파수 성분을 포함하고 있는 노이즈로, 핑크 노이즈와 함께 대표적인 노이즈 중 하나이다. 이것의 특징은 그 에너지가 모든 주파수 영역에 분포되어 있고 1Hz당(예 1~2Hz 사이, 1570~1571Hz의 사이) 에너지가 어느 주파수이든 동일하다. 이것의 이름의 유래는 태양광선으로 대표되는 백색광이 빛의 분야에서 이와 같은 에너지 분포를 나타내고 있기 때문이다. 이것의 명칭은?

배점 ❶ 10점

문제 04

이것은 미국과 서유럽 사이에 체결된 북대서양 조약에 바탕을 둔 집단 안전 보장 기구이다. 이것은 1949년 4월 유럽 국가들과 미국, 캐나다 간에 서유럽에 대한 군사적·경제적 원조를 내용으로 하는 조약이 체결되면서 출범하였다. 이것의 최고 기관은 이사회이며, 그 아래 경제·군사·재정·방위 및 기타 기관이 있다. 제2차 세계 대전 이후 미국·소련의 냉전이 격화되는 가운데 바르샤바 조약 기구 등에 따른 소련 및 동유럽의 사회주의 진영에 대항하며 자본주의 옹호를 위한 군사동맹 망의 중요한 일부를 형성하였으며, 가맹국 군대로 조직된 이것의 군이 배치되기도 하였다. 이것의 명칭은?

배점 ❶ 10점

문제 05

이것은 타인에게 징계처분 또는 형사처분을 받도록 하기 위해서 허위의 사실을 경찰서나 검찰청 등의 공무소 또는 공무원에게 신고함으로써 성립하는 범죄를 말한다. 이것의 신고 방법은 자진하여 사실을 고지하는 한, 구두에 의하건 서면에 의하건 고소·고발의 형식에 의하건 혹은 기명에 의하건 익명에 의하건 또는 자기 명의에 의하건 타인 명의에 의하건 모두 불문한다. 그리고 이것은 목적범으로서 허위사실의 신고가 공문서 또는 공무원에게 도달한 때에 기소가 된다. 따라서 도달한 문서를 비록 되돌려 받았다고 하더라도 본 죄의 성립에는 영향이 없다. 이것의 명칭은?

배점 ❶ 10점

디지털정보활용능력 - 인터넷정보검색

시험시간 : 40분

문제 06

이것은 동물이 죽은 뒤 특정한 시간 후에 근육이 수축하여 딱딱하게 되는 현상을 뜻한다. 동물의 근육은 사후에도 ATP가 충분히 있기 때문에 유연성을 가지고 있다. ATP의 공급은 근육 내에 원래 남아있는 것을 제외하고는 호흡정지에 의해서 산소가 공급되지 않기 때문에 이것에 의해서만 이루어질 수 있다. 글리코겐이 소비되어 버리거나 이것으로 생성하는 젖산에 의해서 pH가 5.5 부근에까지 저하하면 ATP는 보급되지 않게 되고 그 농도는 감소한다. 이 ATP의 감소와 pH의 저하에 의해서 근소포체의 능력이 내려가 여기에서 Ca 이온이 누출되면서 근육이 딱딱해지게 된다. 이것의 명칭은?

배점 ❶ 10점

문제 07

(①)은/는 유통 및 물류, 설계 및 개발, 제조 등 전체적인 생산과정에 정보 통신 기술을 적용하여 생산성, 품질, 고객만족도 등을 향상시킬 수 있는 지능형 공장을 말한다. (①)은/는 (②)을/를 이용하여 실제와 동일한 제품을 설계하고 개발의 모의실험을 통해 자산을 최적화하고, 공장의 내부 설비와 기기 간에 사물 인터넷을 설치하며 실시간으로 정보를 교환하게 하여 생산성을 증가시키고 돌발 사고를 최소화시킨다. 그리고 제품의 위치, 재고량 등을 자동적으로 감지하여 인적·물적 자원 절감 등 공장의 효율성을 향상시킬 수 있다. (②)은/는 사이버네틱스 및 메카트로닉스 시스템, 센서 네트워크를 결합하여 설계한 임베디드 시스템이 진화되고 있는 시스템을 의미한다.

배점 ❶ 10점 ❷ 10점

문제 08

이것은 국가기관, 지방자치단체, 정부투자기관 등 공공기관이 필요로 하는 물자의 구매공급과 시설공사의 계약 및 관리를 담당하는 중앙행정기관이다. 이것은 1949년 1월 17일 국무총리 산하에 1실 4국 12과의 임시외자총국의 출범으로 만들어졌으며 그 해 12월 10일에는 대통령 산하에 1실 3국 9과의 외자구매처가 신설되었다. 1955년 2월 17일에는 두 기관이 합쳐져 3국 13과의 외자청이 설치됐다. 1961년 10월 2일에는 명칭이 이것으로 바뀌었다. 이것의 명칭은?

배점 ❶ 10점

제 06회 최신기출문제

- 시험과목 : 인터넷정보검색
- 시험일자 : 20XX. X. X(X)
- 수검자 기재사항 및 감독자 확인

수 검 번 호	DII - XXXX -	감독관 확인
성 명		

응시자 유의사항

1. 응시자는 신분증을 지참하여야 시험에 응시할 수 있으며, 시험이 종료될 때까지 신분증을 제시하지 못 할 경우 해당 시험은 0점 처리됩니다.
2. 시스템(PC작동여부, 네트워크 상태 등)의 이상여부를 반드시 확인하여야 하며, 시스템 이상이 있을시 감독위원에게 조치를 받으셔야 합니다.
3. 시험 중 부주의 또는 고의로 시스템을 파손한 경우는 응시자 부담으로 합니다.
4. 답안 전송 프로그램을 통해 다운로드 받은 파일을 이용하여 답안파일을 작성하시기 바랍니다.
5. 작성한 답안 파일은 답안 전송 프로그램을 통하여 전송됩니다. 감독위원의 지시에 따라 주시기 바랍니다.
6. 다음사항의 경우 실격(0점) 혹은 부정행위 처리됩니다.
    1) 답안파일을 저장하지 않았거나, 저장한 파일이 손상되었을 경우
    2) 답안파일을 지정된 폴더(바탕화면 – "KAIT" 폴더)에 저장하지 않았을 경우
        ※ 답안 전송 프로그램 로그인 시 바탕화면에 자동 생성됨
    3) 답안파일을 다른 보조 기억장치(USB) 혹은 네트워크(메신저, 게시판 등)로 전송할 경우
    4) 휴대용 전화기 등 통신기기를 사용할 경우
7. 시험지에 제시된 글꼴이 응시 프로그램에 없는 경우, 반드시 감독위원에게 해당 내용을 통보한 뒤 조치를 받아야 합니다.
8. 시험의 완료는 작성이 완료된 답안을 저장하고, 답안 전송이 완료된 상태를 확인한 것으로 합니다.
    답안 전송 확인 후 문제지는 감독위원에게 제출한 후 퇴실하여야 합니다.
9. 답안전송이 완료된 경우에는 수정 또는 정정이 불가능합니다.
10. 시험시행 후 결과는 홈페이지(www.ihd.or.kr)에서 확인하시기 바랍니다.
    1) 문제 및 모범답안 공개 : 20XX. XX. XX(X)
    2) 성적 공개 : 20XX. XX. XX(X)

한국정보통신진흥협회 KAIT

디지털정보활용능력 - 인터넷정보검색

시험시간 : 40분

유의사항

- 답안지 파일에 수검번호, 성명을 정확히 기재하여 주십시오.
- 답안지의 URL란에는 반드시 정답의 내용이 나타나는 웹 페이지의 절대경로를 기재하고, 한 개의 URL만 기재하십시오.
  (만일 프레임구조의 웹 페이지에서 주소 표시줄에 나타나는 URL만으로는 정답이 위치한 하부의 페이지를 찾을 수 없을 경우 정답으로 인정하지 않음)
  ※ 절대경로란? : 해당 웹 페이지에서 마우스 오른쪽 버튼을 클릭한 후 [등록 정보] 또는 [속성] 항목을 선택한 화면에 나타나는 주소(URL)
- 검색엔진의 '웹페이지' 검색에서 [미리보기]에 해당하는 URL을 기재한 경우 오답 처리됩니다.
- 회원가입 및 등업 후 내용 확인이 가능한 포털의 카페, 블로그, 지식검색, 댓글, 소셜 네트워크 등의 URL은 정답으로 인정되지 않습니다.
- 첨부파일에서 답안을 찾은 경우 첨부파일까지의 URL을 정확히 기재하지 않은 경우 오답 처리됩니다.
  (예 : http://www.ihd.or.kr/aa.hwp - 정답)

문제 01

(①)은/는 프랑스 보드리야르가 밝힌 개념으로 고가의 화장품이나 외제차 등을 구매하고 싶은 심리를 나타내는 것으로 특정 상품을 구매하면 동일 상품 소비자로 예상되는 집단과 자신을 동일시하는 현상을 말한다. 영화 '악마는 프라다를 입는다'에서도 (①)이/가 잘 표현되어 있다. (②)은/는 미국의 사회학자이며 사회평론가의 저서에서 유래한 것으로 특정 계층의 허영심이나 과시욕으로 인해 가격이 오름에도 수요가 줄어들기보다는 오히려 증가하는 현상을 말한다. (②)은/는 주로 상류층 소비자의 구매 행태를 말한다는 점에서 상류층이 되기를 선망하는 사람들의 구매 행태를 말하는 (①)과는/와는 다소 차이가 있다.

배점 ❶ 10점 ❷ 10점

문제 02

이것은 영국의 문화인류학자인 옥스퍼드대학 교수가 처음 주장한 것으로 매우 친화력이 뛰어난 사람이라도 진정으로 사회적 관계를 맺을 수 있는 최대 인원은 150명이라는 가설이다. 이것은 소셜 네트워크 서비스 친구가 1,000명이 넘는 사용자라도 정기적으로 연락하는 사람은 150명 정도이며, 이 중에서도 끈끈한 관계를 유지하는 사람은 20명도 채 되지 않는다는 것을 의미한다. 이것은 조직에서 집단을 관리할 때 150명이 최적이며, 그 이상이 되면 2개로 나누는 것이 더 좋은 방안임을 제시하고 있다. 이것의 명칭은?

배점 ❶ 10점

문제 03

1984년 뉴욕타임스 사설에서 공식적으로 처음 등장한 용어인 이것은 정치권에서 특정 정치인이나 고위 관료들의 대변인 구실을 하는 정치홍보전문가를 의미하며, 1997년 영국 노동당이 집권하고 정부의 커뮤니케이션 관리가 미디어의 주목을 받으면서 광범위하게 확산되었다. 우리나라에서도 2012년 19대 대선에서 이것이 대선 여론을 흔드는 '보이지 않는 손' 역할을 하면서 본격적으로 등장했다. 대선 과정에서 자신의 정치적 이념을 명시적으로 내보인 이들이 종편 채널에 출연하여 각종 현안에 대해 지지하는 정당이나 후보에게 유리한 의견을 역설하기도 하였다. 이것의 명칭은?

배 점 ❶ 10점

문제 04

이것은 소셜 미디어 상에서 자기에게 불리한 콘텐츠를 삭제하려는 시도가 오히려 더 큰 화제를 만들어 역효과가 일어나는 것을 나타내는 용어로, 2005년 테크더트 CEO인 마이크 마스닉이 자신의 블로그에서 처음 소개하면서 널리 쓰이게 되었다. 이것은 개인뿐만 아니라 기업에서도 나타날 수 있는 현상으로 어떤 기업들은 이것을 역이용하기도 하는데, 19살 이하 사람들은 영화를 보지 못하도록 하는 검열제도를 이용하여 자사의 영화를 19금에 걸리도록 하여 사람들의 호기심을 자극하게 해서 입소문을 타게 만드는 것이 그 예이다. 이것의 명칭은?

배 점 ❶ 10점

문제 05

이것은 감기 또는 수두 등의 바이러스에 감염된 어린이나 사춘기 청소년들이 치료 말기에 뇌압 상승과 간 기능 장애로 인하여 갑자기 심한 구토와 혼수상태에 빠져서 생명이 위험한 상태까지 이르는 질환을 말한다. 이 질환의 원인은 정확히 알려져 있지 않으나 미토콘드리아 기능 소실로 지방산과 카르니틴 대사 장애가 발생하여 생기는 것으로 추정되고 있다. 이 질환 환자들의 90% 이상이 발병 수일 전 인플루엔자 등 상기도 감염 증상이 있고, 일부는 수두의 병력이 있다. 입원 당시 환자 상태에 따라 5단계로 분류하여 관리하고 있다. 이 질환의 명칭은?

배 점 ❶ 10점

디지털정보활용능력 - 인터넷정보검색 시험시간 : 40분

문제 06

이것은 게임에서 흔히 볼 수 있는 경쟁, 재미, 보상 등의 요소를 다른 분야에 적용하는 기법으로 사람들은 재미를 느끼면 어떠한 활동이든 머뭇거리지 않고 기꺼이 한다는 재미 이론을 핵심으로 두고 있다. 기업들은 자사의 브랜드와 제품에 대한 활용도를 높이기 위한 전략으로 마케팅과 광고 활동에 이 기법을 도입하고 있다. 우리나라에서도 모 기업이 런던올림픽 기간에 스마트폰을 이용한 '골드러시'라는 이벤트를 진행하여 효과를 얻은 적이 있다. 이 기법은 교육, 금융, 경제 전반에 걸쳐 다양하게 활용되고 있으며, 지루한 학습이나 사회 봉사 활동에도 적용되고 있다. 이것의 명칭은?

배점 ❶ 10점

문제 07

이미지나 동영상 등과 같은 디지털 콘텐츠의 저작권을 보호하기 위해 일정한 암호나 특정 코드 등의 정보를 숨겨 놓아 데이터 관리자의 권익을 보호하는 기술인 (①)은/는 디지털 콘텐츠에 저작권자만이 식별할 수 있는 암호 코드를 삽입하는 방식으로, 모든 멀티미디어 콘텐츠에 삽입이 가능하다. (②)은/는 이미지나 오디오 등의 디지털 콘텐츠에 구매자의 정보나 유통 경로와 사용자 정보 등을 삽입하여 불법 복제된 콘텐츠에 대해서는 그 원본의 출처와 함께 불법 복제된 경로를 추적하는데 이용된다.

배점 ❶ 10점   ❷ 10점

문제 08

이것은 정부의 핵심 정책 담당자가 정책의 방향을 국민에게 알려 간접적으로 정책 효과를 얻으려고 하는 것으로 금융기관이나 투자자, 기업들은 이러한 내용을 듣고 정책에 협력하거나 예상되는 정책 방향의 변화에 따라 스스로 적응해 나가는데 이런 과정에서 이것이 나타나며, 기업이 정기적으로 실적을 발표할 때에도 나타난다. 중앙은행이 재할인율이나 지급준비율 같은 통화정책 도구에 대한 언급 없이도 어떤 파급 효과를 염두에 두고 경제 전반에 대한 자신의 의견을 피력하는 것도 이것을 이용한 것이다. 이것의 명칭은?

배점 ❶ 10점

각 문제의 설명을 읽고 가로·세로에 알맞은 단어로 표를 만들어 보세요.

| 문제 1 | **세로** | '비가 오기 직전에 솔솔 불어오는 부드러운 바람'의 이름은 무엇인가? |

| 문제 2 | **가로** | '부는 바람도 나뭇가지가 울지 않도록 조용히 분다'는 뜻으로, 세상이 태평한 상태를 이르는 사자성어는 무엇인가? |

| 문제 3 | **세로** | '남과 잘 사귀는 솜씨로 붙임성이나 포용성 따위'를 이르는 우리말은 무엇인가? |

| 문제 4 | **가로** | '앞에서는 복종하지만 뱃속으로는 배신을 꿈꾸는 모습'을 이르는 사자성어는 무엇인가? |

| 문제 5 | **세로** | '겉으로 나서지 않고 뒤에서 보살펴 주는 일'을 이르는 우리말은 무엇인가? |

제 07 회 최신기출문제

- 시험과목 : 인터넷정보검색
- 시험일자 : 20XX. X. X(X)
- 수검자 기재사항 및 감독자 확인

수 검 번 호	DII - XXXX -	감독관 확인
성 명		

응시자 유의사항

1. 응시자는 신분증을 지참하여야 시험에 응시할 수 있으며, 시험이 종료될 때까지 신분증을 제시하지 못 할 경우 해당 시험은 0점 처리됩니다.
2. 시스템(PC작동여부, 네트워크 상태 등)의 이상여부를 반드시 확인하여야 하며, 시스템 이상이 있을시 감독위원에게 조치를 받으셔야 합니다.
3. 시험 중 부주의 또는 고의로 시스템을 파손한 경우는 응시자 부담으로 합니다.
4. 답안 전송 프로그램을 통해 다운로드 받은 파일을 이용하여 답안파일을 작성하시기 바랍니다.
5. 작성한 답안 파일은 답안 전송 프로그램을 통하여 전송됩니다. 감독위원의 지시에 따라 주시기 바랍니다.
6. 다음사항의 경우 실격(0점) 혹은 부정행위 처리됩니다.
   1) 답안파일을 저장하지 않았거나, 저장한 파일이 손상되었을 경우
   2) 답안파일을 지정된 폴더(바탕화면 – "KAIT" 폴더)에 저장하지 않았을 경우
      ※ 답안 전송 프로그램 로그인 시 바탕화면에 자동 생성됨
   3) 답안파일을 다른 보조 기억장치(USB) 혹은 네트워크(메신저, 게시판 등)로 전송할 경우
   4) 휴대용 전화기 등 통신기기를 사용할 경우
7. 시험지에 제시된 글꼴이 응시 프로그램에 없는 경우, 반드시 감독위원에게 해당 내용을 통보한 뒤 조치를 받아야 합니다.
8. 시험의 완료는 작성이 완료된 답안을 저장하고, 답안 전송이 완료된 상태를 확인한 것으로 합니다.
   답안 전송 확인 후 문제지는 감독위원에게 제출한 후 퇴실하여야 합니다.
9. 답안전송이 완료된 경우에는 수정 또는 정정이 불가능합니다.
10. 시험시행 후 결과는 홈페이지(www.ihd.or.kr)에서 확인하시기 바랍니다.
    1) 문제 및 모범답안 공개 : 20XX. XX. XX(X)
    2) 성적 공개 : 20XX. XX. XX(X)

디지털정보활용능력 - 인터넷정보검색 시험시간 : 40분

유의사항
- 답안지 파일에 수검번호, 성명을 정확히 기재하여 주십시오.
- 답안지의 URL란에는 반드시 정답의 내용이 나타나는 웹 페이지의 절대경로를 기재하고, 한 개의 URL만 기재하십시오.
  (만일 프레임구조의 웹 페이지에서 주소 표시줄에 나타나는 URL만으로는 정답이 위치한 하부의 페이지를 찾을 수 없을 경우 정답으로 인정하지 않음)
  ※ 절대경로란? : 해당 웹 페이지에서 마우스 오른쪽 버튼을 클릭한 후 [등록 정보] 또는 [속성] 항목을 선택한 화면에 나타나는 주소(URL)
- 검색엔진의 '웹페이지' 검색에서 [미리보기]에 해당하는 URL을 기재한 경우 오답 처리됩니다.
- 회원가입 및 등업 후 내용 확인이 가능한 포털의 카페, 블로그, 지식검색, 댓글, 소셜 네트워크 등의 URL은 정답으로 인정되지 않습니다.
- 첨부파일에서 답안을 찾은 경우 첨부파일까지의 URL을 정확히 기재하지 않은 경우 오답 처리됩니다.
  (예 : http://www.ihd.or.kr/aa.hwp - 정답)

문제 01

(①)은/는 언론에서 뉴스 발표 시간을 일시적으로 제한하는 뜻으로 정보 제공자가 보도자료를 언론기관에 알리면서 내용을 특정 시간이나 기일 이후에 공개하도록 요청할 경우 해당 내용의 보도를 미루는 것을 말한다. (②)은/는 일정 시점까지의 보도를 하지 않는 (①)과는/와는 다르게 기자회견이나 인터뷰 시 내용을 기사화하지 않는 것을 전제로 발표하는 것으로 발언자를 보호하면서도 가치를 높이는 방법으로 이용되고 있으나 최근에는 인터넷 토론 등에서 보도를 하지 않는 것을 전제로 한 발언이 신문지상에 인용되어 논란을 빚는 경우도 있다.

배점 ❶ 10점   ❷ 10점

문제 02

2018년 농림축산식품부와 한국농수산식품유통공사가 정한 외식 트렌드인 이것은 소비를 통해 스트레스나 우울함을 해소하고자 하는 소비성향으로 가격 대비 마음의 만족을 비교하는 소비 패턴을 말한다. 이것은 상품의 가격과 객관적 성능을 비교하는 것이 아닌 소비자가 해당 상품으로부터 "무엇을 얻었는가?"하는 주관적 판단에 초점을 맞추고 있어 이것에 입각한 소비를 플라세보 소비라고도 부른다. 최근 소비자의 향수를 자극하는 골목 상권의 식당이 높은 인기를 얻는 것도 이것의 맥락으로 설명할 수 있다. 이것의 명칭은?

배점 ❶ 10점

문제 03

이것은 네티즌들이 이메일 등의 다양한 매체를 통해 자발적으로 기업의 제품을 홍보하기 위해 널리 퍼뜨리는 마케팅 기법으로 인터넷 광고에서 활용되고 있다. 정보 수용자를 중심으로 전달되는 이것은 웹 애니메이션 기술을 바탕으로 이루어지며, 작은 파일 크기로 실시간 재생이 가능하고 관련 프로그램 이용으로 누구나 쉽게 제작할 수 있어 비용 면에서 영화나 TV 광고보다 매우 저렴하여 빠른 속도로 확산되고 있다. 기업에서는 이것을 이용하여 제품 정보를 널리 홍보한 사람에게 보상을 주기도 한다. 이것의 명칭은?

배점 ❶ 10점

문제 04

이것은 최신 유행에 뒤처져 소외되는 것에 대한 고립 공포감으로 미국에 위치한 소셜미디어 전문 연구회사가 발표한 논문에서 소셜미디어 사용자의 56%는 친구나 동료와의 관계가 단절되고 그들이 무엇을 하는지 모르는 상태에서 느끼게 되는 불안감을 지칭하는 용어로 쓰이고 있다. 벤처캐피털 스파이스 공동 설립자는 이것으로 지난 1년간 가상화폐에 대한 전통 금융권의 태도가 눈에 띄게 변했다고 진단했으며, 모건스탠리는 세계 경제가 회복되는 가운데 글로벌 자산 시장에 이것이 퍼져나갈 것이라며 미국과 일본 증시의 투자 비중을 확대해야 한다고 진단한 바 있다. 이것의 명칭은?

배점 ❶ 10점

문제 05

이것은 인간 상호작용의 깊은 신뢰를 바탕으로 시스템 접근 코드와 비밀번호를 알아내 시스템에 침입하는 것으로 통신망 보안정보에 접근 권한이 있는 사람과 신뢰를 쌓고 전화나 이메일을 통해 그들의 약점과 도움을 이용한다. 이것의 기술로는 상대방의 자만심이나 권한을 이용하는 것, 정보의 가치를 몰라서 보안을 소홀히 하는 무능에 의존하는 것, 도청 등이 있다. 이것은 사람들을 속여 정상 보안 절차를 깨뜨리기 위한 비기술적 침입 수단으로 물리적 네트워크와 시스템 보안 못지않게 인간적 보안이 중요함을 의미한다. 이것의 명칭은?

배점 ❶ 10점

문제 06

이 사람은 라틴어 교사 출신의 어머니와 전기기술자인 아버지 사이에서 태어난 미국의 수학자로 1994년 자신의 이름을 딴 균형이론으로 노벨경제학상을 수상하였다. 애덤 스미스의 보이지 않는 손의 원리와 달리 죄수의 딜레마와 같이 개인의 이익을 극대화한 행위는 결국 서로에게 손해를 끼칠 수도 있다는 주장을 펼침으로써 당시 경제학에 대립하며 수학뿐만 아니라 경제학과 사회학 등에도 많은 영향을 끼쳤다. 영화 뷰티플 마인드의 실제 주인공이기도 한 이 사람의 이름은?

배점 ❶ 10점

문제 07

2011년 7월부터 시행되고 있는 (①)은/는 보건복지부에서 우수한 어린이집을 선정하여 국가가 운영비를 지원함으로써 부모들의 보육료 부담을 줄이고 양질의 보육을 영유아에게 제공하는 제도이다. (①)은/는 영유아보육법 시행규칙에 따라 평일 오후 7시 30분까지 종일제를 운영해 맞벌이 부부의 편의를 도모하고 표준보육과정에 기반을 둔 연령별 보육프로그램을 운영해야 한다. 또한, 신 운영비 방식에서 어린이집의 교사 수, 반 수, 아동 현황 등을 토대로 전월 말일 (①)시 현황을 기준으로 해당 월 운영비를 지급한다.

배점 ❶ 10점 ❷ 10점

문제 08

이것은 사물이나 인물 등 일정한 대상을 평가하면서 그 대상의 특질이 다른 면의 특질에까지 영향을 미치는 일을 말하는 것으로 개인이 갖고 있는 특성에 대한 평가가 그 사람의 다른 다양한 특성들에 대한 모든 요소를 평가하는데 중요한 영향을 미친다. 이것은 사회심리학이나 광고, 마케팅 등의 분야에서 나타나는 현상으로 사회심리학에서는 어떤 사람에 대한 인상이나 인성, 업무수행능력을 평가하는 데 나타나며, 마케팅에서는 상점, 상품, 브랜드에 대한 태도 및 평가와 관련하여 나타난다. 이것의 명칭은?

배점 ❶ 10점

제08회 최신기출문제

- 시험과목 : 인터넷정보검색
- 시험일자 : 20XX. X. X(X)
- 수검자 기재사항 및 감독자 확인

수 검 번 호	DII - XXXX -	감독관 확인
성 명		

응시자 유의사항

1. 응시자는 신분증을 지참하여야 시험에 응시할 수 있으며, 시험이 종료될 때까지 신분증을 제시하지 못 할 경우 해당 시험은 0점 처리됩니다.
2. 시스템(PC작동여부, 네트워크 상태 등)의 이상여부를 반드시 확인하여야 하며, 시스템 이상이 있을시 감독위원에게 조치를 받으셔야 합니다.
3. 시험 중 부주의 또는 고의로 시스템을 파손한 경우는 응시자 부담으로 합니다.
4. 답안 전송 프로그램을 통해 다운로드 받은 파일을 이용하여 답안파일을 작성하시기 바랍니다.
5. 작성한 답안 파일은 답안 전송 프로그램을 통하여 전송됩니다. 감독위원의 지시에 따라 주시기 바랍니다.
6. 다음사항의 경우 실격(0점) 혹은 부정행위 처리됩니다.
   1) 답안파일을 저장하지 않았거나, 저장한 파일이 손상되었을 경우
   2) 답안파일을 지정된 폴더(바탕화면 – "KAIT" 폴더)에 저장하지 않았을 경우
      ※ 답안 전송 프로그램 로그인 시 바탕화면에 자동 생성됨
   3) 답안파일을 다른 보조 기억장치(USB) 혹은 네트워크(메신저, 게시판 등)로 전송할 경우
   4) 휴대용 전화기 등 통신기기를 사용할 경우
7. 시험지에 제시된 글꼴이 응시 프로그램에 없는 경우, 반드시 감독위원에게 해당 내용을 통보한 뒤 조치를 받아야 합니다.
8. 시험의 완료는 작성이 완료된 답안을 저장하고, 답안 전송이 완료된 상태를 확인한 것으로 합니다.
   답안 전송 확인 후 문제지는 감독위원에게 제출한 후 퇴실하여야 합니다.
9. 답안전송이 완료된 경우에는 수정 또는 정정이 불가능합니다.
10. 시험시행 후 결과는 홈페이지(www.ihd.or.kr)에서 확인하시기 바랍니다.
    1) 문제 및 모범답안 공개 : 20XX. XX. XX(X)
    2) 성적 공개 : 20XX. XX. XX(X)

한국정보통신진흥협회 KAIT

디지털정보활용능력 - 인터넷정보검색 시험시간 : 40분

유의사항

- 답안지 파일에 수검번호, 성명을 정확히 기재하여 주십시오.
- 답안지의 URL란에는 반드시 정답의 내용이 나타나는 웹 페이지의 절대경로를 기재하고, 한 개의 URL만 기재하십시오.
  (만일 프레임구조의 웹 페이지에서 주소 표시줄에 나타나는 URL만으로는 정답이 위치한 하부의 페이지를 찾을 수 없을 경우 정답으로 인정하지 않음)
  ※ 절대경로란? : 해당 웹 페이지에서 마우스 오른쪽 버튼을 클릭한 후 [등록 정보] 또는 [속성] 항목을 선택한 화면에 나타나는 주소(URL)
- 검색엔진의 '웹페이지' 검색에서 [미리보기]에 해당하는 URL을 기재한 경우 오답 처리됩니다.
- 회원가입 및 등업 후 내용 확인이 가능한 포털의 카페, 블로그, 지식검색, 댓글, 소셜 네트워크 등의 URL은 정답으로 인정되지 않습니다.
- 첨부파일에서 답안을 찾은 경우 첨부파일까지의 URL을 정확히 기재하지 않은 경우 오답 처리됩니다.
  (예 : http://www.ihd.or.kr/aa.hwp – 정답)

문제 01

(①)은/는 우표류를 수집하여 우표작품을 만드는 취미활동을 뜻하는 단어의 일부와 한국을 뜻하는 단어로 합성된 용어로 우리나라에서 개최되는 세계우표전시회를 말한다. 세계우표전시회는 국제우취연맹 회원국의 기념이 되는 해에 첫 개최를 하고 이후 10년 주기로 세계우표전시회를 개최한다. 우리나라는 연도의 끝자리 수가 4가 되는 해에 세계우표전시회를 개최한다. 1984년 한국 근대우편제도 시행 100주년을 기념해 최초의 (①)이/가 개최되었으며, 2014년 기념우표에 2012년 유네스코 인류무형유산으로 등재된 (②)을 소개하였다.

배 점 ❶ 10점   ❷ 10점

문제 02

이것은 남보다는 자신을, 미래보다는 현재를 더 중요시하는 태도로 2011년 캐나다 래퍼의 가사에 등장하면서 젊은이들 사이에서 화제가 되었다. 2016년 오바마 전 미국 대통령이 홍보 동영상에서 이것을 외쳐 주목받기도 하였으며, 한국 여행 프로그램에도 이것을 외치는 외국 여성이 등장했다. 이것은 미래나 남을 위해 희생하지 않고 현재의 자신의 행복을 가장 중시하여 소비하는 태도로 내 집 마련이나 노후준비보다는 지금 삶의 질을 높여줄 수 있는 취미생활과 자기 계발 등에 더 많은 시간과 비용을 투자하며 자신의 이상을 실현해간다. 이것의 명칭은?

배 점 ❶ 10점

디지털정보활용능력 - 인터넷정보검색 시험시간 : 40분

문제 03

이것은 프랑스의 한 철학자로부터 유래한 것으로 하나의 물건을 구매하면 물건들 사이에 정서적, 심미적 동질성으로 인해 그 물건에 어울리는 다른 물건을 계속해서 구매하는 현상을 말한다. 눈으로 보여지는 제품일수록 강하게 나타나는 이것은 효과적인 마케팅 수단으로 활용된다. 가구나 가전제품 등을 구매할 때 모든 제품을 동일한 브랜드로 통일하도록 제안을 하는 마케팅 사례가 이것에 해당하며, 제품 간 조화를 추구하는 욕구가 소비에 소비를 불러 충동구매로 이어지게 한다. 이것의 명칭은?

배 점 ❶ 10점

문제 04

이것은 인체의 등뼈 부근에 있는 신경절에 잠복상태로 있던 수두 바이러스가 재활성화되면서 발생하는 질병으로 수일 사이에 피부에 발진과 특징적인 물집 형태의 병적인 증상이 나타나고 해당 부위에 통증이 동반된다. 이것은 면역력이 떨어지는 60세 이상의 성인에게서 많이 발병하며, 피부의 병적인 증상을 잘 관리하지 않으면 2차 세균 감염이 발생하여 곪을 수도 있다. 이것은 항바이러스 치료제로 치료가 가능하며, 눈 주변에 이것이 발생하면 홍채염이나 각막염을 일으켜 실명할 수도 있다. 이 질병의 명칭은?

배 점 ❶ 10점

문제 05

이것은 기상 상태를 관측하기 위한 관측 기구나 시험 기구를 의미하는 기상 용어에서 비롯된 말로 직접 상대방을 겨냥하지 않으면서도 상대방의 의견을 미리 살펴보기 위해 흘려보내는 의견이나 정보가 해당된다. 국제 간에서는 다른 나라의 여론을 알아보기 위하여 고의로 발표하거나 의식적으로 조작한 정보나 의견을 말한다. 이것은 정치인들이 반응이 확실하지 않은 논리에 대해 특정 의견이나 정보를 언론에 흘림으로써 여론의 방향을 가늠하려는 여론 관측 수단으로 활용하고 있다. 이것의 명칭은?

배 점 ❶ 10점

문제 06

이것은 1868년에 독일의 한 통계학자 이름을 따서 만든 용어로 가계의 소비지출에서 차지하는 주거비 비중을 의미한다. 주거 비용에는 전·월세 비용의 집세 외에도 주택 관련 대출 상환금, 세금, 보험비 등의 금융 비용 및 주거 관련 서비스 비용, 연료비, 관리 비용 등도 포함된다. 이것은 엥겔지수와 함께 빈곤의 척도를 알아볼 수 있는 지표 중의 하나이며, 미국은 25%를 넘어선 가구에 보조금을 주고 있다. 저소득층일수록 높고 고소득층일수록 낮게 나타난다. 우리나라에서는 한국은행과 통계청이 이것을 집계하고 있다. 이것의 명칭은?

배점 ❶ 10점

문제 07

(①)은/는 소셜 네트워크 서비스인 인스타그램에서 특정 문구나 단어 앞에 # 기호를 붙인 형태인 해시태그 문구로 사용되는 것으로 고양이를 뜻하는 단어와 인스타그램을 합쳐서 만든 신조어이다. (①)은/는 주로 자신의 반려묘 사진을 인스타그램에 업로드 할 때 사용한다.
(②)은/는 어린아이의 말로 개를 뜻하는 단어와 인스타그램을 합쳐서 만든 신조어로 국립국어원에서 신어를 정리하여 발표한 2014년 신어 조사 보고서에 포함되어 있다. (②)은/는 주로 자신의 반려견 사진을 인스타그램에 업로드할 때 사용한다.

배점 ❶ 10점   ❷ 10점

문제 08

이것은 스키와 익스트림 게임이 결합한 형태로서 두 발을 하나의 보드에 묶고 눈이 쌓인 비탈을 미끄러지듯 질주하면서 점프와 회전, 공중묘기 등 화려하면서도 역동적이고 박진감 넘치는 고난도 기술을 펼치는 경기로 크게 스피드를 겨루는 알파인 계열과 화려한 기술을 겨루는 프리스타일 계열 등의 세부 종목으로 나누어 치른다. 1998년 일본 나가노에서 개최된 제18회 동계올림픽대회부터 정식종목으로 채택되어 대회전과 하프파이프 남녀 4종목의 경기를 치렀다. 2018년 평창 동계올림픽대회에서는 이상호 선수가 남자 평행대회전에서 은메달을 획득하면서 우리나라 올림픽 사상 첫 설상 종목 메달을 획득하였다. 이 경기의 명칭은?

배점 ❶ 10점

각 문제의 설명을 읽고 가로·세로에 알맞은 단어로 표를 만들어 보세요.

문제 1 **세로** | '바다와 하늘이 맞닿은 것처럼 멀리 보이는 수평선의 두두룩한 부분'을 이르는 우리말은 무엇인가?

문제 2 **가로** | '좋은 기회를 놓치지 말라는 뜻'을 의미하는 사자성어는 무엇인가?

문제 3 **가로** | '아무리 먼 길이라도 기쁘게 여겨 달려가는 것'을 의미하는 사자성어는 무엇인가?

문제 4 **세로** | 고려 인종 13년(1135)에 묘청 등이 서경(지금의 평양)에서 대위국을 세우고 썼던 연호는 무엇인가?

문제 5 **세로** | '높고 메말라서 물기가 적은 논밭'을 이르는 우리말은 무엇인가?

제09회 최신기출문제

- 시험과목 : 인터넷정보검색
- 시험일자 : 20XX. X. X(X)
- 수검자 기재사항 및 감독자 확인

수검번호	DII - XXXX -	감독관 확인
성 명		

응시자 유의사항

1. 응시자는 신분증을 지참하여야 시험에 응시할 수 있으며, 시험이 종료될 때까지 신분증을 제시하지 못 할 경우 해당 시험은 0점 처리됩니다.
2. 시스템(PC작동여부, 네트워크 상태 등)의 이상여부를 반드시 확인하여야 하며, 시스템 이상이 있을시 감독위원에게 조치를 받으셔야 합니다.
3. 시험 중 부주의 또는 고의로 시스템을 파손한 경우는 응시자 부담으로 합니다.
4. 답안 전송 프로그램을 통해 다운로드 받은 파일을 이용하여 답안파일을 작성하시기 바랍니다.
5. 작성한 답안 파일은 답안 전송 프로그램을 통하여 전송됩니다. 감독위원의 지시에 따라 주시기 바랍니다.
6. 다음사항의 경우 실격(0점) 혹은 부정행위 처리됩니다.
    1) 답안파일을 저장하지 않았거나, 저장한 파일이 손상되었을 경우
    2) 답안파일을 지정된 폴더(바탕화면 – "KAIT" 폴더)에 저장하지 않았을 경우
        ※ 답안 전송 프로그램 로그인 시 바탕화면에 자동 생성됨
    3) 답안파일을 다른 보조 기억장치(USB) 혹은 네트워크(메신저, 게시판 등)로 전송할 경우
    4) 휴대용 전화기 등 통신기기를 사용할 경우
7. 시험지에 제시된 글꼴이 응시 프로그램에 없는 경우, 반드시 감독위원에게 해당 내용을 통보한 뒤 조치를 받아야 합니다.
8. 시험의 완료는 작성이 완료된 답안을 저장하고, 답안 전송이 완료된 상태를 확인한 것으로 합니다. 답안 전송 확인 후 문제지는 감독위원에게 제출한 후 퇴실하여야 합니다.
9. 답안전송이 완료된 경우에는 수정 또는 정정이 불가능합니다.
10. 시험시행 후 결과는 홈페이지(www.ihd.or.kr)에서 확인하시기 바랍니다.
    1) 문제 및 모범답안 공개 : 20XX. XX. XX(X)
    2) 성적 공개 : 20XX. XX. XX(X)

디지털정보활용능력 - 인터넷정보검색 시험시간 : 40분

유의사항
- 답안지 파일에 수검번호, 성명을 정확히 기재하여 주십시오.
- 답안지의 URL란에는 반드시 정답의 내용이 나타나는 웹 페이지의 절대경로를 기재하고, 한 개의 URL만 기재하십시오.
  (만일 프레임구조의 웹 페이지에서 주소 표시줄에 나타나는 URL만으로는 정답이 위치한 하부의 페이지를 찾을 수 없을 경우 정답으로 인정하지 않음)
  ※ 절대경로란? : 해당 웹 페이지에서 마우스 오른쪽 버튼을 클릭한 후 [등록 정보] 또는 [속성] 항목을 선택한 화면에 나타나는 주소(URL)
- 검색엔진의 '웹페이지' 검색에서 [미리보기]에 해당하는 URL을 기재한 경우 오답 처리됩니다.
- 회원가입 및 등업 후 내용 확인이 가능한 포털의 카페, 블로그, 지식검색, 댓글, 소셜 네트워크 등의 URL은 정답으로 인정되지 않습니다.
- 첨부파일에서 답안을 찾은 경우 첨부파일까지의 URL을 정확히 기재하지 않은 경우 오답 처리됩니다.
  (예 : http://www.ihd.or.kr/aa.hwp - 정답)

문제 01

(①)은/는 승인을 받은 이용자처럼 시스템에 접속하거나 네트워크상에서 허락된 주소로 가장하여 (②)을/를 우회하는 공격 행위를 말한다. 이때 (②)은/는 정보보안정책에 따라 프로세서, 프로그램, 사용자, 시스템 등의 승인을 받은 이용자만이 정보 시스템과 자원에 접근할 수 있도록 제한하는 것을 말한다. (①)은/는 의도적인 행위를 위해 타인의 신분으로 위장하는 것도 포함되는데 예를 들어 임의로 웹 사이트를 구성해 일반 사용자들의 방문을 유도하고, 인터넷 프로토콜인 TCP/IP의 결함을 이용해 사용자의 시스템 권한을 획득한 뒤 정보를 빼가거나 허가받은 IP를 도용해 로그인하는 것도 포함된다.

배점 ❶ 10점   ❷ 10점

문제 02

이것은 점심시간에 점심을 먹지 않거나 점심을 먹더라도 간단히 해결하고 대신에 관공서나 은행 등 평일 낮에만 볼 수 있는 간단한 업무를 보거나 운동, 스터디, 재테크, 쇼핑 등 개인적인 시간으로 활용하는 직장인을 말한다. 점심시간에 자투리 시간을 효율적으로 쓸 수 있고 자기 만족과 스트레스를 없애는 시간을 갖기 위해 이것이 증가하고 있는 추세이다. 이것은 오피스 타운 인근의 피트니스센터, 뷰티숍, 학원, 병원 등이 활성화되는데 기여하고 있다. 이것의 명칭은?

배점 ❶ 10점

디지털정보활용능력 - 인터넷정보검색 시험시간 : 40분

문제 03

이것은 언론 보도과정에서 뉴스 결정권자가 뉴스를 취사선택하는 일련의 과정을 말하는 것으로 다양한 뉴스 소재거리들 중에서 어떤 것을 선택하여 대중들에게 노출하고 어떤 것을 노출하지 않을지를 결정하는 것이다. 신문사에서는 신문의 종이 지면이나 온라인 판에 실을 뉴스를 선택하는 과정이며, 방송사에서는 해당 프로그램 시간 내에 어떤 뉴스를 방송할지를 선택하는 과정이다. 뉴스가 되는 기준과 그 기준에 따라 선정된 사건이 뉴스로서 어떻게 보도되느냐 하는 점이 이것의 핵심 과제이다. 이것은 뉴스 결정권자에 의해 내용이 수정되거나 왜곡될 수 있으며, 정치적, 경제적, 사회적 압력과 외부요인에 의해 기사가 공정성을 잃고 보도되기도 한다. 이것의 명칭은?

배점 ❶ 10점

문제 04

이것은 20세기 들어 가장 수수께끼에 싸인 고고학적 발견 중 하나로서 잉카 문명 전에도 페루의 원주민들은 다양하고 세련된 문화를 발전시켜 왔다는 것을 알 수 있다. 이것은 땅 표면에 선명하게 새겨진 여러 개의 거대한 선사 시대 이미지들로 이루어져 있으며 기원과 목적은 다양한 가설만 있고 아직 알려진 바가 없다. 이것은 사막 표면에 넓게 펼쳐져 그려진 수십 개의 서로 다른 이미지들로 형성되어 있다. 이것의 명칭은?

배점 ❶ 10점

문제 05

이것은 미국의 전기 공학자이자 이더넷(Ethernet)을 발명하고 3com사의 설립자가 만든 법칙으로 통신 네트워크가 확장되면 그 구축비용은 이용자 수에 비례하여 증가하나 네트워크의 가치는 이용자 수의 제곱에 비례하여 기하급수적으로 증가한다는 법칙을 말한다. 2013년 7월 네덜란드 연구자들은 이것이 유럽의 인터넷에서 거의 그대로 적용되는 것을 발견했다. 또한 이것의 창시자도 과거 10여 년 간의 미국 페이스북 데이터가 자신의 법칙과 부합함을 입증했다. 이 법칙의 명칭은?

배점 ❶ 10점

디지털정보활용능력 - 인터넷정보검색 시험시간 : 40분

문제 06

이것은 테두리에 짧은 바퀴살을 갖는 수레바퀴처럼 생긴 바이러스로 전 세계 영유아에서 발생하는 위장관염의 가장 흔한 원인으로 알려져 있다. 우리나라에서는 일교차가 크고 건조한 11월부터 환자 발생이 증가하기 시작하여 1월에서 3월경에 많이 발생하며, 주로 호흡기와 손으로 전염된다. 영유아 급성 설사병의 가장 흔한 원인으로 세계보건기구가 최우선적으로 퇴치해야 할 전염성 질병으로 지정했다. 소독제, 비누에 대한 내성이 있어 손을 깨끗하게 씻는 것만으로는 예방이 어렵기 때문에 백신을 접종하는 것이 가장 효과적인 예방법이다. 이 바이러스의 명칭은?

배점 ❶ 10점

문제 07

(①)은/는 국제외환시장에서 금융거래 또는 국제결제의 중심이 되는 통화로 역사적으로 영국의 파운드와 미국의 달러가 해당된다. (①)은/는 군사적으로 지도적인 입장에 있어 전쟁으로 국가의 존립이 문제시 되지 않아야 하며 (①) 발행국은 다양한 재화나 서비스를 생산하고 통화가치가 안정적이며 고도로 발달한 외환시장과 금융시장, 자본시장을 갖고 있어야 하며 대외거래에 대한 규제도 없어야 한다. (②)은/는 (①)국의 지위를 이용하여 화폐를 찍어내고 새로운 신용 창출을 통해 대외 적자를 메워 나가는 것으로 국제통화를 보유한 국가가 누리는 이익을 말한다. 현재 미국만이 (①)국으로서의 (②)을/를 누리고 있다.

배점 ❶ 10점   ❷ 10점

문제 08

이것은 중세 스코틀랜드의 얼어붙은 호수나 강에서 무거운 돌덩이를 빙판 위에 미끄러뜨리며 즐기던 놀이에서 유래한 경기로 캐나다를 중심으로 겨울 스포츠로 발전하였다. 1998년 일본 나가노에서 열린 제18회 동계올림픽대회부터 정식종목으로 채택되었다. 이것은 각각 4명으로 구성된 두 팀이 직사각형의 얼음 링크 안에서 둥글고 납작한 돌을 미끄러뜨려 상대 팀의 표적 안에 넣어 득점하는 방식으로 진행된다. 2018년 평창 동계올림픽대회에서 우리나라 여자팀이 아시아 최초로 올림픽 은메달을 획득하였다. 이 경기의 명칭은?

배점 ❶ 10점

제10회 최신기출문제

- 시험과목 : 인터넷정보검색
- 시험일자 : 20XX. X. X(X)
- 수검자 기재사항 및 감독자 확인

수검번호	DII - XXXX -	감독관 확인
성 명		

응시자 유의사항

1. 응시자는 신분증을 지참하여야 시험에 응시할 수 있으며, 시험이 종료될 때까지 신분증을 제시하지 못 할 경우 해당 시험은 0점 처리됩니다.
2. 시스템(PC작동여부, 네트워크 상태 등)의 이상여부를 반드시 확인하여야 하며, 시스템 이상이 있을시 감독위원에게 조치를 받으셔야 합니다.
3. 시험 중 부주의 또는 고의로 시스템을 파손한 경우는 응시자 부담으로 합니다.
4. 답안 전송 프로그램을 통해 다운로드 받은 파일을 이용하여 답안파일을 작성하시기 바랍니다.
5. 작성한 답안 파일은 답안 전송 프로그램을 통하여 전송됩니다. 감독위원의 지시에 따라 주시기 바랍니다.
6. 다음사항의 경우 실격(0점) 혹은 부정행위 처리됩니다.
    1) 답안파일을 저장하지 않았거나, 저장한 파일이 손상되었을 경우
    2) 답안파일을 지정된 폴더(바탕화면 – "KAIT" 폴더)에 저장하지 않았을 경우
        ※ 답안 전송 프로그램 로그인 시 바탕화면에 자동 생성됨
    3) 답안파일을 다른 보조 기억장치(USB) 혹은 네트워크(메신저, 게시판 등)로 전송할 경우
    4) 휴대용 전화기 등 통신기기를 사용할 경우
7. 시험지에 제시된 글꼴이 응시 프로그램에 없는 경우, 반드시 감독위원에게 해당 내용을 통보한 뒤 조치를 받아야 합니다.
8. 시험의 완료는 작성이 완료된 답안을 저장하고, 답안 전송이 완료된 상태를 확인한 것으로 합니다. 답안 전송 확인 후 문제지는 감독위원에게 제출한 후 퇴실하여야 합니다.
9. 답안전송이 완료된 경우에는 수정 또는 정정이 불가능합니다.
10. 시험시행 후 결과는 홈페이지(www.ihd.or.kr)에서 확인하시기 바랍니다.
    1) 문제 및 모범답안 공개 : 20XX. XX. XX(X)
    2) 성적 공개 : 20XX. XX. XX(X)

한국정보통신진흥협회 KAIT
Korea Association for ICT promotion

디지털정보활용능력 - 인터넷정보검색 시험시간 : 40분

유의사항
- 답안지 파일에 수검번호, 성명을 정확히 기재하여 주십시오.
- 답안지의 URL란에는 반드시 정답의 내용이 나타나는 웹 페이지의 절대경로를 기재하고, 한 개의 URL만 기재하십시오.
  (만일 프레임구조의 웹 페이지에서 주소 표시줄에 나타나는 URL만으로는 정답이 위치한 하부의 페이지를 찾을 수 없을 경우 정답으로 인정하지 않음)
  ※ 절대경로란? : 해당 웹 페이지에서 마우스 오른쪽 버튼을 클릭한 후 [등록 정보] 또는 [속성] 항목을 선택한 화면에 나타나는 주소(URL)
- 검색엔진의 '웹페이지' 검색에서 [미리보기]에 해당하는 URL을 기재한 경우 오답 처리됩니다.
- 회원가입 및 등업 후 내용 확인이 가능한 포털의 카페, 블로그, 지식검색, 댓글, 소셜 네트워크 등의 URL은 정답으로 인정되지 않습니다.
- 첨부파일에서 답안을 찾은 경우 첨부파일까지의 URL을 정확히 기재하지 않은 경우 오답 처리됩니다.
  (예 : http://www.ihd.or.kr/aa.hwp - 정답)

문제 01

(①)은/는 달리고 있는 차량에 다양한 위험 경보 신호, 도로 교통 정보 등을 자동적으로 무선 전달하여 각종 사고를 감소시키고, 소통을 원활하게 하는 지능 교통 서비스 기술이다. 도로 위에 정보 발신 장치를 일정하게 설치한 후, 움직이는 차량에게 앞차와의 차간 거리, 교차로에 진입하는 다른 차량 등과 같은 각종 교통 정보를 무선 통신망을 이용해 전송하고, 사고 발생이 예상되면 자동적으로 운전자에게 사전 경보로 운전자는 운전에만 집중할 수 있도록 도움을 준다. (②)은/는 (①)을/를 위해 5.9GHz의 주파수대를 할당했다. (②)은/는 미국의 국민이 적절한 시설과 합리적인 요금으로 빠르고 효율적인 통신을 이용할 수 있도록 유·무선에 의한 국내 통신 및 대외 통신을 규제하는 것 등이 설치 목적이다.

배점 ❶ 10점   ❷ 10점

문제 02

음원이나 영상에 대한 불법 다운로드와 함께 문제가 되고 있는 이것은 영화 및 소설, 그리고 애니메이션 등의 내용 및 줄거리를 예비 관객이나 독자 특히 네티즌들에게 미리 밝히는 행위나 그런 행위를 하는 사람들을 일컫는 말이다. 이것은 일본어로 '네타바레'라고도 한다. '네타바레'는 이야기의 핵심 부분을 뜻하는 일본어 속어 '네타'와 들키다 혹은 발각되다라는 의미의 '바레루'의 합성어다. 이것의 명칭은?

배점 ❶ 10점

문제 03

이 사람은 입체주의의 창시자로써 양식 및 매체의 변경에 기교, 독창성, 해학의 한계 없이 작품을 제작하였던 20세기 미술계의 거장이다. 이 사람은 청색시대를 거쳐서 종합적 입체주의까지 입체주의 미술 양식을 창조하였다. 아방가르드 미술 모임에 핵심 인물로, 많은 미술가들에게 영향을 끼쳤다. 이 사람은 카멜레온처럼 양식과 매체를 변경해가며 많은 작품들을 제작했으며 독창적이면서 때로는 도발적이기까지 했다. 이 사람의 전체 이름은?

배 점 ❶ 10점

문제 04

이것은 인도차이나 반도의 캄보디아에 있는 동남아시아 최대의 역사 유적 중 하나이다. 이것은 톤레사프 호수에서 북쪽으로 약 20킬로미터 떨어진 곳에 있는 언덕 정상에 자리잡고 있으며 정글에 묻혀 있던 이것을 처음 학술적으로 조사했던 인물은 프랑스 출신의 박물학자인 앙리 무오였다. 비문이 해독됨으로써 이것이 캄보디아의 크메르 왕조가 건설했다는 것이 분명해졌고, 나아가 그 외의 유적을 포괄하는 크메르 문명의 실체가 드러나게 되었다. 이것의 명칭은?

배 점 ❶ 10점

문제 05

이것은 한국에서 설립된 국제구호개발 NGO 중 하나이다. 이것은 더불어 사는 세상, 굶주림 없는 세상을 만들기 위해 1991년 한국에서 만들어졌으며 전 세계 33개국에서 전문 사회복지사업과 국제구호 개발사업을 실시하고 있다. 1996년에는 국내 최초로 UN 경제사회이사회로부터 NGO 최상위 지위인 포괄적 협의 지위를 획득하였다. 2007년에는 UN 새천년개발목표와 관련한 사업의 성과를 인정받아 새천년개발목표상을 수상하였다. 이것의 명칭은?

배 점 ❶ 10점

디지털정보활용능력 - 인터넷정보검색 시험시간 : 40분

문제 06

이것은 자신이 무의식적으로 억압받고 있는 감정, 갈등, 욕구 등을 수용적, 공감적인 환경에서 자유롭게 표출되는 것으로서 심적인 긴장을 완화하는 방법이다. 예를 들면, 심적 외상이 될 만큼 위협적 체험의 충격이나 공포가 이것에 의해 완화된다. 이것을 최면 상태에서 히스테리증례로 사용하여 정신분석요법으로 전개시키기도 한다. 이러한 기법으로 마취면접, 자율훈련법, 최면 등을 이용하기도 하고 꿈 분석, 유의요법, 심리극, 예술요법, 예술 활동요법 등에도 긴장을 발산시키는 효과가 있다. 이것의 명칭은?

배점 ❶ 10점

문제 07

(①)은/는 사용자들의 온라인 금융 거래 정보를 블록 형태로 연결하여 (②) 네트워크 분산 환경에서 중앙 관리 서버가 아닌 참여자들의 개인 디지털 장비에 분산·저장시켜 공동으로 관리하는 방식이다. 이때 (②)은/는 인터넷에서 개인들 간의 파일 공유 수단으로서 PC와 PC를 상호 공유하도록 연결해 주는 것을 의미하는데, 콘텐츠의 저작권 문제와 성능 및 안정성 문제가 제기되기도 한다. (①) 기본 구조는 블록을 연결한 모음의 형태이며, 특정한 시간 동안 반수 이상의 사용자가 거래 내역을 서로 교환해 확인하고 승인하는 과정을 거치면서 디지털 서명으로 동의한 금융 거래 내역만 하나의 블록으로 만든다. 그리고 새로 만들어진 블록을 이전과 연결하고, 그 사본을 만들어 각 사용자 컴퓨터에 분산시켜 저장한다.

배점 ❶ 10점 ❷ 10점

문제 08

이것은 납세자가 억울하고 부당한 세금을 내지 않도록 하기 위해서 설립된 납세자 권리구제 기관으로 과세관청으로부터 독립돼 있다. 이것의 전신은 1975년에 개소하였던 국세심판소다. 국세심판소는 1994년에 재무부에서 재정경제원으로, 1998년 2월 8일 재정경제원에서 재정경제부로 소속이 각각 변경됐으며 2000년 1월 1일 국세심판원으로 명칭이 바뀌었다가 2008년 2월 29일 정부조직 개편에 따라 국무총리실 소속의 이것으로 변경되었다. 이것의 명칭은?

배점 ❶ 10점

각 문제의 설명을 읽고 가로·세로에 알맞은 단어로 표를 만들어 보세요.

문제 1 **가로 |** '빚을 못 갚은 사람의 가마나 솥 따위를 떼어 가거나 세간을 가져가는 일'을 이르는 우리말은 무엇인가?

문제 2 **세로 |** '팔인의 재주를 다하여 어지러움을 풀어 풍속에 이롭게 함'을 의미하는 사자성어는 무엇인가?

문제 3 **가로 |** '빛이 파장의 차이에 따라서 여러 가지 색의 띠로 나누어지는 일'을 무엇이라 하는가?

문제 4 **가로 |** '금방 숨이 끊어질 정도로 매우 위태로운 지경'을 의미하는 사자성어는 무엇인가?

문제 5 **세로 |** '물과 불처럼 서로 상극이 되어 용납되지 아니하는 일'을 이르는 우리말은 무엇인가?